Philipp Ellrich
Die sportliche Handlung

Lettre

Philipp Ellrich, geb. 1989, ist Gymnasiallehrer in Idar-Oberstein. Er promovierte an der Ludwig-Maximilians-Universität München, wo er als wissenschaftlicher Mitarbeiter an der Fakultät für Sprach- und Literaturwissenschaft tätig war.

Philipp Ellrich

Die sportliche Handlung

Zur Erzählung und Inszenierung einer
sozio-kulturellen Praxis

[transcript]

Diss., Ludwig-Maximilians-Universität, 2022

Bibliografische Information der Deutschen Nationalbibliothek
Die Deutsche Nationalbibliothek verzeichnet diese Publikation in der Deutschen Nationalbibliografie; detaillierte bibliografische Daten sind im Internet über http://dnb.d-nb.de abrufbar.

Umschlaggestaltung: Maria Arndt, Bielefeld
Umschlagabbildung: Aufnahmedatum: 01.01.1921, »100.000 Zuschauer bei dem Boxkampf um die Weltmeisterschaft im Schwergewicht, Georges Carpentier gegen Jack Dempsey in Boyle's Thirty Acres«, Aufnahme: Walter Gircke – Erschienen in: Zeitbilder 30/1921, Originalaufnahme im Archiv von ullstein bild, picture alliance / ullstein bild | Gircke
Druck: Majuskel Medienproduktion GmbH, Wetzlar
https://doi.org/10.14361/9783839468388
Print-ISBN: 978-3-8376-6838-4
PDF-ISBN: 978-3-8394-6838-8
Buchreihen-ISSN: 2703-013X
Buchreihen-eISSN: 2703-0148

Gedruckt auf alterungsbeständigem Papier mit chlorfrei gebleichtem Zellstoff.

Inhalt

»Der Kapitalismus entwickelt Gebräuche, die von seiner Produktionsweise beziehungsweise von seiner Gesellschaftsordnung herkommen, denselben zu unterstützen oder auszunutzen bestimmt sind, aber teilweise auch revolutionär sind, wo sie nämlich auf Produktionsweisen beruhen, die zwar kapitalistisch sind, aber Vorstufe zu anderen, höheren Produktionsweisen darstellen.

Deshalb müssen wir solche durch den Kapitalismus entwickelte Gebräuche genau auf ihren revolutionären Gebrauchswert hin untersuchen.«

(Brecht: Gegen das ›Organische‹ des Ruhms für die Organisation)

Vorwort

Am 25.11.2020 wurde in Argentinien eine dreitägige Staatstrauer ausgerufen. Der Grund dafür war der Tod eines Mannes, dem »[...] bei allen Abgründen, allen Fehlern eines auf einzigartige Weise gelungen ist: die Herzen der Zuschauer zu erreichen, ihnen die Magie des Spiels zu vermitteln.«[1] In Zeitungsnachrufen wurde er als »Magier«[2] gefeiert und als »Genie des 20. Jahrhunderts« in eine Reihe mit »Chaplin, Picasso, Elvis, die Beatles, Ali«[3] gestellt. Der erste *Anhänger*, der am im Staatspalast aufgebahrten Sarg stehen durfte, sagte danach: »Diego ist das Volk. Heute spielen Trikots, politische Fahnen keine Rolle. Wir kamen, um von einem Abschied zu nehmen, der uns große Freude bereitet hat.«[4]

Genie, Magie, Volk – Dass Diego Maradona, ein aus einem Elendsviertel stammender ehemaliger Fußballer, dessen berühmtestes Tor den

---

1   o.A.: Editorial. In: 11Freunde. Magazin für Fußballkultur, Bd. 230, Berlin 2021, S. 3.

2   »Seine Zehn vereinte den Freiheitsdrang der Fünf, den Wahnsinn der Sieben und die Torgefahr der Neun. Er war kein Denker wie Johan Cruyff. Kein Stratege wie Zinedine Zidane. Und er war auch kein Superathlet wie etwa Cristiano Ronaldo. Aber all das musste er auch nicht sein, denn er war ein Magier.« (Andreas Bock: Being Maradona. In: 11Freunde. Magazin für Fußballkultur, https://11freunde.de/artikel/being-maradona/2954056, (25.12.2020))

3   Oliver Fritsch: Gott ist tot. In: Die Zeit, https://www.zeit.de/sport/2020-11/diego-maradona-fussballspieler-argentinien-weltmeister-herzinfarkt/komplettansicht, (25.11.20).

4   o.A.: ›Diego ist nicht tot, Diego lebt im Volk‹: Maradona in Argentinien nach Tumulten beigesetzt, https://www.sportbuzzer.de/artikel/diego-maradona-argentinien-beigesetzt-trauer-buenos-aires-reaktionen/, (27.11.2020).

vielleicht ›schönsten‹ Regelverstoß der Sportgeschichte darstellte und welches von ihm selbst direkt nach dem Spiel mit dem heute geflügelten Wort der ›Hand Gottes‹ begründet wurde, *ein Sportler bzw. ein Spieler* also, solche Attribute erhält, verdeutlicht den Status, den der Sport als repräsentatives Gesellschaftstheater eingenommen hat. Und mehr noch: die Aussage des namenlosen Fans am Sarg Maradonas verdeutlicht, welche gesellschaftliche (Aus-)Wirkung dieser Sport haben kann.

Anfang des zwanzigsten Jahrhunderts noch konnten bei Literaten wie Robert Musil solche Meldungen ein Staunen hervorrufen. Mehr noch waren sie eine derartige Provokation, dass sie es sich ›verdienten‹, in Form des »genialen Rennpferdes« zu einem zentralen Motiv in dem Roman *Der Mann ohne Eigenschaften* zu werden: der Bericht über die ›Genialität‹ eines Rennpferdes stellte für den Protagonisten in seinem (fortschrittlichen) Streben nach ›Größe‹ einen derartigen Skandal dar, dass dieses im selben Moment ein unverzügliches (und wie zu zeigen sein wird, in seiner Dialektik *produktives*) Ende findet. Heute sagt man mit großer Selbstverständlichkeit schlicht: *solche Geschichten schreibt nur der Sport.*

Diese Geschichte(n) des Sports, in denen die sportliche Praxis selbst Erzählungen stiftet, deren Inhalt weit über das sportliche ›Ergebnis‹ hinausgeht, die sozusagen *be-deutend* werden, sind der Gegenstand der folgenden Untersuchung. Es soll gefragt werden, *wie* der Sport zu einem solch relevanten Gesellschaftsphänomen wurde, wie diese Entwicklung beschrieben wurde und welche Interpretationen davon existieren.

Dass dieser Dreischritt notwendig ist, macht bereits der Begriff selbst deutlich, denn die Frage, *was* Sport ist, ist stets eine umkämpfte gewesen, da er als Praxis in Verbindung zum sozio-historischen Kontext durchaus unterschiedlich funktionalisiert wurde und wird. ›Sport‹ wird daher hier (obwohl wie üblich singularisch verwendet) als ein Sammelbegriff verschiedener Bewegungskonzepte verstanden, deren einendes Element letztendlich der in der Bewegung dargestellte (Sport-)Körper ist, dessen Habitualisierung und Ideologisierung es zu betrachten gilt.

Als Begriff wird ›Sport‹ meist vom altfranzösischen *desporter* hergeleitet, was zugleich ›zerstreuen‹ und ›vergnügen‹ bedeutet. Vor der Idee, so etwas wie ein Regelwerk zu erdenken, umfasst Sport daher jegliche aktive Beschäftigung, die als ›Zeitvertreib‹ bezeichnet werden könnte. Als solcher ist er sowohl *zwecklos* als auch *frei*, was primär daran liegt, dass er ursprünglicherweise unproduktiv, also explizit keine Arbeit (ebenso nicht im Sinne von Transport bzw. Fortbewegung oder im kriegerischen Sinne produktiv) ist. Jedoch genügt sich der Sport, wie er hier verstanden und beschrieben wird, nicht als Praxis, er generiert gleichzeitig Erzählungen dieser Praxis. Es ist eine körperliche Handlung, die wegen der Ausführung und der Vorführung selbst und somit von einer *Zweckhaftigkeit* gelöst existiert. Hierdurch wird die Praxis selbst zur Botschaft, sie erlangt eine Bedeutung.

Es gehört grundsätzlich somit zum Wesen des Sports, dass er ebenso Dramen stiftet wie Heldenepen erzählt, gewissermaßen einen *literarischen Kern* besitzt, (da er als soziale Semantik durch seine Erzählung Normen verständlich macht) der in dieser Untersuchung mittels eines wissenschaftlichen Brückenschlags, dergestalt, dass sie literatur- und erzählungswissenschaftliche Wissens- und Analyseformen mit soziologischen Perspektiven verknüpft, ergründet werden soll. Die Frage nach dem Sport soll daher entlang zweier reziproker Achsen untersucht werden: der Sport-Texte und der Sport-Praxis.

Praxis und Erzählung fallen im Sport zusammen, er ist weder Allegorie noch Spiegel der sozio-historischen Verhältnisse und doch sind Sportereignisse eine Serie von Einzelbildern der großen Themen und Diskurse unserer Gesellschaft; Sport ist heute sogar eines der paradoxesten Symptome dieser und als solches – wie am einleitenden Zitat des namenlosen Maradona-Anhängers deutlich wird – der vielleicht letzte gesellschaftliche Konsens unserer Zeit, sozusagen das vielleicht einzige Feld, in dem noch die ›großen Erzählungen‹ erzählt werden. Schließlich stellen wenige Phänomene sonst die sozialen Axiome und Prinzipien, heute allen voran das der Leistung, derart deutlich und verständlich und zugleich in ihrer Disparität und Diffusität erschöpfend *zur Schau*. Und dieses *performative Element* macht eine weitere Frage, nämlich die nach der *theatralen Essenz* des Sports, unumgänglich.

Dieser Frage nach den *Erzählungen und Aufführungen des Sports* nachzugehen, hat zur Folge, dass das Vorgehen ein fragmentarisches bzw. nomadisches ist: gefolgt wird (sportlichen) Ereignissen, die eine »neue

Syntax, die Mutationen«[5] bewirkt haben. Nur ein interdisziplinär angelegter Ansatz, der literaturwissenschaftliche, soziologische sowie kulturwissenschaftliche Perspektiven und Methoden vereint, erscheint sinnvoll und könnte für die jeweiligen Einzeldisziplinen neue Perspektiven auf ein (immer noch) randständiges Feld eröffnen.

Eine (dialektische) Theorie des Sports muss die von den etablierten, universitären Fachdisziplinen gezogenen Grenzen sprengen, um dem Primat eines *Ausgehens vom Gegenstand* gerecht zu werden. In diesem Sinne soll nach den Widersprüchen und Fluchtlinien innerhalb der einzelnen Phänomene gesucht und gefragt werden, wann die rituellen Spiele des Sports zu allgemeinen Handlungsmustern werden, welche Notwendigkeiten hinter diesen ›neuen‹ Bewegungen stecken und wann aus einer sportlichen Praxis eine *Haltung* und diese schließlich zu einer gesellschaftlichen bzw. gesellschaftspolitischen Praxis wird. Im Endeffekt geht es um die Frage, *was* in diesem ›neuen Theater‹ aus- und aufgeführt, welche Axiome der Zeit in ihm zur Darstellung kommen.

Die Gliederung entspricht der Herangehensweise. Die einzelnen signifikanten Figuren und Ereignisse, die hier nachverfolgt werden, können und sollen in keine Linearität oder Genealogie gezwungen werden; es sind ganz im Gegenteil immer neue Prozesse und Phänomene, in denen stets gleichzeitig Integrations- und Fluchtlinien auszumachen sind. Die dementsprechend entstandene Aufgliederung ist eine in *Plateaus*, sozusagen den *Sportplätzen* und *Spielräumen*, die sich einerseits als Fragmente ›selbst genug‹ sind, andererseits in deutlicher Wahlverwandtschaft zueinander gelesen werden können (und sollen). Jedes Kapitel enthält somit seine *eigene* Erzählung bzw. Geschichte des Sports.

Aber infolgedessen erhebt die Arbeit auch keinen Anspruch auf jedwede Art der ›Vollständigkeit‹: Sie folgt lediglich im Sinne einer *nomadischen Wissenschaft* Spuren, die der Sport hinterlässt, wohl wissend, dass unzählige Pfade offen bleiben und Fäden liegengelassen werden müssen. So kommt es, dass Brechts Idee eines ›sportlichen Theaters‹

---

5   Gilles Deleuze: Die Fürsprecher. In: Unterhandlungen. 1972–1990, Frankfurt a.M. 1993, S. 192.

ebenso wie Mohammad Alis Stil zu boxen, dass Coubertins olympische Idee einer ›religio athletae‹ und Musils Frage nach dem Wesen
des ›Sportsgeists‹ ebenso wie die Kommodifizierung des Basketballers
Michael Jordan oder die Bewegungskultur des Snowboardings untersucht werden, wohingegen gleichermaßen ›markante‹ Erzählungen wie
z.b. die um die Fußballweltmeisterschaft 1954 (das sogenannte ›Wunder von Bern‹), genauso wie bedenkenswerte Bewegungspraxen, also
Sport*arten* wie das Klettern oder der Rennsport oder auch gelungene
Literarisierungen wie bspw. Jelineks »Sportstück« vernachlässigt wurden. Zudem konnten selbstredend nicht alle theoretischen Sphären des
Phänomens Sport – hier sei allen voran auf die lohnenswerte Frage nach
den geschlechtsspezifischen Grundierungen des Sports hingewiesen –
reflektiert werden.

Anhand dieser exemplarischen (unterschiedlichen) *Sport-Topoi* sol-
len die soziokulturellen, ökonomischen und politischen Sphären des
Sports erkennbar gemacht und ›der Sport‹ als ein zentrales Denk- und
Handlungsparadigma der Gegenwart untersucht werden.

Einleitung: ›Mehr guten Sport‹

>»Die Geschichte des Sports verläuft
>über diese Erfinder, die jedes Mal das
>Unerwartete, die neue Syntax, die
>Mutationen geschaffen haben; ohne
>sie wären die rein technologischen
>Fortschritte quantitativ geblieben,
>unbedeutend und uninteressant.«[1]

»Mehr guten Sport« forderte Bertolt Brecht 1926 in einem Essay, in dem
er die Idee einer »epischen Natur des Sports« entfaltete, die er sodann –
denn die Aufforderung galt dem zeitgenössischen Theaterbetrieb – als
Maßstab für die Entwicklung seines epischen Theaters nutzte: »Es ist
nicht einzusehen, warum das Theater nicht auch seinen ›guten Sport‹
haben sollte.«[2] Dieses sollte nach dem Vorbild des Sports (bzw. der Er-
lebnisse, die dieser ermöglicht) »jene faszinierende Realität bekommen,
[die] der Sportpalast hat«.[3] Brecht sah gerade im Sportspektakel das Potential zum Paradigma für ein ›neues Theater‹, das selbst Handlung *ist*

---

1   Gilles Deleuze: Die Fürsprecher, In: Unterhandlungen. 1972–1990, Frankfurt
    a.M. 1993, S. 192.
2   Bertolt Brecht: Mehr guten Sport [1926]. In: Gesammelte Werke in 20 Bänden
    (=Werkausgabe Edition Suhrkamp), Bd. 15: Schriften zum Theater I, Frankfurt
    a.M. 1967, S. 81.
3   Bertolt Brecht: Über den Untergang des alten Theaters [1924–1928]. Dekorati-
    on. In: Gesammelte Werke in 20 Bänden (=Werkausgabe Edition Suhrkamp),
    Bd. 15: Zum Theater 1, Frankfurt a.M. 1967, S. 79.

– und zwar im doppelten Sinne von Körper- Praxis und Narration – und diese nicht bloß repräsentiert.

Sport ist in all seinen Facetten schon längst zum epischen Ereignis geworden, dabei ist es aber heute nicht mehr das Theater, das dem Sport näherkommen will, sondern vielmehr der Sport dem Theater;[4] er kehrt gewissermaßen zum Spiel zurück,[5] wobei seine spezifische Theatralität sich offenbar durch eine paradoxe Gleichzeitigkeit von Bedeutungsproduktion und *Repräsentations-* bzw. *Bedeutungslosigkeit* auszeichnet.[6]

Der Sport ist damit selbst Handlung und zugleich eine Aufführung dieser, aber zunächst ohne Bedeutung, ohne Mimesis angelegt. Er ist weder Allegorie noch Spiegel der sozio-historischen Verhältnisse, und doch sind Sportereignisse eine Serie von Einzelbildern der großen Themen und Diskurse unserer Gesellschaft; Sport ist heute sogar das vielleicht paradigmatischste Symptom dieser. Denn wenige Phänomene sonst stellen die sozialen Axiome und Prinzipien derart deutlich und

---

4   Vgl. hierzu Michel Bernard: Das sportliche Spektakel. Die Zwiespältigkeit des theatralisierten Wettkampfs. In: Sport – Eros – Tod, Hg. von Gerd Hortleder/ Gunter Gebauer, Frankfurt a.M. 1986, S. 48 – 59: »Ebenso wie die Dramatisierung den Code, der die Konfrontation reguliert, zugunsten seiner immanenten Gewalt dekonstruiert, pervertiert die Theatralisierung eben diesen Prozess dadurch, dass sie ihn in spektakuläre Bilder einer individuellen, affektierten und fetischistischen Virtuosität verkleidet. In diesem Sinne erschient die sportliche Theatralisierung als eine verschobene, anachronistische Restform der Theatralisierung des *bürgerlichen Theaters*, als deren teratologische Mutation sie in gewisser Hinsicht aufgefasst werden kann: Der Meister-Superstar ist unbewußter Erbe des ›Monstre sacré‹, eine Art monumenthafter, im Aussterben begriffener Darsteller, den das neue Theater definitiv aufgegeben hat.« (S. 58)

5   Zu dieser Entwicklung vgl. Gunter Gebauer, Thomas Alkemeyer u.a.: Treue zum Stil. Die aufgeführte Gesellschaft, Bielefeld 2004: »Die neuen Spiele zeigen, wie bühnenhaft der Sport geworden ist, welche sinnlichen Potentiale er heute entfaltet, wie sehr er dazu drängt, ästhetisches Ereignis zu werden und den Spielern die Rolle von Helden anzubieten.« (S. 117)

6   Vgl. Michael Ott: ›Unsere Hoffnung gründet sich auf das Sportpublikum‹. Über Sport, Theatralität und Literatur. In: Theatralität und die Krisen der Repräsentation, Hg. von Erika Fischer-Lichte, Stuttgart & Weimar 2001.

verständlich und zugleich in ihrer Disparität und Diffusität erschöpfend aus.[7] Jedoch genügt sich der Sport nicht als Praxis, er generiert gleichzeitig Erzählungen[8] dieser Praxis.

Die folgende Untersuchung rückt diese Geschichte(n) ›des Sports‹ ins Zentrum ihres Interesses, also die jeweilige Genese der Sportart und der einhergehenden (habituellen[9]) Haltung der beteiligten Akteure, wie sie Brecht beschrieben und beurteilt hat:

---

7   »Prinzipien der nationalstaatlich geordneten Industriekultur, also Dinge wie Performanz, Leistung, Diätetik, Teamwork, Bauherren-Modell, Familie, Fairplay, Kameradschaft, Ehre, Individualität, Originalität, Nation, Opfermut, Einsatz, Nicht-Meckern…, all das, was unser tägliches ideologisches Brot ausmacht und von dem das Ding namens Gesellschaft – und vor allem die deutsche – lebt […]« (Clemens Pornschlegel: Wie kommt die Nation in den Fußball? Bemerkungen zur identifikatorischen Funktion des Fußballs. In: Warum Fußball? Kulturwissenschaftliche Beschreibungen eines Sports, Hg. von Matías Martínez, Bielefeld 2002, S. 106)

8   Beispielsweise stellt das von 2016–2019 herausgegebene Magazin ›NoSports‹ einen publizistischen Versuch dar, diese Geschichte(n) in Texte zu übersetzen, also keine Sportberichte, sondern Sport*erzählungen* zu liefern wie das Motto zu verdeutlichen versucht: »›NoSports‹ erzählt von großen Schlachten, bitteren Niederlagen und epischen Duellen in Wimbledon, Alpe d'Huez, auf der Streif oder in Manila.« (Philipp Köster (Hg.): No Sports, Hamburg 2016) Zu den verschiedenen ›Erzählstrukturen‹ des Sports vgl. Gunter Gebauer: Geschichten, Rezepte, Mythen. Über das Erzählen von Sportereignissen. In: Der Satz ›der Ball ist rund‹ hat eine gewisse philosophische Tiefe. Sport – Kultur – und Zivilisation, Hg. von Rolf Lindnder, Berlin 1983.

9   Nach Bourdieu realisiert der Mensch im Handeln Strukturen, die zuvor bereits ›verkörpert‹ wurden, und so selbstverständlich und reflexionslos sind. Diese fungieren als Initiations-sowie Ordnungsgrundlage der Praktiken und Vorstellungen: »Da der Habitus eine unbegrenzte Fähigkeit ist, in völliger (kontrollierter) Freiheit Hervorbringungen […] zu erzeugen, die stets in den historischen und sozialen Grenzen seiner eigenen Erzeugung liegen, steht die konditionierte und bedingte Freiheit, die er bietet, der unvorhergesehenen Neuschöpfung ebenso fern wie der simplen mechanischen Reproduktion ursprünglicher Konditionierungen.« (Pierre Bourdieu: Sozialer Sinn. Kritik der theoretischen Vernunft, Frankfurt a.M. 1987, S. 103).

»Ich halte sehr viel vom Sport, aber wenn ein Mann, lediglich um seiner zumeist durch geistige Faulheit untergrabenen Gesundheit auf die Beine zu helfen, ›Sport‹ treibt, so hat dies ebensowenig mit eigentlichem Sport zu tun, als es mit Kunst zu tun hat, wenn ein junger Mensch, um mit einem Privatschmerz fertig zu werden, ein Gedicht über treulose Mädchen verfasst. Einige Leute, die vermutlich der Seifenindustrie nicht ganz fernstehen, haben versichert, dass der Zivilisationsstand eines Volkes an seinem Seifenverbrauch kontrolliert werden könnte. Demgegenüber setze ich vollstes Vertrauen in Männer wie Michelangelo, dass sie auch durch einen völlig unmäßigen Gebrauch von Seife nicht hätten gehindert werden können, die Zivilisation zu bedrohen.«[10]

Es wird deutlich, dass Sport eine soziale Semantik besitzt, die zudem eine ideologische Funktion erfüllt und mit Brecht als eine bestimmte Art der Handlungspraxis verstanden werden kann:

»Kurz: ich bin gegen alle Bemühungen, den Sport zu einem Kulturgut zu machen, schon darum, weil ich weiß, was diese Gesellschaft mit Kulturgütern alles treibt, und der Sport dazu wirklich zu schade ist. Ich bin für den Sport, weil und solange er riskant (ungesund), unkultiviert (also nicht gesellschaftsfähig) und Selbstzweck ist.«[11]

Sich diesem Urteil anschließend, untersucht diese Arbeit die verschiedenen *Topoi des Sports* sowie die sozialen, politischen und ökonomischen Bedingtheiten, in denen Sport praktiziert, konsumiert und erzählt wird.[12] Die zentrale Frage ist die nach der Rolle der Deutungen bzw.

---

10   Bertolt Brecht: Sport und geistiges Schaffen [1926]. In: Gesammelte Werke in 20 Bänden (=Werkausgabe Edition Suhrkamp), Bd. 20: Schriften zur Politik und Gesellschaft, Frankfurt a.M. 1967, S. 30.

11   Bertolt Brecht: Die Krise des Sports [1928]. In: Gesammelte Werke in 20 Bänden (=Werkausgabe Edition Suhrkamp), Bd. 20: Schriften zur Politik und Gesellschaft, Frankfurt a.M. 1992, S. 28.

12   Für eine empirische Sozialstrukturanalyse von Sportpraxis und -konsum vgl. u.a. Gerd Hortleder: Sport in der nachindustriellen Gesellschaft. Eine Einführung in die Sportsoziologie, Frankfurt a.M. 1978.

Interpretationen dieser potenziell zugleich körperlichen, ästhetischen und sozialen Praxis und welche Auswirkungen diese auf die Praxis sowie deren Rezeption haben. Denn, *dass* der Sport als integraler Bestandteil der ihn umgebenden Gesellschaft von dieser geprägt wird und gleichzeitig auf diese zurückwirkt, ist spätestens seit Eisenbergs großem Versuch, Sportgeschichte als Gesellschaftsgeschichte zu schreiben, unbestritten.[13]

Siegfried Lenz hat in seinem viel zitierten Aufsatz *Bizeps und Regel. Über ›Der Sport aller Völker und Zeiten‹* bereits 1960 auf den Sport als besonderes sozio-historisches Phänomen hingewiesen:

»Die größten Feste werden heute im Zeichen des Sports gefeiert. Tausende von Athleten ziehen Millionen von Zuschauern an, überall auf der Welt; das ›Sportliche‹ ist zu einem Leitbild geworden, das unsere Haltung beeinflußt, unsere Kleidung, unseren Haarschnitt, unsere Ernährung und sogar unser Vokabular. Der Sport hat das Jugendliche zum Idol erhoben; er hat, in seinem Bereich, das demokratische Problem nahezu gelöst. [...] Wer zum Verständnis der modernen Gesellschaft gelangen will, kommt – so scheint mir – ohne Berücksichtigung des Sports nicht mehr aus; denn die Arenen der Welt sind zu Spiegeln geworden, in denen sich vieles abbildet: die Wünsche, Ehrgeize, die Hoffnungen und Sehnsüchte der Zeitgenossen, aber auch ihre Leidenschaften, Neurosen und Hysterien, ihre Räusche und Ansprüche. Im Sport ist heute vieles öffentlich geworden.«[14]

Sport ist somit in einem Überschneidungsbereich mehrerer Sphären des Begriffs ›Gesellschaft‹ verortbar (und funktionalisierbar), weshalb Bewegung[15] im Sport Kulturbedeutung und gleichzeitig durch die Interde-

---

13 Christiane Eisenberg: »English Sports« und deutsche Bürger. Eine Gesellschaftsgeschichte 1800–1939, Paderborn 1999.

14 Siegfried Lenz: Bizeps und Regel. Über ›Der Sport aller Völker und Zeiten‹. In: Beziehungen. Ansichten und Bekenntnisse zur Literatur, Hamburg 1970, S. 244.

15 Einen Entwurf einer ›Soziologie der Bewegung‹ hat Gabriele Klein vorgelegt: »Eine Soziologie der Bewegung versteht Handeln als einen Prozess der raumzeitlichen Verkörperung des Sozialen und untersucht die performativen Dimensionen des Handelns. Damit ist sie unmittelbar an eine Performativitäts-

pendenz zu Wirtschaft, Politik, Militär, Bildungs- und Gesundheitssystem Bedeutung für die Gesellschaft als soziales System (oder Institution) erlangt. Als *ritualisiertes und sinnvermittelndes Handlungssystem* kann er gar einen (quasi-)religiösen Charakter bekommen, wie man an den Worten, die Papst Pius XII. an die Teilnehmer des Giro d'Italia am 26. Juni 1946 richtete, unschwer sehen kann:

»Das Rennen bedingt und fordert Anstrengung, eine gesunde Anstrengung, eine harmonische Anstrengung des ganzen Körpers, eine Anstrengung, deren Energie sich weniger in der Kraft der Beinstöße zeigt, als vielmehr im Mut der männlichen Disziplin und der andauernden und stetigen Übung bis zum Endspurt. Vor allem kämpft ihr, wie ausgerichtet auf den ewigen Ruhm, nicht um einen vergänglichen Preis oder um einen, der an andere weitergegeben werden kann, sondern in der Hoffnung auf einen unvergänglichen Kranz, der niemanden von euch der Enttäuschung aussetzt, nicht der Sieger zu sein. Wenn ihr nur getreu die Gesetze jenes sublimen Rennens des Geistes befolgt und euch nicht von Müdigkeit und Hindernissen aufhalten lasst, bevor ihr das Ziel erreicht habt! [...] Geht also hinaus in die glühende Sonne Italiens, eures Vaterlandes, dessen große Schönheit ihr kennt und dessen würdige und unerschütterliche Kämpen ihr sein wollt. Geht also tapfer über die Pässe des irdischen und ewigen Rennens.«[16]

Als *spielerische Tätigkeit* behält der Sport wiederum zwar seinen »Eigenweltcharakter«,[17] – der allerdings in Kontrast zu Huizingas Beschrei-

---

theorie des Körpers gebunden. Sie fragt nach dem Sozialen in der körperlichen Bewegung, aber auch nach Prozessen der Verkörperung in sozialen Bewegungen (z.B. bei Demonstrationen, Blockaden oder Sitzstreiks). Sie thematisiert immer auch die Beweglichkeit des Sozialen selbst.« (Gabriele Klein: Bewegung denken. Ein soziologischer Entwurf. In: Bewegung. Sozial- und Kulturwissenschaftliche Konzepte, Bielefeld 2004, S. 149)
16   Zitiert nach Hans Müller: Papst Pius und der Sport, Düsseldorf 1955, S. 10.
17   Johan Huizinga: Homo ludens. Vom Ursprung der Kultur im Spiel [1938], Reinbek bei Hamburg 1987, S. 18.

bung nicht als originär-ahistorische menschliche Erfahrungsweise, die bei ihm gewissermaßen Ursprung von Kultur ist, verstanden wird – soll hier allerdings als *Praxis* betrachtet werden, die von ihrer soziohistorischen Umwelt geprägt wird und ebenso auf diese zurückwirkt, indem bestimmte Axiome und Stile der Lebensführung propagiert und so soziale Strukturen beeinflusst, diese abbildet oder konterkariert, allerdings auch soziale Umbrüche begleiten oder gar auslösen kann.[18]

Mit Virilio kann er daher als Raum beschrieben werden, in dem die soziale Welt verständlich wird, wo die Strukturen wiedererkennbar und anschaulich sind, wo die Gesellschaft in ritueller Form aufgeführt und gefeiert wird:

> »[...] bei diesem ›Wettlauf‹, dieser wilden Konkurrenz [eliminiert man] nicht nur den Gegner (das zu langsame Tier), sondern man eliminiert ebenso Elemente des eigenen Körpers. Beispielsweise verliert man Gewicht [...]. Hieraus erklärt sich die Erfindung der INFRASTRUKTUR des Sportstadions, der Pferderennbahn oder des Flugplatzes, wobei der reale Raum des Ortes, an dem der Wettlauf stattfindet, plötzlich zum Produkt der Echtzeit einer Strecke wird.«[19]

Und doch ist es ebenso ein Raum, der ›Brüche‹ und ›Risse‹ aufweist, Teile, die von den übrigen qualitativ verschieden sind und die das besondere Interesse dieser Arbeit darstellen: Trotz ihrer Architektur, Einzäunungen, Begrenzungen und Markierungen können Sportplätze Freiräume sein, in denen Bewegungs- und Verhaltensmuster möglich sind wie sonst selten. Als architektonische wie sozio-kulturelle Gebilde regulieren Sportplätze die sportliche Praxis und eröffnen zugleich einen theatralen Raum, in dem bestimmte gesellschaftliche Axiome zur Darstellung kommen. Somit kann jeder Sport-Platz auch Spiel-Raum sein.

---

18   Vgl. Pierre Bourdieu: Historische und soziale Voraussetzungen modernen Sports. In: Sport – Eros – Tod, Hg. von Gerd Hortleder/Gunter Gebauer, Frankfurt a.M. 1986.

19   Paul Virilio: Die Eroberung des Körpers. Vom Übermenschen zum überreizten Menschen, München & Wien 1994, S. 114.

Dieser *Spielraum*[20] ist, wie gesagt, gedoppelt, denn der Sport existiert in ihm zugleich als ausgeführter wie auch erzählter Sport – und erst durch die Erzählung wird der Sinn bzw. die Funktion *als* Sports erzeugt. So ist das Laufen bspw. zunächst eine ›natürliche‹ Bewegung, die durch verschiedene Erzählungen oder Interpretationen codiert werden kann, wodurch die Entfernung (100m- *Sprint* oder ›Marathon‹- *Lauf*) und das Ziel variiert, die Intension (Wettkampf gegen andere oder als *Training* des eigenen Körpers, also zur Steigerung der ›Fitness‹[21]) sich ändert oder gar das gesamte Konzept differiert und als Zeichen eines Lebens(stils) fungiert: »Und ich dachte, dass im Grunde ein Lauf im Stadion ja den Ernstfall versinnbildlicht: den Lauf ums Leben.«[22] Die Erzählung erfolgt sowohl innerhalb der Handlung selbst, die so stets zugleich Aus- und Aufführung ist, als auch (ggf.) durch eine externe Instanz, die diese Handlung nacherzählt, interpretiert, idealisiert oder ideologisiert. Eine der gelungensten literarischen Verarbeitungen dieses ›Verhältnisses‹ stellt die Kurzgeschichte »Die Einsamkeit des Langstreckenläufers« von Alan Sillitoe dar, in der der Lauf zur Allegorie auf die kapitalistischen Produktionsverhältnisse wird:

> »Es war schwer zu verstehn, und ich wusste bloß, du musst laufen, laufen, ohne zu wissen, warum, aber du läufst weiter durch Felder, die du nicht verstehst, und rein in Wälder, die dir Angst einjagen, über Hügel,

---

20   »*Das Spiel ist ein Kampf um etwas oder eine Darstellung von etwas.* Diese beiden Funktionen können sich auch vereinigen, in der Weise, dass *das Spiel einen Kampf um etwas ›darstellt‹ oder aber ein Wettstreit darum ist, wer etwas am besten darstellen kann.* [Hervorh. im Original, PE]« (Huizinga: Homo ludens. Vom Ursprung der Kultur im Spiel [1938], S. 22)

21   Zur historischen Entwicklung des neoliberalen Körperkonzeptes der ›Fitness‹ vgl. Jürgen Martschukat: Das Zeitalter der Fitness, Frankfurt a.M. 2019, Harvey Green: Fit for America. Health, fitness, sport and American society, Baltimore 1986 sowie Pirkko Markula u. Richard Pringle: Foucault, Sport and Exercise. Power, Knowledge and Transforming the Self, London & New York 2006 hier insbesondere S. 55–70.

22   Siegfried Lenz: Entstehungsgeschichte eines Sportromans [1960]. In: Brot und Spiele, Hamburg 2019, S. 322.

ohne zu wissen, dass es rauf und runter geht, und du flitzt über Flüsse, die dir das Herz aus dem Leibe reißen, wenn du reinfällst. Und am Ziel war's damit nicht zu Ende, wenn dich die Zuschauer auch jubelnd empfangen, weil du weiter musst, bevor du wieder zu Atem kommst, und du hörst erst richtig auf, wenn du über einen Baumstamm stolperst und dir das Genick brichst oder in einen unbenutzten Brunnen fällst und für immer tot in der Finsternis liegst. Deshalb dachte ich: Auf diese Masche mit dem Wettrennen kriegen sie mich nicht, mit dem Laufen und dem Jagen nach dem Sieg, dem Zotteln um ein Stück blaues Band, weil man so nämlich überhaupt nicht weiterexistieren kann, obwohl die steif und fest behaupten, ja.«[23]

Die Erkenntnis erlangt Sillitoes Läufer während des Laufs und die skandalöse Verweigerung der markwirtschaftlichen Systemlogik, diese an *Bartleby* erinnernde, plötzliche Verneinung der Teilhabe an der dauerhaften Einübung der Konkurrenzverhältnisse, stellt einen dieser besagten Brüche dar, die das explizite Interesse dieser Arbeit ausmachen.

Dem vorangestellten Brecht'schen Motto folgend, bedarf es dafür einer genauen Untersuchung der »im Kapitalismus entwickelten Gebräuche« (in unserem Fall somit dem Sport), die zwar »von seiner Produktionsweise beziehungsweise von seiner Gesellschaftsordnung herkommen, denselben zu unterstützen oder auszunutzen bestimmt sind, aber teilweise auch revolutionär sind«, nämlich in dem Moment, indem sie als »Vorstufe zu anderen, höheren Produktionsweisen«[24] deutlich werden. Sportpraxis wie Sportkonsum (was durchaus, wie zu zeigen sein wird, in eins fallen kann) werden somit zunächst mit Bourdieu als ›Sportprodukte‹, die auf eine gesellschaftliche Nachfrage ›reagieren‹, verstanden und untersucht.[25] Bourdieus Fragestellung nach

---

23   Alan Sillitoe: Die Einsamkeit des Langstreckenläufers [1959]. In: Siegen und Verlieren. Sportgeschichten, Hg. von Heinz Perleberg, München 1995, S. 248.
24   Bertolt Brecht: Gegen das ›Organische‹ des Ruhms für die Organisation. In: Gesammelte Werke in 20 Bänden (=Werkausgabe Edition Suhrkamp), Bd. 18: Schriften zur Literatur und Kunst I, Frankfurt a.M. 1967, S. 108.
25   Bourdieu: Historische und soziale Voraussetzungen modernen Sports, S. 91f.

den »gesellschaftlichen Bedingungen der Möglichkeit zur Aneignung der solchermaßen hergestellten Sportprodukte – sei es Golfspielen oder Skilanglauf, das Lesen der Sportzeitschrift *Equipe* oder das Verfolgen der Fußballweltmeisterschaft am Bildschirm [...]«[26] soll hierbei erneut gestellt und erweitert werden.

Allerdings wird *Sport* (nur) dann ein ergiebiges Thema, wenn die Analyse den jeweiligen Standort in der gesellschaftlichen Klassen- und Subjektstruktur miteinbezieht. Nur eine auf möglichst vielen Plateaus agierende Untersuchung kann die Eigenweltlichkeit mitsamt ihren Ambivalenzen, Ironien und Brüchen abbilden, was oftmals bei ›rein‹ politikwissenschaftlichen, historischen, soziologischen, aber auch literaturwissenschaftlichen Studien nicht der Fall ist.

Vor allem die Literaturwissenschaft hat sich lange nur vereinzelt mit dem Thema Sport befasst. Für die Forschung der Weimarer Republik sowie der sogenannten ›kulturellen‹ Moderne häufen sich zunehmend Einzelstudien zu den ›bedeutenden‹ Autoren, wobei festzuhalten ist, dass diese Forschung von einigen wenigen betrieben wird.[27] Erst in den letzten Jahren ist dem Themen- und Motivkomplex Sport und Literatur mittels des erneuerten kulturwissenschaftlichen Interesses am Körper (vorwiegend getriggert durch Foucault) mehr Aufmerksamkeit geschenkt worden. Hier sind vor allem einzelne kleinere Beiträge entstanden, die nach dem theoretischen Verhältnis von Literatur und

---

26   »[...] Von welchen Prinzipien werden die sozialen Akteure bei ihrer Wahl in Bezug auf Sportpraxis und Sportkonsum aus der Palette der zu einem gegebenen historischen Moment angebotenen Möglichkeiten geleitet?« (Ebd.)

27   Anne Fleig: Körperkultur und Moderne. Robert Musils Ästhetik des Sports, Berlin/New York 2008; Hanns-Marcus Müller: »Bizepsaristokraten«. Sport als Thema der essayistischen Literatur zwischen 1880 und 1930, Bielefeld 2004; Michael Gamper: Körperhelden. Der Sportler als ›großer Mann‹ in der Weimarer Republik. In: Figurationen der Moderne. Mode, Sport, Pornographie, Hg. von Birgit Nübel/Anne Fleig, München 2011; Kai-Marcel Sicks: Sollen Dichter boxen? Brechts Ästhetik und der Sport. In: Hofmannsthal Jahrbuch. Zur Europäischen Moderne 12/2004, Hg. von Gerhard Neumann, Ursula Renner u.a., Freiburg 2004; Ott: ›Unsere Hoffnung gründet sich auf das Sportpublikum‹. Über Sport, Theatralität und Literatur.

Sport, der Erzählbarkeit des Sports oder Einzelaspekten oder Autoren fragen. Des Weiteren liegen inzwischen auch mehrere qualitativ sehr unterschiedliche Monographien zum Sport als Thema und Motiv in der deutschen Literatur vor.[28] Trotz seiner Omnipräsenz, seiner medialen, kulturellen und gesellschaftlichen Bedeutung – im Zuge der Covid-19-Pandemie wurde gar symptomatischerweise die Frage nach der »Systemrelevanz« des Sports gestellt – stellt er als kulturwissenschaftlicher Forschungsgegenstand eine Randerscheinung dar.[29]

Diese Untersuchung versucht daher, in Anlehnung an den Ansatz Gebauers und Lenks[30], einen wissenschaftlichen Brückenschlag, derge-

---

28 Mario Leis und Nanda Fischer untersuchen literarischer Texte des gesamte 20. (Leis) bzw. dem ersten Drittel des 20. Jh. (Fischer) mit Sport-Bezug (Mario Leis: Sport in der Literatur: Einblicke in das 20. Jahrhundert, Frankfurt a.M. 2000; Nanda Fischer: Sport als Literatur. Traumhelden, Sportgirls und Geschlechterspiele. Zu Theorie und Praxis einer Inszenierung im 20. Jahrhundert, Eching 1999). Fischer geht vor allem auf geschlechtsspezifische Implikationen des Sport-Diskurses ein, wohingegen Leis eine thematischere Ausrichtung hat. Hanns-Marcus Müller (2004) beschränkt sich auf die Essayistik, die für ihn eine prägende Rolle in der Formierung des modernen Sports spielte. Alexander Extra liefert eine kommentierte Sammlung, ein Kompendium, das allerdings keine Frage oder These erkennen lässt, aber als Quellenfundus sehr dienlich, ausführlich und akribisch erarbeitet ist (Alexander Extra: Sport in der deutschen Kurzprosa des zwanzigsten Jahrhunderts, Hamburg 2006). Überblicksdarstellungen in den Komplex bieten des darüber hinausgehend Jürgen Court (Hg.): Was ist Sport? Sportarten in der Literatur, Schorndorf 2001 sowie Elisabeth Tworek u. Michael Ott (Hg.): SportsGeist. Dichter in Bewegung, Zürich & Hamburg 2006.

29 Was u.U. auch mit dem Selbstverständnis einiger Wissenschaftler zusammenhängt, die eine unkritische ›Forschung‹ bevorzugen: »Wenn Intellektuelle, selbst solche, die sich für Sport begeistern, über Sportler und Sportereignisse schreiben, dann fühlen sie sich meist verpflichtet, den Sport als Symptom höchst unerwünschter Funktionen und Tendenzen zu interpretieren. Unsere Akademiker halten sich für hip, wenn sie etwas vom Sport als einer ›biopolitischen Verschwörung‹ sprechen, durch die Staatsgewalt auf selbstreflexive Mikrogewalten übertragen wird.« (Hans Ulrich Gumbrecht: Lob des Sports, Frankfurt a.M. 2005, S. 20)

30 Die Autoren verbinden hier ihre Konzepte der »Interpretationen, Perspektiven und Interpretationskonstrukte« zu einer gemeinsamen Theorie, die den »kon-

stalt, dass soziologische Perspektiven mit literatur- und erzählungswis-
senschaftlichen Wissens- und Analyseformen verknüpft werden: Indem
die von Gebauer und Lenk unterschiedenen »habitualisierten Geschichten« und »literarischen Gegen-Geschichten«[31] gleichsam untersucht
werden, soll sowohl in theoretischer wie gegenstandsbezogener Hinsicht versucht werden, einen Beitrag zu einer Theorie des Sports zu
leisten.

An dieser Stelle muss daher kurz auf den *Text*-Begriff dieser Arbeit
eingegangen werden: ›der Sport‹ als zu untersuchendes Phänomen soll
in seiner (gesellschaftlichen) Funktionsweise ergründet werden, wozu
literarische, journalistische, essayistische und biographische Texte,
sportpolitische Reden, Lehrpläne und Selbstzeugnisse von Sportlern
(sowie Funktionären), Filme, Magazine, und nicht zuletzt die sportlichen Praxen selbst als *symptomatische Texte* gelesen werden und wenn
diese auch nicht den gleichen Stellenwert als *Text* haben (was besonders
in Bezug auf die Literatur bzw. Poesie betont werden muss, da deren
›Mittel‹ ihr ermöglichen sowohl bloßer Spiegel, als auch Erfahrungs-
und Erkenntnisinstrument oder aber Verfremdungsinstanz sein zu *können;* sie *kann* weitaus mehr leisten als die *Realität*), sind sie als Symptome
(bzw. Beschreibungen der Symptome) oder besser kulturgeschichtliche
Dokumente ebenbürtig behandelt. [32]

---

stitutiven Aspekt«, der bei der Interpretation sowohl von Handlungen als auch
von Beobachtungen eine gewichtige Rolle spielt: »Interpretationen sportlicher
Handlungen und ihr Wandel kann in Form von ›Geschichte‹ gekleidet und über-
mittelt werden. [...] Wenn sich Geschichten dieser Art verändern, können sie einen Bedeutungswandel anzeigen oder sogar selbst initiieren.« (Gunter Gebauer u. Hans Lenk (Hg.): Der erzählte Sport. Homo ludens – auctor ludens, Berlin
1988, S. 146ff)

31   Ebd., S. 150.

32   Daher wird in dieser Ausführung auf eine Diskussion des vieldiskutierten ›Verhältnisses‹ bzw. der ›Verwandtschaft‹ (der stets zitierte Reich-Ranicky bezeichnete sie als ›feindliche Brüder‹) von Sport und Literatur explizit und bewusst
verzichtet (Vgl. hierzu Pierre Mattern: Text, Wettkampf, Spiel. Zur historischen
Typologie des Verhältnisses Sport – Literatur. In: Literatur als Spiel. Evolutionsbiologische, ästhetische und pädagogische Konzepte, Hg. von Thomas Anz u.
Heinrich Kaulen, Berlin 2009).

Da die den hegemonialen Semantiken folgenden Sportdiskurse in einem Verhältnis von Abwechslung, Komplementarität, Gleichzeitigkeit, Ineinanderübergehen zu den teils die habitualisierten Praxen umkehrenden Sportgeschichten gelesen werden müssen, erscheint nur ein interdisziplinär angelegter Ansatz (der literaturwissenschaftliche, soziologische sowie kulturwissenschaftliche Perspektiven und Methoden vereint) zielführend und könnte für die jeweiligen Einzeldisziplinen in Folge neue Perspektiven auf ein (noch) randständiges Feld eröffnen. Das wissenschaftliche Verfahren ist, wie bereits gesagt, daher ein (›deleuzianisches‹) *Folgen* bzw. *Umherziehen*, da die einzelnen signifikanten Figuren und Ereignisse, die hier nachverfolgt werden, in keine Linearität oder Genealogie gestellt werden können (oder gezwungen werden sollen), es sind ganz im Gegenteil immer neue *Bewegungen*, also Phänomene und Prozesse, in denen stets gleichzeitig Integrations- und Fluchtlinien auszumachen sind. Die Arbeit erhebt daher auch keinen Anspruch auf irgendeine Art der ›Vollständigkeit‹: Sie folgt lediglich, im Sinne einer ›nomadischen Wissenschaft‹ einer Spur, die das Phänomen *Sport* hinterlässt, wohl wissend, dass unzählige Pfade offen und Fäden liegen gelassen werden müssen, seien es sporthistorisch bedeutsame Ereignisse (z.B. die Fußballweltmeisterschaft 1954, das sogenannte »Wunder von Bern«), interessante Sport*arten* (Klettern oder auch Rennsport) oder gelungene Literarisierungen (wie z.B. . Jelineks *Sportstück*).

Die Bewegungen sind als Ereignisse, die eine »neue Syntax, die Mutationen«[33] bewirkt haben, zu verstehen und zu lesen. Dementsprechend erfolgt die Aufgliederung in Plateaus, sozusagen den Sportplätzen und Spielräumen, die sich einerseits als Fragmente ›selbst genug‹ sind, andererseits in deutlicher Wahlverwandtschaft zueinander gelesen werden können (und sollen): den sportlichen Marktplatz, das sportliche Theater und den nomadischen Sport. Diesen ›Bewegungen‹ soll auf verschiedenen ›Wegen‹ nach-gegangen werden, die Entwicklung des Sports zum kulturindustriellen Phänomen, das ein zentrales

---

33   Deleuze: Die Fürsprecher, S. 192.

Denk- und Handlungsparadigma der Gegenwart darstellt, anhand signifikanter Beispiele beschrieben und zudem auf seinen ›revolutionären
Gebrauchswert‹ hin untersucht werden.

Der sportliche Marktplatz

> »Man fühlt ein Vakuum, in das sich
> der Sport stürzt. Man weiß eigentlich
> nicht recht, was sich da stürzt, aber
> alle reden davon, so wird es wohl
> etwas sein: so ist immer das zur
> Macht gekommen, was man ein
> hohes Gut nennt.«[1]

Im mentalitätsgeschichtlichen Umbruch des frühen zwanzigsten Jahrhunderts gewinnt der Sport als Körperpraxis (der Massen) wie als Diskursobjekt zunehmend an Signifikanz, da er die Körper den zentralen
Themen Wettkampf, Leistungssteigerung und Bewegung zuführt und in
einen Spielraum einer neuen Bewegungs- und Freizeitkultur überführt,
die mit der entstehenden Sportmode[2] eine weitere Darstellungsmöglichkeit von Körperlichkeit und Nacktheit erhalten hat.[3] Hiermit zeichnet sich sogleich auch der Umbruch *im* (bzw. genauer *zum*) Sport ab,

---

1   Robert Musil: Als Papa Tennis lernte [April 1931]. In: Gesammelte Werke in neun
    Bänden, Bd. 7: Kleine Prosa, Aphorismen, Autobiographisches, Reinbeck bei
    Hamburg 1978, S. 691.
2   Vgl. Georg Simmel: Die Mode [1905]. In: ders.: Philosophische Kultur. Über das
    Abenteuer, die Geschlechter und die Krise der Moderne. Gesammelte Essays.
    Mit einem Vorw. v. Jürgen Habermas, Berlin 1998.
3   Vgl. Anne Fleig: Bruder des Blitzes: Sportgeist und Geschlechterwettkampf
    bei Marieluise Fleißer und Robert Musil. In: Figurationen der Moderne. Mode, Sport, Pornographie, Hg. von Birgit Nübel/Anne Fleig, München 2011, sowie
    Müller: »Bizepsaristokraten«. Sport als Thema der essayistischen Literatur zwischen 1880 und 1930

denn der Zusammenhang mit der Mode weist auf eine entscheidende Verbindung hin, die den Sport zu einem signifikanten, massentauglichen Phänomen macht. Nämlich die Verbindung von Körper und vermarktbarer Inszenierung, wie sie bspw. Musil einerseits irritiert und andererseits ironisch beschreibt:

>»Der Sport ist bei uns ungefähr zur gleichen Zeit Mode geworden wie die große Hornbrille. Ich will nichts gegen die Hornbrille sagen, sie ist kleidsam, hat dadurch Unzähligen den Mut zu ihrer Kurz-oder Weitsicht gegeben und verleiht ihren Trägern eine gewisse Liebe zur Intelligenz, was nach Platon der erste Schritt zu deren Erwerb ist. Ich will ja aber auch gar nichts gegen den Sport sagen; die folgenden Bemerkungen sollen im Gegenteil einem gewissen Zusammenhang zwischen Sport und Brille dienen und verstehen lassen, daß sich der Sport heute bei uns schon der Würde der Brille nähert. (Während er sich auf der anderen Seite fest im Ernst des Geschäfts verankert.)«[4]

Deutlich wird die Virulenz dieser *Möglichkeit der Darstellung* in der Struktur doppelter Zeit-Räumlichkeit: Einerseits in Form einer neuen Architektur eines sportlichen Theaters, das sich an einem im Mittelpunkt stehenden (anti-mimetischen) *aktiven Körper* ausrichtet, der im ereignishaften Moment der Aus-und Aufführung, also gegenwärtig, rezeptiv mit-erlebbar wird und somit auch für den Zuschauer ein (organisiertes) ästhetisches Erleben ermöglicht. Andererseits durch eine mediale Selbstvergewisserung, die den Sport in (›kulturellen‹) Text übersetzt, der das Geschehene nicht nur ›nach-erlebbar‹ macht, sondern dem Sport Sinnpotentiale zuschreibt und einen mythischen Gehalt gibt.[5]

---

4   Robert Musil: Durch die Brille des Sports [1925/26 oder später]. In: Gesammelte Werke in neun Bänden, Bd. 7: Kleine Prosa, Aphorismen, Autobiographisches, Reinbeck bei Hamburg 1978, S. 792.

5   Michael Oriards Untersuchung der täglichen Sportberichterstattung in den großen amerikanischen Tageszeitungen um 1900 belegt die herausragende Stellung der Medien für die Darstellung der vorherrschenden sportlichen Praxis. Weit mehr sieht er sogar die Prägung des Wesens des Sports in erster Li-

Die historische Bedeutung des Phänomens ›Sport‹ zeigt eine Verwandtschaft bzw. Synchronität zum ökonomischen Konkurrenzkampf der
Zeit des 19. Jahrhunderts; einem Jahrhundert, in dem u.a. durch die
Gewerbefreiheit gesamtgesellschaftlich Fragen der Rationalisierung
und Individualisierung, Messbarkeit und Selbstdarstellung wichtig
wurden. Man kann das moderne Phänomen Sport als bürgerliche
›Erfolgsgeschichte‹ verstehen, da es das Konkurrenzprinzip gewissermaßen popularisiert hat.[6] Nur scheinbar paradox ist der inhärente
strukturelle Zusammenhang, gleichzeitig das Produkt der industriellen
Moderne sowie deren Kritik zu sein, und zwar eine Kritik, die sowohl
Flucht- als auch Integrationslinie darstellen kann, was sich einerseits
im »antibürgerlichen Gestus in der Sportessayistik«[7] zeigt, die in sich
bereits oppositionelle Verhältnisse[8] in der Sportbewertung vereint, und
andererseits einer *olympischen Idee* der Re-Integrierung als Mittel einer

---

nie durch seine Darstellung der Printmedien: Etwa um 1870 entstand nach Oriard das Footballspiel, das zunächst jedoch kaum Publikum anzog, was sich
durch den gleichzeitigen Entwicklungsschub im Bereich der Printmedien insofern stark verändern sollte, als dass durch den Sportjournalismus aus dem
Sportspiel American Football ein Volksschauspiel gemacht wurde. »The popular press was primary, the game itself secondary, in footballs extraordinarily ra-
pid emergence as a popular spectacle and cultural force [...].« Die Erzählung des
American Football, also das, was der Sport durch seine Darstellung in den Printmedien für Oriard gewesen sein wird, nämlich ein ›kultureller Text‹, verhandelt
in erster Linie die soziale Frage: »Behind many of these narratives lies a basic
question: who would succeed in America, and on what terms? Would success
come to those who were innately talented, to those who worked hard, to those
who submitted to authorithy or surrendered their individual will to a common
purpose? Did success depend on discipline, on luck, on high moral principles, on
trickery, on personal power?« (Michael Oriard: Reading Football. How the Popular Press Created an American Spectacle, Chapel Hill & London 1993, S. 188ff)

6   Eisenberg: »English Sports« und deutsche Bürger. Eine Gesellschaftsgeschichte
     1800–1939.

7   Müller: »Bizepsaristokraten«. Sport als Thema der essayistischen Literatur zwi-
     schen 1880 und 1930, S. 46.

8   Hierzu Müller in seinem speziellen Idiom (*»Ich bin ein Liebhaber der Sprache, dieser
     rätselhaften Geliebten* [...]«): »›kalte‹ Verfügbarkeit unpersönlichen Leistens ver-
     sus (pseodo-)ritterlicher Unverfügbarkeit persönlicher Autorität.« (S. 41)

Bewältigung der krisenhaft empfundenen Moderne. Diese Bewertun-
gen und Konzeptualisierungen des Sports erfolgen stets rezeptiv –
und dies kann in wissenschaftlicher, politischer oder literarischer Form
sein – seine besondere Ästhetik der Präsenz und Ereignishaftigkeit
stellt den Anknüpfungspunkt jedweder Diskursivierung dar. Gerade
die Rationalisierung der »mystischen Bedürfnisse«[9] durch den Sport,
gewissermaßen gefasst im Begriff *Sportgeist* als prägenden Begriff des
publizistischen Sportdiskurses der späten zwanziger Jahre,[10] offenbart
die Logik einer Körperökonomie[11], in der dem körperlichen Drill eine
Suggestion der Freiwilligkeit gegeben wird. Robert Musil beschreibt in
seinen Sportessays diese freiwillige Unfreiheit ironisch mit den Worten:
»Man müßte der Idealfigur des Sportsmanns auf den Statuen, die ihr
errichtet werden, also eigentlich ein Metermaß in die Hand geben, wie
es die Schneider um den Hals tragen, und nicht nur das Lorbeerreis.«
Für ihn bleibt der *Geist des Sports* äußerlich, denn dieser entstehe »nicht
aus der Ausübung, sondern aus dem *Zusehen.*«[12]

Musils Texte reflektieren diese widersprüchliche Struktur des Sports
Techniken des Selbst *und* Medium der Kulturkritikzu sein.[13] Foucault

---

9   Musil: Durch die Brille des Sports [1925/26 oder später], S. 793.
10   Vgl. bspw. Fritz Giese: Geist im Sport. Probleme und Forderungen, München
     1925: »[Z]um Geistigen im Sport rechnet man auch den Sportgeist. Damit ist
     ein Gegenstück zum Sportspiel gemeint. Spiel war das leichte, musische Be-
     handeln des Stoffs. Geist soll hier ausdrücken das mehr Intellektuelle der Form.
     »Sportgeist« ist der kennzeichnende Volksausdruck für das, was der Charakter
     aus der sportlichen Tätigkeit gewinnt. Sportspiel war die Einstellung auf Erle-
     ben hin. Sportgeist führt zum Bodensatz der Lebensform, zu den Erträgen des
     Handelns.« (S. 140)
11   »Modellfall des bürgerlichen Eskapismus: der Ich-Vergessenheit, Nutzlosig-
     keit, Genießens – der Sportler als moderner Narziß. Der sich liebt, weil er Nar-
     ziß ist, der aber arbeiten muss weil er modern ist: der Dékadent der Disziplin.«
     (Müller:»Bizepsaristokraten«. Sport als Thema der essayistischen Literatur zwi-
     schen 1880 und 1930, S. 138)
12   Musil: Als Papa Tennis lernte [April 1931], S. 691.
13   Dieses Paradox findet sich auch im *Design* der Neuen Sachlichkeit wieder, wie
     Anne Fleig mit ihrer Analyse über das Magazin *Der Querschnitt* als zentrales Fo-
     rum des avantgardistischen Sportdiskurses zeigt. (vgl. Fleig: Körperkultur und

hat für ersteres den Begriff der *Selbsttechnologien* geprägt, mit dem er den Menschen als Gegenstand und Produkt einer Modifizierung seiner Selbst bezeichnet. Das eigene Leben wird zu einem *Werk*, mit bestimmten ästhetischen Stilkriterien, die zu selbstgesetzten Regeln werden. Die Subjektivität ist daher nach Foucault eine historische Form und künstlich-technische Konstruktion und keine *Substanz*.[14]

Der bewegte Sportler-Körper transzendiert für Musil die moderne Lebenswelt dadurch, dass er subjektives Vergnügen und Rationalisierung in Form des regelmäßigen, regulierten, geplanten und evaluierten Trainings vereint und *verkörpert*. Sport wird somit zu der Praxis, die einen zentralen Widerspruch der Moderne auflöst; den Widerspruch zwi-

---

Moderne. Robert Musils Ästhetik des Sports, S. 87) Gerade durch die Verbindung von Schrift und Bild gelang der Zeitschrift eine gelungene Inszenierung der Ereignishaftigkeit sportlicher Aufführungen, um so ein Prinzip der »Ästhetik der Präsenz« stark machen zu können. (Vgl. S. 108) Zudem zeigt sie, ebenso wie Müller – allerdings mit anderem Schwerpunkt (vgl. Müller: »Bizepsaristokraten«. Sport als Thema der essayistischen Literatur zwischen 1880 und 1930) –, dass sich der *Sport als Motiv* in der Literatur etabliert, *nachdem* er als kulturelles Phänomen in der essayistischen Literatur verhandelt wurde. Ihre akribische Auseinandersetzung mit dem *Querschnitt* zeigt, dass die diskursive Verhandlung neusachlich-ästhetischer Positionen in enger Verbindung zur allgemeinen Sportbegeisterung der Zeit stehen, wobei sie die Gegensätzlichkeit des intellektuellen Sportdiskurses mitsamt seiner avantgardistischen, anti-bürgerlichen Zielrichtung und der genuin bürgerlichen Sportpraxis hervorhebt. Anhand ihrer Ausführung wird die Problematik deutlich, dass hier versucht wird, der Moderne mit modernen Mitteln zu entkommen, was allerdings sowohl von Brecht (wie später zu zeigen sein wird) als auch von Musil erkannt und verhandelt wird, da sie beide auf das *theatrale Wesen* sportlicher Praxis kritisch eingehen und in der sportlichen Praxis eine dialektische ›Bewegungen‹ zwischen Produktion und Rezeption beschreiben.

14   Eine leitende Frage seiner Studien zur Gouvernementalität ist die nach der Reziprozität von Selbst-und Herrschaftstechniken, die eine »politische Ökonomie der Körper« (Michel Foucault: Überwachen und Strafe. Die Geburt des Gefängnisses, Frankfurt a.M. 1977, S. 37) etabliert. Als Beispiel einer gelungenen Anwendung der Foucault'schen Konzepte und Ansätze im Feld des Sports vgl. Markula u. Pringle: Foucault, Sport and Exercise. Power, Knowledge and Transforming the Self.

schen Rationalisierung und Individualisierung: Sport propagiert Rationalisierung *als* Individuation:

>»[M]an wird in dieser Art beim Training von seinem Körper gleichsam an der Nase weitergeführt. Neben diesen Illusionen gibt es in der Sportübung aber auch eine Fülle wirklicher kleiner geistiger Anregungen, die sie vor der Gefahr bewahren, bloß eine seelische Erkrankung zu werden. Ich will das kurz fassen, da es ohnehin oft genug hervorgekehrt wird: da sind Mut, Ausdauer, Ruhe, Sicherheit, die man auf dem Sportplatz zwar nicht für alle Fälle des Lebens, aber immerhin so erwirbt wie ein Seiltänzer das Gleichgewicht auf einem Seil, das in der Höhe von einem Meter gespannt ist. Man lernt, die Aufmerksamkeit zu sammeln und zu verteilen wie ein Mann, der mehrere Spinnstühle beaufsichtigt. Man wird angelernt, die Vorgänge im eigenen Körper zu beobachten, die Reaktionszeiten, die Innervationen, das Wachstum und die Störungen in der Koordination der Bewegungen, man erlernt die Beobachtung und Auswertung von Nebenvorgängen, die rasche intellektuelle Kombination; alles das ähnlich, wenn auch nicht in dem Maße wie ein Jongleur. Man erwirbt Bekanntschaft mit den Fehlleistungen, welche der wahrnehmbaren Müdigkeit voranschleichen; man lernt das eigentümliche Schweben zwischen zu viel und zu wenig Fleiß kennen, die beide schädlich sind, den gewöhnlich ungünstigen Einfluß der Affekte auf die Leistung und andererseits die beinahe mirakulöse Natur des besonders guten Gelingens, wo der Erfolg sozusagen schon vor der Anstrengung da ist. Und obwohl man alles das auch bei anderen Gelegenheiten, etwa beim Kartoffelgraben, kennenlernen kann, so faßt es der Sport doch in einer überaus zugänglichen und reizvollen Weise zusammen, wozu noch die Anregungen kommen, die das Kampfspiel gewährt, das Überlisten, die Schwankungen zwischen den Gegnern, die Einschüchterung und die Siegesgewißheit, und so vieles andere, was man etwas geschwollen als Taktik und Strategie des Sports bezeichnet.«[15]

---

15   Musil: Als Papa Tennis lernte [April 1931], S. 689f. Fleig stellt die These auf, dass Musil nicht lediglich den modernen Widerspruch zwischen Rationalisierung und Individualisierung im Sport reflektiert, sondern diesen »auch in seinem performativen Vollzug aufzulösen« versuche. Das hier angeführte Beispiel deutet allerdings viel mehr auf eine Vermittlung denn auf eine Auflösung, da Mu-

Vom Spielraum zum Sportplatz

Ein zentraler Aspekt des theatralen Wesens des Sports wird in Musils
Als Papa Tennis lernte deutlich: Die Figur des Tennis spielenden Vaters übt
hier ihre Kritik an der Entwicklung des Sports zu einem Publikums- und
Überbauphänomen, dezidiert als ein Vertreter eines modernen, bürgerlichen Lebens, das im aktiven Sport ein geselliges Vergnügen findet, das
zugleich ihrem Streben nach Individualität gerecht zu werden scheint
und daher vor einer Institutionalisierung bewahrt hätte werden müssen:

> »So entsteht der Geist des Sports. Er entsteht aus einer umfangrei-
> chen Sportjournalistik, aus Sportbehörden, Sportschulen, Sporthoch-
> schulen, Sportgelehrsamkeit, aus der Tatsache, daß es Sportminister
> gibt, daß Sportsleute geadelt werden, daß sie die Ehrenlegion bekom-
> men, daß sie immerzu in den Zeitungen genannt werden, und aus der
> Grundtatsache, daß alle am Sport Beteiligten, mit Ausnahme von ganz
> wenigen, für ihre Person keinen Sport ausüben, ja ihn möglicherweise
> sogar verabscheuen.«[16]

Für die Figur des Vaters liegt der Reiz in der Freiheit der Bewegung, da
sie eine Selbst- und eine Naturerfahrung ermöglicht und damit eine der
wenigen Fluchtlinien *innerhalb* der Systemlogik des bürgerlichen Ange-
stelltenlebens darstellt. Dass dieser Freiraum im geschlossenen Ganzen
– symbolisch steht hierfür bei Musil der Prater als ein in die Großstadt
eingeschlossener Freiraum – nun sowohl von innen als auch von außen
immer weiter begrenzt wird, also in Form einer Standardisierung der
Sprache und Methoden als auch der Sportplätze selbst, die nun von
»Zäunen und Eintrittsschranken umgeben sind«,[17] ist eine Entwicklung

---

sils Protagonist durchaus ironisch vom sportlichen Training – das als Praxis dem
Kartoffelgraben ebenbürtig sei – als Selbsttechnologie spricht, die eher das Ge-
genteil einer ethisch-ästhetischen Praxis und Erfahrung darstellt. (Vgl. Fleig:
Körperkultur und Moderne. Robert Musils Ästhetik des Sports, S. 316)

16   Musil: Als Papa Tennis lernte [April 1931], S. 691.
17   Ebd., S. 688.

der *Reterritorialisierung*. Die Frage nach der Besetzung des Raums spielt in Musils Sporttexten eine zentrale Rolle. Symbolisch hierfür steht, wie gesagt, in erster Linie das Beispiel des Wiener Praters, an dem er diese Territorialisierungen beschreibt:

>»Denn das war, eng an ja in die Großstadt geschlossen, ein stunden-
weiter Naturpark mit herrlichen alten Wiesen, Büschen und Bäumen;
eine Landschaft, in der man sich als Mensch nur zu Gast fühlte; eine
Überraschung, denn diese Natur war gut um hundert Jahre älter, als
es die Natur ist, in deren Gesicht wir sonst blicken; kurz, es war eine
jener Stellen, die man heute, überall, wo man sie noch besitzt, für un-
berührbar erklärt, aus irgendeinem Empfinden heraus, daß es doch
noch etwas anderes als Kugelstoßen oder Autofahren bedeute, wenn
sich der Mensch langsam, ja sogar oftmals stehenbleibend oder sich
setzend, in einer Umgebung bewegt, die ihm Empfindungen und Gedanken eingibt, für die sich nicht leicht ein Ausdruck finden läßt.«[18]

Die Wiesen des Praters sind *bespielbar*, ohne dass sie besetzt und kul-tiviert würden: »Aber man konnte auf solchen Grasplätzen bei Turnie-ren unerwartete Erfolge erzielen, wenn der Ball zufällig auf einen Maul-wurfshügel fiel oder der Gegner über ein Grasbüschel.«[19] ›Bespielbar-keit‹ ist mit Musil durchaus auch im theatralen Sinne einer ebenerdigen Bühne zu verstehen, denn er beschreibt diesen Raum als einen Ort, an dem gesellschaftliche Veränderungen zur Aufführung kommen, also so-ziale Axiome und Prinzipien ausgestellt werden, was sich beispielsweise in Veränderungen in der Mode als »Zeichen einer Gesinnung, die bereits anfing, sich von den Fesseln zu befreien«[20] zeige.

Das *Zusehen*, verstanden als rezeptive Praxis eines Zuschauers der sportlichen Inszenierung *und* des Zuschauers der individualisti-schen Selbsterziehung, gibt dem Sport seine (Be-)deutung: »Aber wozu noch länger vom Geist des Sportsmanns reden, besteht doch das ganze

18   Ebd.
19   Ebd., S. 686.
20   Ebd., S. 685.

Geheimnis darin, daß der Geist des Sports nicht aus der Ausübung, sondern aus dem *Zusehen* entstanden ist!«[21] Die Kernthese Musils ist nun, dass die eigentliche Neuerung, die Organisation der Zuschauerschaft zu einer Konsumentenschaft in dem Moment erfolgt, in dem der Raum der sportlichen Aufführung begrenzt und besetzt wird, Spielräume zu Sportplätzen werden:

>»An seine Stelle sind Sportplätze verschiedenster Art getreten, die von Zäunen und Eintrittsschranken umgeben sind, und es ist das gerade so, wie es sein mußte, denn man hätte dafür weit geeignetere Gegenden finden können, aber keine so vornehmen, keine solchen Siegesplätze über die Natur, nichts, wo sich der lächerliche Anspruch der Leibesübungen, eine Erneuerung des Menschen zu sein, so naiv, so protzig, so instinktsicher ausdrücken könnte wie in diesem Zusammenhang.«[22]

Der Sport war zuvor bereits ein rituelles Gesellschaftstheater, in dem die soziale Welt anschaulich, sinnvoll und wiedererkennbar wird, weshalb es einleuchtet, dass er nun zum Schauplatz des bürgerlichen Marktes transformiert und als dessen mythische Inszenierung die dazugehörigen Axiome und Prinzipien *darstellt*.

Norbert Elias geht in seinen berühmten Studien noch einen Schritt weiter: Für ihn stellt die ›Versportlichung‹ der Gesellschaft, die er im Lauf des 19. Jahrhunderts beobachtet, einen »Zivilisierungsschub« dar, was er u.a. dadurch begründet, dass »[d]as Regelwerk, einschließlich derjenigen Regeln, die für ›Fairness‹ und gleiche Gewinnchancen unter den Wettkampfteilnehmern sorgten [...] strenger [wurden, PE].«[23] Der von ihm entwickelte figurationsanalytische Ansatz untersucht den *Prozess* dieser Entwicklung von Normen und Regeln, die für ihn immer zugleich *integrativ und desintegrativ* sind, sowohl *Ordnung als auch*

---

21   Ebd., S. 691.
22   Ebd., S. 688.
23   Norbert Elias u. Eric Dunning: Sport und Gewalt. In: Gesammelte Schriften, Bd. 7: Sport und Spannung im Prozeß der Zivilisation, Baden-Baden 2003, S. 274)

Unordnung stiften. Am Beispiel der »Verhöflichung« des Ritters sowie der Rolle der »Volkstümliche[n] Fußballspiele im mittelalterlichen
und frühneuzeitlichen England« entwickelt er die Kompensationsthese,
nach der Sport sich als eine »kontrollierte Form der Konflikbewältigung«
entwickelte.[24]

Auch Pierre de Coubertin, dessen Interpretation des Sports im Folgenden noch ausführlich besprochen wird, da sie zentral für ein Verständnis des ›heutigen‹ Sports ist, sah in ihm die einzig wirksame Möglichkeit geregelter Aggressionsabfuhr (»Aus der Quelle der Muskelfreu-
de des Sports fließt beruhigende Wirkung.«), weshalb er den zu der Zeit
noch existierenden (demokratischen) ›Arbeitersport‹ verteidigte:

> »[Es ist] nicht angebracht, sich darüber aufzuregen, dass Sportvereine,
> die sich nur aus Arbeitern zusammensetzen, ihren Mitgliedern verbie-
> ten, sich ›Bürgern‹ zu messen. Was wichtig ist, ist nicht [...] ein mate-
> rieller Kontakt, aus dem heute kaum eine geistige Annäherung ent-
> stehen könnte; es ist vielmehr die Gleichheit im Geschmack der Ver-
> gnügungen [...]. Aus dieser Quelle wird für den einen sowohl wie für
> den anderen die gute soziale Laune fließen, – der einzige seelische
> Zustand, der für die Zukunft die Hoffnung auf eine wirksame Zusam-
> menarbeit möglich macht.«[25]

Musil ironisiert diese Entwicklung, denn der Geist des Sports stellt für
ihn zuvorderst ein (kapitalistisches) Schreckgespenst dar, das sowohl die
Praxis als auch die Rezeption durch den Zuschauer *vermarktbar* gemacht
hat:

---

24   Vgl. Norbert Elias u. Eric Dunning: Blick auf das Leben eines Ritters. In: Sport im
      Zivilisationsprozess. Studien zur Figurationssoziologie, Hg. von Wilhelm Hopf,
      Münster 1983 sowie Norbert Elias: Volkstümliche Fußballspiele im mittelalterli-
      chen und frühneuzeitlichen England. In: Sport im Zivilisationsprozess. Studien
      zur Figurationssoziologie, Hg. von Wilhelm Hopf, Münster 1983.

25   Pierre de Coubertin: Der olympische Gedanke. Reden und Aufsätze, Schorndorf
      1966, S. 86.

»Jahrelang haben sich in England Männer vor einem kleinen Kreis von
Liebhabern mit der nackten Faust Knochen gebrochen, aber das war
so lange kein Sport, bis der Boxhandschuh erfunden worden ist, der
es gestattete, dieses Schauspiel bis auf fünfzehn Runden zu verlän-
gern und dadurch marktfähig zu gestalten. Jahrhundertelang haben
sich Leute als Schnell- und Dauerläufer, Springer und Reiter sehen lassen, aber sie sind ›Gaukler‹ geblieben, weil ihre Zuschauerschaft nicht-
sportlich ›durchorganisiert‹ gewesen ist.«[26]

Die olympische ›Bewegung‹

O Sport, du bist der Fortschritt![27]

Für Pierre de Coubertin war bei der *Erfindung* der Olympischen Spiele
der Neuzeit, die er publizistisch und propagandistisch »im Allein-
gang«[28] durchsetzte, die Möglichkeit, durch die Inszenierung eines
rituellen Gesellschaftstheaters eine ordnende und zugleich reformie-
rende Instanz innerhalb der Strukturen der Moderne zu entwerfen
– und sozusagen die Verbindung aus Spielraum und Sportplatz zu
erfinden –, entscheidend. Für ihn beruht die »Zukunft der Zivilisation
weder auf politischen noch auf ökonomischen Grundlagen«,[29] sondern
einzig auf erzieherischen. Der politisch-ökonomische Rahmen wird
von ihm nicht in Frage gestellt, sondern vielmehr werden pädagogische

---

26   Musil: Als Papa Tennis lernte [April 1931], S. 691.

27   Pierre de Coubertin: Ode an den Sport [1912]. In: Der olympische Gedanke. Re-
      den und Aufsätze, Schorndorf 1966. Mit der »Ode an den Sport« hat Coubertin
      unter Pseudonym beim Literaturwettbewerb der V. Olympiade in Stockholm
      1912 teilgenommen und selbstredend die Goldmedaille dafür erhalten.

28   Gunter Gebauer: Olympia als Utopie. In: Olympische Spiele – die andere Utopie
      der Moderne. Olympia zwischen Kult und Droge, Frankfurt a.M. 1996, S. 9 Eben-
      so v.a. in Hinblick auf die biographischen Hintergründe vgl. Allen Guttmann:
      The Olympics: a history of the modern games, Urbana & Chicago 1992.

29   Coubertin: Der olympische Gedanke. Reden und Aufsätze, S. 115 [1925]. (Im Fol-
      genden OG)

Reformmöglichkeiten für die Anpassung der geistigen, körperlichen und seelischen Kräfte der Menschen gesucht.

»Der Sport hat eine der beträchtlichen Rollen bei der Durchführung sozialer Reformen zu spielen. Der Sportverein ist [...] so etwas wie die Keimzelle der Demokratie, weil hier allein die aus der Natur sich ergebende Ungleichheit übrigbleibt, während die von den Menschen geschaffene, künstliche Ungleichheit keinen Platz hat, – weil gegenseitige Hilfe und Wettkampf, die beiden Grundfesten jeder demokratischen Gesellschaft, hier obligatorisch nebeneinander stehen [...].«[30]

Diese Grundlage begründet auch die Wandlungs- bzw. Anpassungsfähigkeit der Olympischen Spiele in verschiedenen historischen sowie kulturellen Verhältnissen.[31]

»Habe ich vielleicht neulich die olympische Bewegung als von revolutionärem Geist durchtränkt dargestellt, als ich sagte, sie ziele darauf ab, die Trennungswände in der Pädagogik umzustürzen? Diese Wände niederzureißen heißt doch nur, die innere Anordnung des Gebäudes umgestalten, nicht aber, daß man die tragenden Mauern zerstört oder die äußere Bauform ändert.«[32]

Individuelle Handlungsfähigkeit, die im Sport in der Reinform der *Ökonomie des Handelns* angelegt ist, soll somit innerhalb der Strukturen der industriekapitalistischen Moderne entwickelt werden. Coubertin hielt

---

30   OG, S. 83 [1919].

31   Prokop (1971) beispielsweise unterscheidet in der historischen Entwicklung der Olympischen Spiele drei Phasen (I »Festival der Bürger«; II »Kultisch überhöhte neutrale Institution zur Erziehung der Massen«; III »Heitere Feier der individuellen Selbstverleugnung«), die sich an den beiden Zäsuren der Weltkriege orientieren und sich in erster Linie durch den Grad an Organisation bzw. Bürokratisierung unterscheiden.

32   Coubertin: Der olympische Gedanke. Reden und Aufsätze, S. 65.

den sportlichen Wettkampf und die soziale Praxis der Moderne folglich für »*strukturell homolog und psychologisch gleichwertig*.«[33] Die Welt des Sports vermag es, die soziale Praxis der Moderne, ihre Merkmale, Handlungsdimensionen, Grundmuster und Persönlichkeitsauffassungen[34] dergestalt zugespitzt und planmäßig inszeniert darzustellen, dass Coubertin in ihm ein, wenn nicht das reformative Potential[35] für die von ihm als krisenhaft wahrgenommenen Gesellschaftszustände seiner Zeit sah:

> »Wir befanden uns an einem jener geschichtlichen Wendepunkte, wo der fortschrittshungrige, aber oft durch Übertreibung eines richtigen Gedankens irregeleitete, menschliche Geist die Jugend aus dem Gleichgewicht zu bringen trachtete, indem er ihr das Joch einer farblosen und komplizierten Erziehung, einer wechselseitig ungeschickt-nachsichtigen und unklug-strengen Moral, einer

---

33 Vgl. Thomas Alkemeyer: Körper, Kult und Politik. Von der ›Muskelreligion‹ Pierre de Coubertins zur Inszenierung von Macht in den Olympischen Spielen von 1936, Frankfurt a.M. 1996. Alkemeyer sieht in der »Welt des Sports als ein mimetisches Modell der sozial-ökonomischen Wirklichkeit des 19. Jahrhunderts« (S. 94), das grundlegende Merkmale, Handlungsdimensionen und Persönlichkeitsauffassungen moderner Gesellschaften in besonders »klarer, zugespitzt sowie planmäßig inszenierter Weise« (ebd.) zeigt.

34 Für Alkemeyer sind diese: »formale Chancengleichheit, die Idee des Verdienstes, d.h. einer allgemeinen, auf die Eigenleistung sich gründenden Gerechtigkeit (»Aristokratie völlig gleichen Ursprungs« (TCH II, 436, [1935])), den Grundsatz der Progressivität und Maximierung der Leistung (»citius, altius, fortius« (TCH II, 436, [1935]); Momente des Risikos, Zufalls und der Kooperation; die Kontrolle der Gefühle, das zum »struggle for life« naturalisierte Konkurrenzprinzip; schließlich das Handlungsmuster des »Ich im Widerstand« (Gebauer 1983) gegen die Konkurrenten, die dingliche und natürliche Umwelt sowie die schwachen Teile des eigenen männlichen Selbst.« (ebd., S. 94)

35 Alkemeyer spricht von einem »Gegenentwurf«, obwohl er zeigt, dass er eben das nicht ist, sondern ein (aristokratisches) Erziehungsprogramm, dass die »politischen und ökonomischen Fundamente der modernen Gesellschaft« (S. 70) nicht in Frage stellt, sondern diese vielmehr die Rahmung darstellen, in der durch die olympische Idee »die körperlichen, geistigen und seelischen Kräfte der Menschen angepasst werden sollen.« (Ebd.)

schwerfällig kleinlichen Weltanschauung auferlegte. [...] Wir taten es [die Wiedereinführung der Olympischen Spiele, Anm. PE], indem wir die sportliche Nützlichkeitserwägung der Angelsachsen an die klangvolle Zauberformel annäherten, die das griechische Altertum uns vermacht hatte.«[36]

Coubertin sah wie Musil die *Vermarktung des sportlichen Raums*, die durch die Entwicklung in den 1920er Jahren zum Massenspektakel erfolgte, als eine Gefährdung an, denn gerade in ihm sah er einen »heiligen« Gegenraum zum »profanen« bürgerlichen Marktplatz.[37] Er wollte verhindern, dass der olympische Sport zu einem Unterhaltungstheater wird und mit dem politischen Alltagsgeschäfts und der Marktökonomie in Kontakt gerät:

> »Meine Freunde und ich haben nicht gearbeitet, [...] dass kaufmännische oder Wahlinteressen sich ihrer [der Spiele] bemächtigen. Indem wir eine Einrichtung wieder aufnahmen, die schon fünfundzwanzig Jahrhunderte alt ist, taten wir es, damit ihr wieder zu Jüngern der sportlichen Religion werden könnt, so wie die großen Vorfahren sie verstanden.«[38]

Das olympische Fest, das also vom marktförmig organisierten Alltag geschieden sein sollte, entwarf allerdings eben jene Bühne, »auf der die profane Wirklichkeit des Marktes zur heiligen und noblen Szene verwandelt«[39] wurde. Die moderne Gesellschaft konkurrierender Individuen fand in den Olympischen Spielen das Medium zur überhöhten und sinnbildlichen Darstellung. Als Mittel der Krisenbewältigung konzipiert, sollten die Olympischen Spiele den Sport, den Coubertin als das

---

36   OG, S. 86 [1919].

37   Alkemeyer: Körper, Kult und Politik. Von der ›Muskelreligion‹ Pierre de Coubertins zur Inszenierung von Macht in den Olympischen Spielen von 1936, S. 76.

38   OG, S. 116 [1927].

39   Alkemeyer: Körper, Kult und Politik. Von der ›Muskelreligion‹ Pierre de Coubertins zur Inszenierung von Macht in den Olympischen Spielen von 1936, S. 172.

»Freihandelssystem der Zukunft«[40] bezeichnete, als zugleich liberale und re-integrative sowie sinngebende Ordnungsstruktur kultivieren. Sie wurden von Coubertin durchaus zeitgemäß als internationales Konstrukt, das Nationalstaatlichkeit mit der universalistischen Warenlogik verband, entworfen. Bezeichnenderweise waren daher auch die Weltausstellungen (für Walter Benjamin die »Wallfahrtstätten zum Fetisch Ware«[41]) – neben Wagners Bayreuth – die primären Vorbilder und Herbergen, denn sowohl die zweiten (1900 in Paris) als auch die dritten Olympischen Spiele (1904 St. Louis) wurden als Teil dieser ausgetragen.[42] Das Internationale Olympische Komitee (IOC) wurde als zugleich globale wie auch internationale Organisation gegründet: Global, weil es als weltumspannende Organisation eine zentrale, operative Verwaltung (mit Sitz in der Schweiz) hat – das IOC hat 115 Mitglieder, die (bis heute) nach dem Prinzip der Kooptierung berufen werden – und international, weil es einen *Wettkampf der Nationen* organisiert, der explizit einzelnen Nationen eine Bühne für symbolische Repräsentationen bietet. Coubertin zeigte sich skeptisch gegenüber demokratischen Strukturen, die er zwar in der sportlichen Praxis begrüßte (»[g]esunde Demokratie und richtig verstandener, friedlicher Internationalismus werden in das erneuerte Stadion eindringen [...]«[43]) in der Verwaltung, also seinem Machtzentrum (dem IOC) aber vermeiden wollte, was sich in dieser politischen Praxis zeigt:

40   OG, S. 75 [1909].
41   Walter Benjamin: Das Passagenwerk. In: Gesammelte Schriften V.1,2, Frankfurt a.M. 1982, S. 50.
42   Vgl. ausführlich hierzu Alkemeyer 1996, S. 186ff.
43   OG, S. 10 [1894].

»Ich werde mich hier nicht über Vor- und Nachteile der Demokratie
auslassen. Ich hätte Lust, mich wie der beredte Dominikanerpater
Didon auszudrücken, der einmal einem Manne, der die steigende
demokratische Flut beklagte, zur Antwort gab: ›Wenn ich nach Hau-
se komme, rege ich mich nicht über das Wetter auf, das draußen
herrscht, denn es steht ja doch nicht in meiner Macht, es zu ändern.‹
– Das war klug gesagt.«[44]

Die Gründung entspricht einem gewissen Zeitgeist, da sie in den Kontext der Gründung einer ganzen Reihe internationaler Gesellschaften,
Bewegungen und Friedensinitiativen (z.B. das Rote Kreuz (1863), die
Esperanto- (1887) und Scoutbewegung (1908)) zu stellen ist.[45] Zentrale
Mängel der Moderne (und somit auch der modernen Demokratie, der
in Coubertins Augen das *symbolisch-kollektivierende Moment* abgehe[46])
sollten in den Grenzen der ästhetischen Eigenwelt[47] der Olympischen

---

44   Ebd., S. 9.
45   Vgl. Gebauer: Olympia als Utopie, S. 11.
46   »Glauben Sie nicht eine Demokratie könne auf normale Weise existieren, wenn
     es, um die Bürger zusammenzuhalten, nur die Gesetzestexte und die Aufrufe
     zur Wahl gibt. Einst hatte man die Feierlichkeiten der Kirche und verschwen-
     derischen Prunk der Monarchie. Wodurch will man das ersetzen? Durch Einwei-
     hungen von Statuen und Ansprachen im Gehrock ... Ach was!« (OG, S. 67 [1918])
47   Coubertin entwarf das Olympische Zeremoniell nach dem Vorbild von Wag-
     ners Bayreuth als ästhetisch-symbolisches ›Gesamtkunstwerk‹: Bestehend aus
     allen Epochen entlehnter »performativer Elemente, Klänge, Rhythmen, opti-
     schen Elementen und rituellen Gesten, von ästhetischen Gegenständen und
     Formen zusammengefügt werden: klassizistische Architekturen mit Säulen-
     gängen und Tribünen; Bildhauerkunst, Malerei, Literatur; [...] Tänze, Umzüge,
     Aufmärsche; [...] höfischen Dekoration, Feuerwerke, Girlanden; symphonische
     Musik, dem griechischen Theater entlehnte Chöre, Salutschüsse und Fanfaren-
     klänge; schließlich die – sich im Spannungsfeld zwischen Nationalismus und
     Internationalismus bewegenden – Symbole und Rituale des olympischen Ze-
     remoniells mit dem Einzug der Nationalmannschaften, den Nationalflaggen,
     den olympischen Ringen, der Eröffnungsformel, dem Eid und der Flammenent-
     zündung.« (Thomas Alkemeyer: Die Wiederbegründung der Olympischen Spie-
     le als Fest einer Bürgerreligion. In: Olympische Spiele – die andere Utopie der

Spiele überwunden werden. Damit sollten sie zugleich eine konstitutive Rolle für den Prozess der Moderne spielen.

Der ›feierliche Rahmen‹ war seit der Begründung der modernen Olympischen Spiele von zentraler Bedeutung für Coubertin; konkret differenzierte sich dieser allerdings erst im Lauf der ersten Olympiaden aus. So kannten die ersten Olympischen Spiele, zu denen die aus der Ober- und Mittelschicht stammenden Athleten noch auf eigene Kosten anreisten, wenig kultisches Reglement. Ein Zeremoniell, wie es später von Coubertin entwickelt wurde[48] und in der heutigen Version bekannt ist, fehlte zum Unmut Coubertins noch:

»Bei den letzten Olympiaden zeichnete sich das Verkünden der Eröffnung der Olympischen Spiele durch ein sehr wohl angemessenes Bemühen um Feierlichkeit aus. Wir sagen: Bemühen, denn die Anwesenheit der Herrscher oder Staatsoberhäupter, die 1896, 1904 und 1908 die feierlichen Worte gesprochen haben, genügte nicht, dem Ereignis die Bedeutung zu geben, die es hätte haben können.«[49]

Erst seit der Olympiade 1932 in Los Angeles existiert ein völlig durchformuliertes Protokoll. Die Ästhetik der Zeremonien ist eine reine Wir-

---

Moderne. Olympia zwischen Kult und Droge, Hg. von Gunter Gebauer, Frankfurt a.M. 1996, S. 77f)

48   »Das Kapitel der »Zeremonien« ist eines der wichtigsten, das wir regeln müssen. Durch sie hauptsächlich soll sich ja die Olympiade von einer einfachen Serie von Weltmeisterschaften unterschieden. Sie bedingt eine Feierlichkeit und ein Zeremoniell, die ohne das Ansehen, das ihr ihre Adelstitel verschaffen, keineswegs angebracht wären. Anderseits gilt es, nichtssagende Passagen zu vermeiden und sich strikt in den Grenzen des guten Geschmacks und des Maßes zu halten. [...] Die feierlichen Handlungen werden also wenig zahlreich, aber wichtig sein: der Eid der Wettkämpfer, die Eröffnungsproklamation der Spiele, die Verteilung der Preise ..., dies macht die hauptsächlichen, die obligatorischen Festtage aus.« (OG, S. 40ff [1919])

49   OG, S. 41 [1910].

kungsästhetik, die »nach Art des kleinbürgerlichen Touristen« darauf
gerichtet ist, »lohnende Eindrücke zu bieten.«[50]

---

50 Ulrike Prokop: Soziologie der olympischen Spiele. Sport und Kapitalismus,
München 1971, S. 44. Die Stelle, die Prokop hierzu zitiert, muss zum Verständnis nochmals vollständig angeführt werden, da man an ihr zeigen kann, dass
Coubertin in den Massen jene ›taktische‹ Rezeptionsweise vermutet, die »in fa-
taler Weise [...] die Thesen Benjamins integrativ« umkehrt: »Nachdem die Ju-
ry des Wettbewerbs der ›modernen Olympia‹ ... den Preis dem wunderschö-
nen Plan zweier waadtländischen Journalisten ... zugesprochen hatte, wurde
vom C.I.O. ein Fest zu Ehren der Sieger gegeben. Ein originelles, und, ich darf
wohl sagen, das schönste Fest, dem ich, vom eurythmischen Standpunkt aus
gesehen, jemals beigewohnt habe. Es fand nachts im Hof der Sorbonne statt,
den trotz des bedrohlichen Wetters zweitausend Gäste füllten. Hinter künst-
lichem Gebüsch verbargen sich Chöre und Orchester. Wundervolle Lichtspie-
le bewirkten unter dem Säulengang abwechselnde Farbenzusammenstellun-
gen von bezauberndem Reichtum. Das musikalische Programm, die Bewegungen von hundert Fackeln und Palmen tragenden Turnern, die Statistendienste
machten, und von sechzehn halbnackten Jünglingen, die lautlos über den vor
der Richilieu-Kapelle liegenden Platz glitten, all das war eine ständige Harmo-
nie von Tönen, Licht, Schweigen, Silhouetten. Die architektonische Schönheit
des äußeren Rahmens trug viel zu diesem unvergeßlich herrlichen Bilde bei.
Das Intermezzo eines mittelalterlichen und zugleich modernen Fechtkampfs,
ein kleiner Zug von Leier-und Dudelsackspielern, die den ›Pas d'armes du roi
Jean‹ von Saint-Seans begleiteten hellenische Reigen, die von Frauen getanzt
wurden, und schließlich die Vorführung eines reizenden kleinen Gelegenheits-
stücks von Maurice Pottecher: ›Der Philosoph und die Athleten‹, in das man
einen richtigen Ringkampf eingeschoben hatte, folgten einander bis zu dem
Augenblick, da in der Domkuppel bengalische Flammen aufleuchtenden, während Chöre von Rameau und Palestrina ihre wunderbaren Harmonien über eine
begeisterte, doch zugleich gesammelte Menge ausströmten. Um diesen pracht-
vollen Gesamteindruck zu erwecken, hatte es nur der Teilnahme eines Turnver-
eins, eines Fechtclubs und einiger musikalischer Gesellschaften aus irgendeinem Pariser Stadtviertel bedurft. Das war für mich nicht nur die Verwirklichung
eines herrlichen Traums, sondern auch die Gewißheit, daß Kunst volkstümlich
sein kann.« (Pierre de Coubertin : Mémoires Olympiques, S. 114/115, zitiert nach
Prokop 1971, S. 44f)

Ihre kultischen Elemente[51] blieben bis in die zwanziger Jahre zufällig, sodass sie sich zwar als Kulturträger für das Bürgertum eigneten, allerdings noch nicht in dem Ausmaß in den Vordergrund traten bis die Massen politisch- pädagogisch relevant wurden. Dass die Erziehung des Proletariats zur Bewahrung der Stabilität der bürgerlichen Institutionen notwendig wird, wurde Coubertin spätestens mit der Russischen Revolution bewusst. Im Revolutionsjahr 1919 schrieb er dazu:

»Nun muss das Leben der proletarischen Jugend von der Freude am Sport durchdrungen werden. Es muss dies geschehen, weil dies das billigste Vergnügen, das dem Prinzip der Gleichheit am besten entsprechende, das wirksamste gegen Alkohol und das produktivste an beherrschten und kontrollierten Energien ist. Alle Sportarten für alle; dies ist eine Formel, der man gewiß vorwerfen wird, sie sei verrückt und utopisch. Das bekümmert mich nicht.«[52]

Tatsächlich entwickelte sich das olympische Fest in den zwanziger Jahren sodann auch zu einem Massenspektakel, das sich dadurch allerdings sowohl ökonomischen als auch politischen Interessen, von

---

51 Prokop weist in ihrer Soziologie der Olympischen Spiele daraufhin, dass Coubertin, ebenso wie Durkheim, im Kult einen Mechanismus sozialer Kontrolle sah. Coubertin setzte für sie Sport als praktisch gewordener Positivismus um. Denn die von Comte erkannten disziplinierenden Möglichkeiten einer wissenschaftlich-naturgesetzlichen Legitimierung der gesellschaftlichen Rahmenbedingungen finden durch Coubertin, der ebenso die Wirkungschancen einer konsensfördernden Institution in deren ›Neutralität‹ und ›Objektivität‹ sah, eine Umsetzung in Form der Olympischen Spiele: »Sah Comte die disziplinierenden, konsensusschaffenden Wirkungen in der am Modell der Naturwissenschaften orientierten Gesellschaftswissenschaft, die allen Tatsachen gleich neutrale Gerechtigkeit widerfahren läßt, so glaubte Coubertin, in der Gleichheitsidee im Sport, d.h. der in der Chancengleichheit und gleichen Bewertung aller Sportler, ebenfalls eine zudem noch sprachlos sich einübende neutrale Institution gefunden zu haben, die in ähnlicher Weise zur Anerkennung gesellschaftlicher Hierarchien und zu freiwilliger Leistungsbereitschaft erzieht.« (ebd., S. 99)

52 OG, S. 71 [1919].

denen (zumindest ersterem) sie Coubertin stets versuchte fernzuhalten, ausgesetzt sah. Vor allem durch den Ausschluss des Geldes glaubte Coubertin die »gute, humane, ethisch veredelte Seite der Marktwirtschaft«[53] hervorzubringen, weshalb sie zwingend vom marktförmig organisierten Alltag getrennt sein mussten. Als »heiliger« Gegenraum zum »profanen« bürgerlichen Markt sollte im Sinne eines traditionell geldfeindlichen Konservatismus die »Geldgier«,[54] der »Geist der Gewinnsucht«,[55] der »Geschäftsgeist«[56] aus dem (nichtsdestoweniger kapitalistischen) Idealraum der Olympischen Spiele herausgehalten werden.[57]

»Mögen Sie in sportlichem Geiste dem Gipfel zustreben, wo wir den Tempel bauen wollen, während in der Ebene der gemeine Markt errichtet wird. Der Tempel wird ewig stehen, alles andere wird schwinden. Markt oder Tempel! Die Sportleute haben zu wählen. Sie können nicht beides wollen, sie müssen sich für eines entscheiden. Sportleute wählet!«[58]

Coubertins Religionsbegriff – er bezeichnete die olympische Bewegung selbst als ›Religio Athletae‹ – ist allerdings rein funktional: die gemeinschaftsbildenden Werte und Normen einer Gesellschaft werden nicht über Inhalt, sondern rein über und in der Praxis gestiftet. Die olympische Bewegung dient so in erster Linie dem modernen Nationalstaat.

---

53   Alkemeyer: Körper, Kult und Politik. Von der ›Muskelreligion‹ Pierre de Coubertins zur Inszenierung von Macht in den Olympischen Spielen von 1936, S. 178.

54   OG, S. 98 [1929].

55   OG, S. 8 [1894].

56   OG, S. 13 [1896].

57   Dies scheint heute aberwitzig, betrachtet man den (offiziellen) Umsatz der Olympiaden von Sochi 2014 und Rio de Janeiro 2016, der laut IOC 5,7 Milliarden USD betrug (wovon 73 % aus Bildrechten und 18 % von den vierzehn exklusiven Sponsoren – u.a. *Coca-Cola, Intel, Visa und Alibaba* – stammt) und die zentralen Vermarktungsrechtsfragen, die darüber entscheidend sind, ob ein Austragungsort in Frage kommt.

58   OG, S. 115 [1925].

»Das erste und wesentliche Merkmal des alten wie des modernen
Olympismus ist: eine Religion zu sein. Durch Leibesübung formte
der Wettkämpfer der Antike seinen Körper wie der Bildhauer seine
Statue, und»ehrte dadurch seine Götter«. Der Wettkämpfer der Neuzeit, der gleiches tut, erhöht damit sein Vaterland, seine Rasse und
seine Fahne. Ich glaube daher Recht gehabt zu haben, wenn ich mit
der Erneuerung des Olympismus von Anfang an versuchte, ein religiöses Empfinden wieder zu erwecken, das durch Weltmenschentum
und Volksherrschaft − Kennzeichen unserer Zeit − zwar verändert
und erweitert worden, dennoch aber das gleiche ist, das die jungen
Griechen in ihrem Ehrgeiz, die Kraft ihrer Muskeln triumphieren zu
lassen, zum Fuß des Altars des Olympischen Zeus führte. Daraus entstanden alle die Formen des Kults, aus denen sich das Zeremoniell
der modernen Olympischen Spiele zusammensetzt. Ich musste sie
eine nach der andern einer lange Zeit sich sträubenden öffentlichen
Meinung aufzwingen, die darin nichts weiter sah, als mit dem Ernst
und der Würde internationaler sportlicher Wettbewerbe unverein-
bare theatralische Kundgebung oder ein überflüssiges Schauspiel.
Der sport-religiöse Gedanke, die religio athletae ist nur sehr langsam
in das Bewusstsein der Sportler eingedrungen, und viele von ihnen
handeln auch nur unbewusst danach.«[59]

Durch ihren quasi-sakralen Charakter erfahren die Olympischen Spiele
in ihrer erzieherischen Funktion eine kultische Überhöhung.[60] Neutralität und Objektivität der Institutionen konnten so durch die kultischen
Elemente wider die realen Erfahrungen und Interessen der Massen als
eine Art ›Gesellschaftsmodell‹ implementiert werden:

---

59 OG, S. 150f [1935].
60 Vgl. hierzu v.a. Rudolph Malter: Der ›Olympismus‹ Pierre de Coubertins, Köln
    1969, S. 19:»Der Kult der ›Menschheit‹, der irdisch sich realisierenden Gattung,
    vorgeformt in der Verehrung der Göttin der Vernunft der Revolutionszeit und
    konkretisiert in Auguste Comtes ›religion terrestre‹ − geistesgeschichtliche Zu-
    sammenhänge in Frankreich, auf die Coubertin sich nicht ausdrücklich bezieht
    − schafft sich in den olympischen Einzelkämpfern eine neue Priesterschaft, der
    − analog zur Altis im antiken Olympia − ein eigener esoterischer Status auch im
    modernen Olympia vorbehalten bleibt.«

»Mit welcher Freude würden viele ›Reiche‹ ein Opfer auf sich nehmen, wenn es das Elend aus dieser Welt vertreiben könnte: aber wir wissen sehr wohl, meine Herren, daß das eine Utopie ist, daß ein Volk, das seine Kinder hindert, sich zu bereichern, seine Kraft und sogar seine nationale Existenz aufs Spiel setzt, und daß es vergeblich ist, sich gegen das älteste und erste der Gesellschaftsgesetze, das Gesetz der Ungleichheit, aufzulehnen. Deshalb weichen wir keiner Begeisterung, nehmen wir keinen Kompromiß an. Der Sozialismus, wie auch immer seine Färbung sei, kann keine guten Auswirkungen haben.«[61]

In Rekurs auf mythische Größe, Rasse, Nation etc. wird die olympische Zeremonie zu einem einheitsstiftenden Handlungsablauf. Der religiöse Charakter ist somit von Beginn an funktional (Coubertin spricht daher richtigerweise auch von einem »religiöse[n] Apparat«[62]) an seine erzieherische bzw. disziplinierende Wirkung geknüpft. Die Absicht »ein religiöses Empfinden wieder zu erwecken«,[63] war strukturell Bedingung, um »den Körper von dem Zwang ungeregelter Leidenschaften freizumachen, denen er sich unter dem Vorwand persönlicher Freiheit hingab.«[64] Zum Ritus erhoben wird der olympische Sport als Handlung, die periodisch wiederkehrend, nicht- alltäglich und gespickt ist von religiösen und politischen Symbolen.

Eine entscheidende, weil neuartige Komponente ist die *Ortsbindung*, da die ›Olympische Bewegung‹[65] tatsächlich eine solche ist. Sie ist nicht wie im antiken Olympia[66] an einen festen geographischen Ort

---

61   Coubertin: *Un Programme* [1887], S. 14, zitiert nach Prokop: Soziologie der olympischen Spiele. Sport und Kapitalismus, S. 31.

62   OG, S. 9.

63   OG, S. 150.

64   OG, S. 151.

65   »The goal of the Olympic Movement is to contribute to building a peaceful and better world by educating youth through sport practised in accordance with Olympism and its values.« (IOC: Olympic Charter, Lausanne 2020)

66   Zu Ritual und Mythos der Olympischen Spiele in der Antike vgl. Walter Burkert: Heros, Tod und Sport. In: Körper- und Einbildungskraft. Inszenierungen des Helden im Sport, Hg. von Gunter Gebauer, Berlin 1988.

gebunden, der zudem eine »mythisch-religiöse Geographie«[67] besitzt, sondern *besetzt* zeitweise Orte, sowohl physisch (Stadien, »olympische Dörfer«) als auch metaphysisch[68], da sie keine Bindung an lokale Mythen eingehen, vielmehr einen Raum schaffen, um die *olympische Idee* zu feiern (und zu ver-markten).[69] Im Gegensatz zu einem Wanderzirkus schreibt sich die Olympiade nachhaltig in den jeweiligen Raum ein, hinterlässt Spuren. Die Sportlerinnen und Sportler selbst hingegen sind Nomaden: sie folgen der Olympiade als einem Ereignis, von ihnen (und ihren Tätigkeiten) bleibt nichts, nachdem ›die Spiele‹ beendet sind. Dies war von Beginn an eines der Bestreben Coubertins, der eine – über

---

67 »[E]in Ort auf der Pelopsinsel, ein Hain des olympischen Zeus, ausgestattet mit einem religiösen Sinn und zelebriert mit rituellen Handlungen im Kontext der mythischen Beschaffenheit der Welt. In Olympia nehmen alle vom Mythos des Ortes erwähnten Gestalten und Taten räumlich-körperliche Wirklichkeit ein: der Halbgott Pelops wird im nächtlichen Widderopfer am Vorabend der Spiele symbolisch zum Leben erweckt, die Gegenwart des olympischen Zeus erfüllt die Wettkampftage im heiligen Hain. Der Olympionike wird durch den Sieg im Hier und Jetzt zum herausragenden Menschen, nicht durch seine Leistung, die sich als abstrakte Daten von einer Person ablösen ließen. In Olympia wird nicht gemessen.« (Gebauer: Olympia als Utopie, S. 12)

68 »Olympism is a philosophy of life, exalting and combining in a balanced whole the qualities of body, will and mind. Blending sport with culture and education, Olympism seeks to create a way of life based on the joy of effort, the educational value of good example, social responsibility and respect for universal fundamental ethical principles.« (IOC : »IOC Principles«, https://www.olympic. org/about-ioc-olympic-movement)

69 Aus diesem Grund ist die heutige Frage nach der ›Legitimität‹ des Veranstaltungsortes irrsinnig; die politische Ordnung des »Gastgeberlandes« spielt insofern keine Rolle, als dass der »olympische Bezirk« eine eigene *Rechtszone* ist. Als Gastgeber sind zudem nur Bewerber zugelassen, die die exklusiven Markenrechte zugestehen, was beispielsweise in Deutschland im sogenannten Olympiaschutzgesetz (»Gesetz zum Schutz des olympischen Emblems und der olympischen Bezeichnungen«) umgesetzt ist. Dieses Gesetz schützt sowohl das olympische Emblem als auch die olympischen Bezeichnungen wie »die Wörter »Olympiade«, »Olympia«, »olympisch«, alle diese Wörter allein oder in Zusammensetzung sowie die entsprechenden Wörter oder Wortgruppen in einer anderen Sprache.« (www.gesetze-im-internet.de/olympschg/__1.html).

die Zeit der Wettkämpfe hinausgehende – Raumstrategie verfolgte, die,
durch das Fest des sportlichen Wettkampfes (mitsamt den beschriebenen Zeremonien) als ereignishafte Gründungsveranstaltung, eine
symbolische (olympische) Ordnung implementieren wollte, die sich also
in den Raum *einschreiben* sollte:

>»Der heilige und ästhetische Charakter Olympias waren die Folgen
>seiner muskelbestimmten Rolle. Die Stadt des sportlichen Wett-
>kampfes war es zeitweilig; die Stadt der Kunst und des Gebets
>fortwährend. So wird es auch mit dem modernen Olympia sein. Der
>Grund seines Daseins wird das Feiern der Spiele sein, und in der Zwi-
>schenzeit werden hier zweitrangige, lokale und Sonderwettkämpfe
>stattfinden. Die Kunst aber wird hier ununterbrochen verweilen und
>ebenso die Religion. [...] Jedes Olympia, das seines Namens und
>seines Ziels würdig sein soll, wird den gleichen Eindruck vermitteln
>müssen. Eine Art von Würde, die nicht unbedingt streng und freudlos
>sein muss, wird sich ringsum ausbreiten, dass sie, still in der Zeit zwi-
>schen den Wettkämpfen, die Besucher wie ein Wallfahrtsort anzieht
>und ihnen Ehrfurcht vor den Stätten einflößt, die edlem Andenken
>oder mächtigen Hoffnungen geweiht sind.«[70]

Somit ist das *Prinzip des Fortschritts*, als Ideologie der Steigerbarkeit und
Verbesserungsfähigkeit – im Sinne des *Fort-Schreitens einer grenzenlosen
und begrenzenden Bewegung* – konstitutiv für die modernen Olympischen
Spiele. Diese Verbindung macht insofern Sinn, als dass nicht mehr, wie
im antiken Olympia, nach körperlichen Erscheinungen des Göttlichen in
Person des Athleten gesucht wird[71], sondern ein Prinzip des Leistungs-
fetischismus (›citius – altius – fortius‹[72]), ein Dogma verbreitet werden
soll, das in erster Linie, wie bereits gezeigt, pädagogisch gedacht war.

---

70   OG, S. 26f [1910].
71   Hierzu Gebauer:»Die antike griechische Welt kannte dieses Auseinanderklaf-
        fen von Erfahrungsraum und Erwartungshorizont, der für den Fortschritt kon-
        stitutiv ist, nicht. Einen Fortschrittsbegriff hat sie nicht ausgebildet.« (Gebauer:
        Olympia als Utopie, S. 13)
72   OG, S. 151 [1935].

Der Anthropologie der Aufklärung folgend wird der Mensch in eine kumulative Relation zu seinem Körper gesetzt, die diesen als zentrales Objekt des Verbesserungsstrebens betont, ohne dass dieser Prozess jemals abschließbar ist. Der Mensch selbst wird im Fortschrittsgedanken der Moderne Gegenstand des Könnens und somit Subjekt als auch Objekt der *Steigerung*. Der *Rekord*, der niemals Endpunkt sein kann, wird zum Axiom erhoben:

»Niemand kann seine Grenze vorab festlegen. Dahin führt nur ein einziger Weg: Training und hartnäckiges Arbeiten. Und wenn das erstrebte Ziel erreicht ist, wenn man seinen Rekord, das heißt das höchste Ergebnis, das zu erreichen einem möglich ist, aufgestellt hat, dann bedarf es noch der Anstrengung, um auf diesem Stand zu bleiben. Keine Sicherheit garantiert Ihnen den dauernden Besitz dieses Rekordes. Nur dauerhafte Arbeit versichert Sie seiner.«[73]

Die sich seit Mitte des 19. Jahrhunderts in der Arbeitswelt ausbreitende Auffassung des menschlichen Körpers als ›Motor‹, der Energie in mechanische Arbeit konvertiert, erhält *im* neuzeitlichen Olympia ihre zweckfreie Repräsentation. Das Paradox besteht nun gerade darin, dass der Körper als industrielle Maschine,[74] als Instrument, das technisch verstanden und beschrieben werden kann, einer *Zweckmäßigkeit* unter-

---

73 OG, S. 57 [1918].

74 Adorno interpretierte dieses Verhältnis daher folgendermaßen: »Der moderne Sport, so ließe sich sagen, sucht dem Leib einen Teil der Funktionen zurückzugeben, welche ihm die Maschine entzogen hat. Aber er sucht es, um die Menschen zur Bedienung der Maschine um so unerbitterlicher einzuschulen. Er ähnelt den Leib tendenziell selber der Maschine an. Darum gehört er ins Reich der Unfreiheit, wo immer man ihn auch organisiert.« (Theodor Adorno: Kulturkritik und Gesellschaft I. Prismen. Ohne Leitbild. In: Gesammelte Schriften 10.1, Frankfurt a.M. 2003, S. 80)

geordnet wird.[75] Die Metapher wurde sowohl für den einzelnen[76] als auch für das Kollektiv fruchtbar gemacht[77] Somit kann man die Olympischen Spiele der Neuzeit als »Aufführung der Maschinenideologie vom menschlichen Körper«[78] interpretieren.

Im Medium der Olympischen Spiele wird dem im modernen Leben verdinglichten Verhältnis der Menschen zueinander eine praktische und zugleich ästhetisierte sowie mythisierte Interpretation gegeben, eine globale Bühne[79] für die Aufführung der Grundsätzlichkeit der Prinzipien der Eigenleistung, des unbegrenzten Fortschritts, der Unternehmer-Moral, der Privatinitiative[80] – das Coubertin'sche Olympia ist der

75   Vgl. hierzu Gebauer: Olympia als Utopie, S. 15: »Seit Descartes wurde nicht nur die Metapher des Körpers als Maschine immer weiter ausgestaltet, sondern auch der reale Körper wurde in einer Praxis der ›Disziplinen‹ der Maschine immer ähnlicher gemacht.«

76   »Das Boot der Ruderer und die Riemen sind die drei Bestandteile der Maschine, von deren Beziehung untereinander die Vollkommenheit und Anmut der Bewegung abhängen. Darin aber besteht das Vergnügen des Ruderers, dass er sich als denkende Maschine fühlt, dass er bei jedem Ruderschlag erfährt, wie die Kraft sich zeigt und verströmt. Auf musikalische Weise rhythmisiert, inmitten der Natur zwischen Wasser und Himmel, ist seine disziplinierte Vorwärtsbewegung beruhigender und stärkender als alle anderen Betätigungen sonst.« (OG, 79 [1919])

77   »Der Olympismus ist eine große, lautlose Maschine, deren Räderwerk trotz des ebenso hartnäckig wie erfolglos mit vollen Händen in sie hineingeworfenen Sandes weder quietscht, noch in ihrer Funktion unterbrochen wird.« (OG, 94 [1920])

78   Gebauer: Olympia als Utopie, S. 15.

79   »Diesmal ist die Olympische Idee als Ganzes geboren worden, wie einst MINERVA! – Ihr Programm war vollständig und von weltweiter Offenheit, unser Planet soll ihr Wirkungsbereich sein.« (OG, 146 [1934]) Zur Frage nach dem Kulturimperialismus der Olympischen Spiele vgl. Allen Guttmann: Die Olympischen Spiele: ein Kulturimperialismus? In: Olympische Spiele – die andere Utopie der Moderne. Olympia zwischen Kult und Droge, Hg. von Gunter Gebauer, Frankfurt a.M. 1996

80   »Auch ich bin weiterhin der Meinung, daß die Olympiaden wiedererstanden sind, um den Einzelathleten in einmaliger und feierlicher Weise zu ehren, und daß der Mannschaftssport hier fehl am Platze ist [ebenso wie die von ihm so bezeichnete »Frauenathletik«, Anm. PE], es sei denn in Seitenwettbewerben,

Versuch der *Ersatzverzauberung* der kapitalistischen Verhältnisse der Moderne:

>Der Sport hat Eingang gefunden in Kreise einer Gesellschaft, in der materielle Erwägungen seine Fäulnis herbeizuführen drohen. An den sportlichen Vereinigungen liegt es nun, dieser Gesellschaft das gute Beispiel der Rückkehr zum Kult der Ehre und der Aufrichtigkeit zu geben und sie auf diese Weise von ihren lügnerischen und hypokritischen Lehren zu heilen. [...] Nach meinem Dafürhalten beruht momentan die Zukunft der Zivilisation weder auf politischen noch auf ökonomischen Grundlagen. Die soziale Frage kann keine dauerhafte Lösung außerhalb ihres ureigensten Gebietes finden. Darum glaube ich, dass diejenige Nation oder diejenige Kaste an der Spitze des neuen Europas stehen wird, die das Zeichen zur richtigen Lösung geben wird. [...] Mögen Sie in diesem Geiste dem Gipfel zustreben, wo wir den Tempel bauen wollen, während in der Ebene der gemeine Markt errichtet wird. Der Tempel wird ewig stehen, alles andere wird schwinden. Markt oder Tempel! Die Sportleute haben zu wählen. Sie können nicht beides wollen, sie müssen sich für eines entscheiden. Sportleute wählet!<[81]

Das Prinzip der Steigerung

Die Rationalisierung der sportlichen Praxis, die aus einem nützlichkeitsverachtenden Zeitvertreib eine auf Steigerung und Rekord[82] basie-

---

die nicht in der»Altis«, [...] stattfinden, das heißt sie sollen sich außerhalb des geheiligten Bereichs abspielen.« (OG, S. 149 [1934])

81 OG, 115 [1926].

82 Vgl. hierzu Coubertin:»Die ganze philosophische Reichweite der Frage [*nach der Eroberung der breiten Masse*, Anm. PE] liegt darin, dass der Sport auf einer eigenartigen und fruchtbaren Kombination von Gleichem und Ungleichem beruht. Ein sportlicher Rekord ist eine Grenze, die der Mensch durch das Zusammenwirken der ihm von der Natur gegebenen und der auf Grund seiner Charakterstärke in ihm selbst entwickelten Kräfte erreicht. Seine soziale Stellung, der Name oder das Vermögen, das ihm seine Eltern vermacht haben, spielen dabei keine Rolle. [...] So stehen also die Aufhebung der von den Menschen geschaffenen

rende Tätigkeit macht, ist folgerichtig für Musil ein zentrales Thema bei der Behandlung des Phänomens Sport. In *Kunst und Moral des Crawlens* von 1932 beschreibt er dies anhand der Nivellierung der Schwimmtechniken, deren wissenschaftliche Durchleuchtung er abermals nicht ohne ironische Brechung[83] ausführt:

>»Aber schon der *gerissene* Beinschluß bei beiden Arten, gar die *Schere*, die man manchmal sah (Beinschluß mit leichter Kreuzung), das *Walzen* vieler guter ›Spanier‹, das Strecken oder weiche Durchhängen des Körpers waren in ihrer Wirkung hydrodynamische Geheimnisse. Vollends nun beim Crawlen kommt man mit der einfachen Mechanik der schiefen Ebene nicht mehr aus. Da müßte man wohl Stromlinien, Wirbel, Druckgefälle, Gleitwiderstände und andre Plagen der Theorie der Bewegung eines festen Körpers in Flüssigkeiten aus dem Schiffs-, Turbinen- und Flugzeugbau heranziehen, um erst am Ende auf den naheliegenden Gedanken zu kommen, daß der Körper, mit dem man es zu tun habe, gar kein fester, sondern ein elastischer und in sich veränderlich bewegter sei.«[84]

Musil kritisiert eine einseitige Auflösung des Sports zugunsten einer Rationalisierung der Körper und ihrer sportlichen Bewegung, da er in ihm neue Möglichkeiten subjektiven Erlebens zu verwirklichen sucht; und

---

Unterschiede und die aristokratischen Launen der Natur gleichzeitig nebeneinander. Damit sind in der Ausübung des Sports keimhaft die Grundsätze angelegt, die Basis und Ausgangspunkt einer jeden vernünftigen demokratischen Ordnung bilden.« (OG, S. 99 [1920])

83   Das Textsignal, das den ironischen Ton des Folgenden markiert ist das mathematische Paradox zu Beginn. Denn als Mathematik ist es *Unsinn*: »Das Paradoxon des Crawlens heißt: a < c und b < d, und trotzdem a + b > c + d. (Falls Sie sich gegen das Erlernen der Mathematik ablehnend verhalten haben sollten: < bedeutet kleiner als, > größer als.) In Worten: Du schwimmst mit den Beinen allein oder mit den Armen allein in der Art der Crawlbewegung schlechter als in der gewöhnlichen, trotzdem mit Armen und Beinen zusammen viel schneller.« Robert Musil: Kunst und Moral des Crawlens [Juni 1932]. In: Gesammelte Werke in neun Bänden, Bd. 7: Kleine Prosa, Aphorismen, Autobiographisches, Reinbeck bei Hamburg 1978, S. 694.

84   Ebd., S. 695.

dies gerade in Kontrast zu den Erfahrungen und Zurichtungen, die die moderne Lebenswelt bietet. Sport lässt hier den technischen Fortschritt zu einer sinnlichen Erfahrung werden. Das Training wiederum führt zu einer Technisierung des Körpers, macht ihn zu einem *Leistungskörper*, dessen zentrale Merkmale Normierbarkeit, Messbarkeit und Vergleichbarkeit sind. Ebenso wie die Arbeit wird das (sportliche) Training dem Gesetz steigender Produktivität und progressiver Rationalisierung unterworfen. Beide Handlungssysteme (das (leistungs-)sportliche sowie das arbeitshafte) werden durch rationale Planung im Sinne einer optimalen Effektivität in Teilkomplexe zerlegt und spezialisiert ausgeführt. Die Differenz liegt im Verhältnis zum Endprodukt: Im Sport wird die arbeitsteilige Differenzierung des Trainings im Wettkampf aufgehoben, die Einzelteile wieder zu einer Gesamtheit zusammengefügt, wohingegen der Arbeitende im Arbeitsprozess von der Verantwortung für das Endprodukt enthoben ist.[85]

Die Widersprüchlichkeit der moderneren Rationalität thematisiert Musil auch im *Mann ohne Eigenschaften* als eben jene Symptomatik der Zeit, nämlich der Rationalisierung aller Lebensbereiche, durch die sich das *Axiom der Leistung* etabliert hat:

>»Nun haben aber noch dazu ein Pferd und ein Boxmeister vor einem großen Geist voraus, dass sich ihre Leistung und Bedeutung einwandfrei messen lässt und der Beste unter ihnen auch wirklich als der Beste erkannt wird, und auf diese Weise sind der Sport und die Sachlichkeit verdientermaßen an die Reihe gekommen, die veralteten Begriffe von Genie und menschlicher Größe zu verdrängen.«[86]

---

85   Vgl. zu diesen Parallelen von »Intervalltraining und Fließbandarbeit«: Bero Rigauer: Sport und Arbeit. Soziologische Zusammenhänge und ideologische Implikationen, Frankfurt a.M. 1969, S. 28–57.

86   Robert Musil: Der Mann ohne Eigenschaften. In: Gesammelte Werke in neun Bänden, Bd. 1: Der Mann ohne Eigenschaften, Reinbeck bei Hamburg 1978, S. 45.

Der Protagonist Ulrich gelangt als Produkt seiner Zeit[87] in den (ebenfalls zeitgenössischen) Konflikt eines Strebens nach (herausragender) Individualität, was allerdings nur ein Streben nach Einzeleigenschaften, die keine Einheit bilden und somit *sinnlos* sind, zu bleiben vermag. Dies äußert sich in den verschiedenen (beruflichen) Versuchen – Ulrich schlägt zunächst die Offiziers-, sodann die Ingenieurs- und zuletzt die Mathematikerlaufbahn ein – ein bedeutender Mensch zu werden, was schlussendlich im »Urlaub vom Leben« mündet. Eine Zeitungslektüre ist ausschlaggebend für den Beschluss ein *Sabbatical*[88] zu nehmen:

»Und eines Tages hörte Ulrich auch auf eine Hoffnung sein zu wollen. Es hatte damals schon die Zeit begonnen, wo man von Genies des Fußballrasens oder des Boxrings zu sprechen anhub, aber auf mindestens zehn geniale Entdecker, Tenöre oder Schriftsteller entfiel in den Zeitungsberichten noch nicht mehr als höchstens ein genialer Centrehalf oder großer Taktiker des Tennissports. Der neue Geist fühlte sich noch nicht ganz sicher. Aber gerade da las Ulrich irgendwo, wie eine vorverwehte Sommerreife, plötzlich das Wort ›das geniale Rennpferd‹. [...] Ulrich aber begriff mit einemmal, in welchem unentrinnbaren Zusammenhang seine ganze Laufbahn mit diesem Genie der Rennpferde stehe.«[89]

Die ›Genialität‹ des Rennpferdes löst das Bedürfnis nach ›Urlaub vom Leben‹ aus, das als eine dialektische Bewegung begriffen werden kann, als produktiver Versuch der Negation des Fortschritts bzw. Fortschreitens, was sich in seiner *Eigenschaftslosigkeit*[90] als Befreiung äußert. Diese Befreiung beinhaltet ebenso eine Befreiung vom modernen Sport, der

---

87   »Was Ulrich angeht, muss man sogar sagen, dass er in dieser Sache seiner Zeit um einige Jahre voraus gewesen ist. Denn gerade in dieser Art, bei der man seinen Rekord um einen Sieg, einen Zentimeter oder ein Kilogramm vermehrt, hatte er die Wissenschaft betrieben.« (ebd.)

88   Selbstredend war dieser Begriff zu Musils Zeit noch nicht existent, die Konzepte entsprechen sich nichtsdestoweniger.

89   Musil: Der Mann ohne Eigenschaften, S. 46.

90   Vgl. hierzu Jochen Schmidt: Ohne Eigenschaften. Eine Erläuterung zu Musils Grundbegriff, Tübingen 1975.

in Gestalt des Trainings den modernen Fortschrittsoptimismus verkörpert. Obwohl die rationale Grundlage des Trainings also auf den Komponenten Übung und Steigerung[91] basiert, vermag es die sportliche Praxis in den Abläufen der sportlichen Bewegung sich der Kontrolle zu entziehen, wodurch neue Formen des *Erlebens* verwirklicht werden.

»Wenn der Mensch am Steuer eines sehr schnell fahrenden Kraftwagens sitzt, wenn er scharfe Flugbälle placiert oder ein Florett führt, hat er in einem kleinsten Zeitraum und mit einer Schnelligkeit, wie sie im bürgerlichen Leben sonst nirgends vorkommt, so viele genau aufeinander abgestimmte Akte der Bewegung und Aufmerksamkeit auszuführen, daß es ganz unmöglich wird, sie mit dem Bewußtsein zu beaufsichtigen.«[92]

Die hier beschriebene Konvergenz von Handeln und Erleben mündet in eine Art motorischer Ekstase, die als Zustand der Reflexionslosigkeit, der Irrationalität und Entdifferenzierung des *sportlichen Kontrollverlustes* ein utopisches Potential beinhaltet, das dem Sport eine ästhetische Qualität verleiht.[93] Gerade dies macht, wie Michael Ott gezeigt hat, die Theatralität des Sports aus, denn er unterliegt »als agonaler und ritueller Vollzug *a priori* keinem theatralen Als-Ob und keinem Gesetz mimetischer Repräsentation.«[94] Das utopische Potential des Sports liegt für Musil nicht im Bereich von Ratio und Leistungssteigerung, sondern in einer individuellen, ganzheitlichen *Arbeit* im Sinne eines Werks:

»Von Stil spricht man immer dort, wo eine Leistung nicht eindeutig abgefordert ist, wo ein gewisses arbiträres Verhältnis zwischen Aufgabe und Lösung herrscht. Er ist ein Ersatz der Normierung, aber kei-

---

91 Bezeichnenderweise heißt das Prinzip der Leistungssteigerung in der Trainingswissenschaft »Hyperkompensation«.

92 Musil: Durch die Brille des Sports [1925/26 oder später], S. 793.

93 Vgl. Fleig: Körperkultur und Moderne. Robert Musils Ästhetik des Sports, S. 209ff.

94 Ott: ›Unsere Hoffnung gründet sich auf das Sportpublikum‹. Über Sport, Theatralität und Literatur, S. 482.

neswegs ein willkürlicher. Denn dem Stil liegt immer eine mit oder ohne Bedacht ausgefeilte Methode zugrunde, die sich in ihrer Art vervollkommnen läßt, bis ein Punkt erreicht wird, wo es so nicht weitergeht.«[95]

Die Kehrseite des Musil'schen *Stils* ist hier bereits angedeutet: Er unterliegt einer Nivellierung, die in der Widersprüchlichkeit der modernen Rationalität,[96] wie sie Musil beschreibt, durch Statistik und Bürokratie den »Triumph der geistigen Organisation«[97] bedeute: »Das ist die alte Landstraße mit Wettergefahr und Räuberunsicherheit ersetzt durch Schlafwagenlinien. Das ist erkenntnistheoretisch betrachtet Ökonomie.«[98]

Für Musil wie für Coubertin bietet der Sport einen Raum, die Axiome des modernen Lebens zu transzendieren. Coubertin konzipierte die Olympischen Spiele letztlich als ein mimetisches Modell der Moderne, das Sinnstiftungsfunktion übernehmen sollte: als einen eigenständigen Sinnbereich, in dem die moderne Lebensrealität im Zeichen der Zweckfreiheit und der ökonomischen Interesselosigkeit fortgeführt, transformiert, stilisiert und überhöht wird. Die ›entzauberte‹ und ›ausdifferenzierte‹ Realität des modernen Alltagslebens wird im Rahmen der Olympischen Spiele in eine künstlich geschaffene, perfekte Wettkampf-

---

95   Musil: Kunst und Moral des Crawlens [Juni 1932], S. 697.

96   »Wenn Sie das nun auf das Crawlen anwenden wollen, so werden Sie erkennen, daß wirklich auch da der Stil die Kunst ist, eine Unwissenheit auszugleichen, in diesem Fall die um die rationellen Bedingungen des Schwimmens, die herauszubekommen bei einer verhältnismäßig so einfachen Zweckhandlung mit der Zeit sicher gelingen wird. Dann wird es nur noch soweit Stil geben, als die verschiedenen Arten der körperlichen Anlage verschiedene Ausnutzung verlangen, und etwa noch soviel wie bei einem Rennboot, das doch immer eine Individualität ist, wenn es auch nach noch so genauen Formeln gebaut wird. Höhere geistige Vorgänge, wie etwa bei den eigentlichen Kampfsporten oder beim Reiten, wo das Verhalten zu einem zweiten Wesen mit ins Spiel kommt, werden vom Schwimmen wenig in Anspruch genommen.« (Ebd.)

97   Robert Musil: Der mathematische Mensch [1913]. In: Gesammelte Werke in neun Bänden, Bd. 8: Essays und Reden, Reinbeck bei Hamburg 1978, S. 1006.

98   Ebd., S. 1007.

Situation überführt, in der eine Gleichheit unter den Konkurrenten herrscht, die den Menschen in der sozialen Praxis versagt bleibt und somit mittels eines *Symbolmanagements* auf dem olympischen Plateau Einheit, Klarheit und Sinnzusammenhänge stiftet. Dies geschieht in Bejahung der wirtschaftlichen Ordnung, sozusagen als eine Reform des kulturellen ›Überbaus‹.

Gleichzeitig steht hinter dem Ziel einer Erziehung zum selbstdisziplinierten Menschen bei Coubertin die historisch gewordenen und ernstzunehmenden Interessen und Nöte der Menschen, die sich unter den Bedingungen der Moderne auf sich selbst gestellt sahen. Coubertin wollte mit seiner olympischen Erziehung in den Grenzen der neuartigen, modernen Gesellschaft eine Erweiterung der individuellen Handlungsmöglichkeiten ermöglichen. Die Dialektik dieses Programms besteht nun allerdings darin, dass die Coubertin'schen Ideen bzw. Reformen als Antwort auf die individuellen Sorgen einen Beitrag zur Reproduktion eben jener Sozialverhältnisse geleistet haben, die diese Nöte verursachten.

Musil hingegen antwortet auf die Diagnose der *Sinnlosigkeit* modernen Lebens, auf die Coubertin mit einer Reterritorialisierung reagiert, mit dem ›Urlaub vom Leben‹, der mit einer Absage vom täglichen sportlichen Training einhergeht.

Obwohl der Sport ein Privileg der bürgerlichen Eliten war, bekommt er diskursiv, also stets aus einer rezeptiven Perspektive heraus, eine antibürgerliche Haltung zugesprochen. Mittels des Sportler-Körpers wurde so das Konzept der Sportlichkeit als Element neusachlicher Ästhetik entworfen, das in der Zeitschrift *Der Querschnitt* seine mediale Umsetzung in Form einer gelungenen Inszenierung durch die Verbindung von Text und Bild fand. Die Ereignishaftigkeit des Sports und die damit einhergehende Ästhetik der Präsenz stellen die entscheidenden Aspekte seiner ästhetischen Diskursivierung dar. Die neue Räumlichkeit des sportlichen Theaters verdeutlicht die Veränderung hin zu einer anti-mimetischen Ausrichtung am (aktiven) Körper. Die Dialektik besteht in der Erfindung des Trainings, das als Praxis die sozialen Axiome und Prinzipien ausstellt, die den Sport zum modernen Phänomen werden lassen: Leistung, Disziplin, Regulierung, Rekord und freiwillige Unterordnung.

Prinzipien, deren *fatalste Umsetzung* wohl bei der Olympiade 1936 erfolgte.

Exkurs: Olympismus und Faschismus

Die Olympischen Spiele von 1936 waren zunächst und zuvorderst die perfekte Inszenierung der Ideologie des Dritten Reichs, ein Schauspiel nationaler Erneuerung, das zudem durch die erstmalige Verbindung zwischen Sport und Medien zum medialen Spektakel wurde. Nichts eignete sich besser hierfür als die sich gerade zum Massenspektakel entwickelten Olympischen Spiele.

Die Wahlverwandtschaft zwischen der Coubertin'schen olympischen Idee und der Ideologie des Nationalsozialismus ermöglichte seitens der Organisatoren eine relativ problemlose selektive Rezeption, Gewichtung, Umordnung und Umdeutung der ideellen, symbolischen und ästhetischen Bestandteile des Olympismus, sodass vor allem die sich ähnelnden, auf einem Sozialdarwinismus basierenden, bio-politischen Denkmuster, die den marktförmigen Konkurrenzkampf zu einem Naturgesetz des ›Lebenskampfes‹, einer *Aristokratie der Leistung*[99] erhöhten, in den Vordergrund traten.[100] Als Hauptorganisator fungierte Carl

99   Hierzu Coubertin 1935: »Das zweite Merkmal des Olympismus ist, dass er Adel und Auslese bedeutet, aber wohl verstanden, einen Adel, der von Anfang an vollkommene Gleichmut bedeutet, der nur bestimmt wird durch die körperliche Überlegenheit des einzelnen und die gesteigerte körperliche Vielseitigkeit und bis zu einem gewissen Grade durch seinen Trainingswillen. [...] Später einmal wird man zweifellos durch bessere private und öffentliche Gesundheitspflege und kluge Maßnahmen für die Hebung der Rasse dazu gelangen, die Zahl der für eine harte Sporterziehung geeigneten zu erhöhen. [...] Darum hat man ihnen den Wahlspruch: »Citius, Altius, Fortius« gegeben, »immer schneller, immer höher, immer stärker«, der Wahlspruch für alle diejenigen, die es wagen wollen, Rekorde zu brechen.« (Pierre de Coubertin: Die philosophischen Grundlagen des modernen Olympismus [1935]. In: Der olympische Gedanke. Reden und Aufsätze, Schorndorf 1966, S. 151)

100   Dies ist das zentrale Ergebnis der detaillierten Arbeit Alkemeyers (1996), die für dieses Kapitel wichtige Denkanstöße lieferte.

Diem, der (mit Friedrich Ludwig Jahn, besser bekannt als ›Turnvater‹ Jahn[101]) einer der bedeutendsten Funktionäre der deutschen Sportgeschichte ist.[102] Nachdem er 1912, 1928 und 1932 die deutsche Mannschaft als *chef de mission* zu den Olympischen Spielen begleitete, fungierte er als

101 Entgegen des (strafgerichtlichen) Urteils E.T.A. Hoffmanns, der im Zuge von Jahns Verhaftung 1819 wegen demagogischer Aktivitäten und staatsgefährdender Umtriebe die Anschuldigungen gegen ihn als haltlos und übertrieben bewertete, obwohl dieser »[...] heftig, leidenschaftlich, wider seine Gegner erbittert und was das schlimmste scheint, mit sich selbst, mit seinen Ansichten und Meinungen nicht im Klaren« sei (E.T.A. Hoffmann: Juristische Arbeiten, München 1973), kann Jahn als »Begründer der deutschen Nationalbewegung, der bedeutendsten politischen Bewegung im Deutschland des 19. und 20. Jahrhunderts« (Alfred Richartz: Turner, Auf zum Streite! Die Bedeutung von Gruppenphantasien für die frühe Turnbewegung. In: Körper- und Einbildungskraft. Inszenierungen des Helden im Sport Hg. von Gunter Gebauer, Berlin 1988) angesehen werden. (Vgl. hierzu zudem Eisenberg: »English Sports« und deutsche Bürger. Eine Gesellschaftsgeschichte 1800–1939, S. 105–144)

102 Es ist das Verdienst Bernetts (vgl. v.a. Hajo Bernett: Carl Diem und sein Werk als Gegenstand der sportgeschichtlichen Forschung. In: Sozial- und Zeitgeschichte des Sports, 1 (1987)) und Alkemeyers (vgl. v.a. Alkemeyer: Körper, Kult und Politik. Von der ›Muskelreligion‹ Pierre de Coubertins zur Inszenierung von Macht in den Olympischen Spielen von 1936, S. 286–304), den Einklang Diems inhaltlicher Tätigkeit mit seinen politischen Ämtern im dritten Reich nachzuweisen, wodurch das Narrativ der »zeitweiligen Irreleitung« entkräftet werden konnte und deutlich wird, dass Diems »olympische Idee«, die mit staatlicher Förderung auch in der Bundesrepublik weiterhin »den olympischen Gedanken in der deutschen Jugend [vertiefen] und den geistigen Nachlaß von Carl Diem [sichern]« (Geleitwort des Kultusministers des Landes Nordrhein-Westfalens zu Carl Diem: Der olympische Gedanke. Reden und Aufsätze, Schorndorf 1967) soll, in den ideologischen Horizont des Nationalsozialismus hineinarbeitet. Unter diesem Gesichtspunkt sind die Worte des Gründungsrektors der Deutschen Sporthochschule Köln von 1948 zu lesen: »Deutschland ist olympisch gesinnt. Diese Treue zum olympischen Ideal ist auch unter den Trümmern des Krieges nicht begraben worden. Die Sportlust der Jugend unserer Tage, trotz Sorgen und Hunger, dieses rührende Streben nach Licht, Luft, Freude, Leistung, beim Fehlen aller Voraussetzungen [...] ist jener olympischen Treue zuzuschreiben. In den Anstrengungen des Kampfes gewinnt der Sportsmann das Gefühl der Vollwertigkeit, er strebt darin zur Höhe, zu seiner Vollendung, und erfüllt damit zu seinem Teil die Mission, die jeder, der über den Sinn des Daseins nachdenkt,

Generalsekretär im ›Deutschen Reichsausschuß für olympische Spiele‹ sowohl für die wegen des ersten Weltkriegs abgesagten Olympischen Spiele 1916 als auch für die 1936 abgehaltenen XI. Olympischen Spiele als Hauptorganisator.[103]

Die technische Innovation des Fernsehens wurde hier eingeführt (in Berliner Postämtern wurden Bildschirme zur Direktübertragung aufgestellt, sozusagen die erste Version des *public viewing*), einige Wettkämpfe wurden über das Radio weltweit übertragen und die Regisseurin Leni Riefenstahl, die auch für den Reichsparteitagsfilm »Triumph des Willens« verantwortlich war, schuf im Auftrag der Regierung einen zweiteiligen Olympiafilm (»Olympia«, Teil 1: »Fest der Völker«, Teil 2: »Fest der Schönheit«), der die Inszenierung der *Vermählung* von ›olympischer Idee‹ und nationalsozialistischem ›Geist‹ durch seine dichte symbolische Struktur die sportlichen Idealkörper mit der nationalsozialistischen Ideologie verknüpft und die Darstellung der athletischen Wettkämpfe zu einer verdoppelten Erzählung des sportlichen Wettkampfs als kriegerischen Wettkampf zwischen nationalen Blöcken zu einem heroischen Geschehen erhöht.[104] Der Film war hinsichtlich seines technischen und personellen Aufwands eine absolute Neuerung für filmische »Dokumentationen«. Allein die 45 Kameraleute stellten alle bisherigen Olympiaverfilmungen (seit 1912 waren die Ausrichter

---

erkennt oder wenigstens dunkel ahnt: Wir sind auf Erden, um uns menschlich zu vollenden.« (ebd., S. 88)

103   Eine genaue Übersicht der Sportämter Diems von der Kaiserzeit bis zur Bundesrepublik ist bei Wolfgang Buss u. Franz Nitsch: Carl Diem (1882–1962) In: Die Gründerjahre des Deutschen Sportbundes. Wege aus der Not zur Einheit, Hg. von DSB, Schorndorf 1990 zu finden.

104   Die Forschung schwankt in der Beurteilung des Films, da er einerseits durch seine neuartige, gelungene ästhetische Darstellung des Sportlerkörpers eine filmästhetische Zäsur darstellt – so wird er beispielsweise als »Meilenstein der Sportberichterstattung [...], die sowohl in technischer als auch in ästhetischer Hinsicht bis auf den heutigen Tag von Olympia geprägt ist« (Kai Marcel Sicks: Olympia. In: Filmgenres. Sportfilm, Hg. von Kai Marcel Sicks & Markus Stauff, Stuttgart 2010, S. 82), beschrieben – und andererseits offensichtlich ein Mittel nationalsozialistischer Propaganda war.

vom IOC dazu verpflichtet worden, die Wettkämpfe filmisch festzuhalten) weit in den Schatten: es wurden Gruben ausgehoben und
Kräne aufgestellt, um möglichst viele Perspektiven zu erhalten.[105] Für
den 100-Meter-Lauf wurde ein Fahrzeuggestell entwickelt, um stets
auf Höhe der Läufer filmen zu können; Zeitlupen, Überblendungen,
subjektive Kameraperspektiven, gar Unterwasseraufnahmen wurden
zur Inszenierung verwendet. Obwohl diese Techniken und Methoden
bereits zuvor geschaffen und verwendet wurden, stellt die Komposition und Diversität der filmästhetischen Mittel die Besonderheit des
vierstündigen Films dar.[106]

Die Ambivalenz des Films lässt sich an der ersten und der letzten
Sequenz gut zeigen. Der Prolog des ersten Teils fügt sich in die nationalsozialistische Ideologie ein: es wird die Geburt der Olympischen
Spiele aus dem Geist der Antike dargestellt; aus griechischen Statuen
werden lebende Sportler und das olympische Feuer entzündet sich. Der
von Griechenland nach Berlin verlaufende Fackellauf (eine Erfindung
Carl Diems) endet in der Eröffnungsfeier im Berliner Olympiastadion,
wo sodann das Olympische Feuer zeremoniell entzündet wird, der Einmarsch der Nationen sattfindet, die ›olympische Glocke‹ (ebenfalls eine
Erfindung Diems), die sich im ›Führerturm‹ befindet, geläutet und die
›olympische Hymne‹ gespielt wird. Im Film wird all das in Perspektive
zur »Führerloge« gesetzt, die Hitler durch ein unterirdisches Tunnelsys-
tem unbemerkt betreten konnte und die die Dialektik von Führer- und
Massenbewegung symbolisiert, da sie mitten in der (Volks-)Masse und
zugleich aus ihr herausgehoben ist. Der Einmarsch der nationalen Blöcke, die zum Teil mit dem *Hitler-Gruß* und zum Teil mit dem *olympischen
Gruß*[107] – beide Gesten sind allerdings derart ähnlich, dass die filmische
Illusion entsteht, dass es sich um ein Zeichen der Anerkennung Hitlers
und seiner Politik handele – an der »Führerloge« vorbeiziehen, verwirklicht filmisch die Verbindung der von Coubertin erdachten symbolische

---

105   Vgl. Ebd., S. 84.
106   Hierzu Sicks: »Die Bilder des Films mögen trügerisch sein, weil sie ihre politi-
      sche Implikationen leugnen – schön sind sie aber heute noch.« (ebd., S. 88)
107   Nach 1936 ließ das IOC den ›olympischen Gruß‹ als offizielle Geste fallen.

Handlung einer Prozession als Eintritt der Festgemeinde in einen heiligen Raum und einem Unterwerfungsritual der uniformen nationalen Blöcke unter die NS-Ideologie.[108] Die Schlussszene des zweiten Teils hingegen fokussiert ausschließlich den Sportler-Körper, explizit den der männlichen Turmspringer. Abermals durch filmische Techniken der Perspektive und Zeitlupen wird eine *schwerelose* Ästhetik des Sports dargestellt, die die politischen Implikationen zu leugnen oder zumindest zu verbergen scheint. Die springenden und fliegenden Körper werden in endloser Aneinanderreihung, in ihrer stetigen, endlosen Bewegung zu einer Erhabenheit hoch-stilisiert, die den bewegten Körpern eine eigene Bildlichkeit verleihen, in der Wettkampf, Steigerbarkeit, Rekord, aber auch Rasse, Nation, die gesamte Symbolik der nationalsozialistischen Ideologie plötzlich *un-sichtbar* werden, sozusagen die Bewegung von Ausdruck und Repräsentation kurzzeitig befreit.

Gerade diese (kurzzeitige) Deterritorialisierung widerspricht großen Teilen des übrigen Films sowie der realen Umstände der Olympiade 1936. Diese zeichnete sich, ganz im Sinne der räumlichen und baulichen Umsetzung der NS-Ideologie,[109] durch eine geordnete und ordnende bzw. ›säubernde‹ Topographie aus, eine *Begradigung* der städtischen Kulissenordnung, den ehemals öffentlichen Raum: Im Vorfeld der Olympiade beschloss die Stadtregierung Berlins eine ›Bereinigung‹ des Stadtbildes, was sowohl baulich als auch in Bezug auf ›Menschenmaterial‹ bezogen war. Bspw. wurde die Renovierung von Fassaden, das Schließen von Baulücken oder die Entfernung von Reklameschildern angeordnet; zudem wurde für die Zeit der Olympiade das Trocknen von Wäsche auf Balkonen und in offenen Fenstern untersagt. So wurde im Zuge der Spiele die Kategorie ›asozial‹ ausgeweitet, was die

---

108   Vgl. hierzu Thomas Alkemeyer: Gewalt und Opfer im Ritual der Olympischen Spiele 1936. In: Körper-und Einbildungskraft. Inszenierung des Helden im Sport, Hg. von Gunter Gebauer, Berlin 1988, S. 44–71.

109   Vgl. hierzu ausführlich Alkemeyer: Körper, Kult und Politik. Von der ›Muskelreligion‹ Pierre de Coubertins zur Inszenierung von Macht in den Olympischen Spielen von 1936, S. 279–285. Zudem Hajo Bernett: Symbolik und Zeremoniell der XI. Olympischen Spiele 1936. In: Sportwissenschaft, 4 (1986).

›Auskämmung‹ der öffentlichen Räume von ›asozialen Elementen‹, sprich ›gemeinschaftsunfähiger Gruppen‹ (»Kriminelle, Kommunisten und Homosexuelle« ebenso wie »Bettler, Landstreicher, Zigeuner, Landfahrer, Arbeitsscheue, Müßiggänger, Prostituierte, Querulanten, Gewohnheitstrinker, Raufbolde, Verkehrssünder, Psychopathen und Geisteskranke«) zur Folge hatte.[110] Ca. 600 Sinti und Roma wurden anlässlich der Olympiade in das ›Zigeunerlager‹ in Marzahn transportiert, von wo sie 1943 nach Auschwitz deportiert wurden.

Dieses Vorgehen ist allerdings nicht nur beim olympischen ›Sonderfall‹ 1936 zu beobachten: Das jüngste Beispiel der Ausnutzung der Austragung einer Olympiade zur Umsiedlung und Räumung bestimmter Teile der Bevölkerung ist die Olympiade von Rio de Janeiro 2016, in dessen Vorfeld ca. 100.000 Menschen umgesiedelt wurden: »Um ihr Olympisches Projekt marktfähig zu machen, nahm die Stadtverwaltung Verhandlungen mit Bewohnerinnen und Bewohnern Rios auf, die direkt von den Folgen der städtischen Umstrukturierungen betroffen waren. Ohne den institutionellen Rahmen, den Bundes- und Stadtregierung schufen, wäre die Umsiedlung tausender armer Familien schwerlich möglich gewesen. In der Regel wurde die geräumte Bevölkerung in Wohnungen des sozialen Wohnprogramms der Bundesregierung (Minha Casa, Minha Vida) weit entfernt an der Peripherie von Rio de Janeiro untergebracht oder die Stadt zahlte ihnen minimale Entschädigungen. Diese Zwangsumsiedlungen festigten die Gewinnaussichten der Immobilienunternehmen, die in den Expansionsgebieten ihrer Spekulationsgeschäfte auf eine Aufwertung von Wohngebieten setzen. Um den zukünftigen Bewohnerinnen und Bewohnern ihrer Wohnobjekte eine elitäre und homogene Nachbarschaft bieten zu können, musste gesichert sein, dass dort keine armen Siedlungen verbleiben.«[111]

---

110 Diese Aufzählung ist eine Auswertung eines Artikels aus dem Wanderer 11/1936 von Klee 1991, S. 55, zitiert nach Alkemeyer: Körper, Kult und Politik. Von der ›Muskelreligion‹ Pierre de Coubertins zur Inszenierung von Macht in den Olympischen Spielen von 1936, S. 309.

111 Renato Cosentino: Stadtplanung Rio 2016: An der Bevölkerung vorbeigespielt. 2016.

So wurde das ›Reichssportfeld‹ das erste architektonische Großprojekt des dritten Reichs. Der bereits erwähnte ›Führerturm‹ diente als Fluchtpunkt für eine auf Achsensymmetrie ausgerichtete Komposition von für die Massenaufmärsche und -versammlungen bedeutenden gerahmten Plätze und Wege, die eine Art Raster für die hierdurch räumlich ideologisierten, ebenfalls axial geordneten Sportplätze, die selbst wiederum eine ordnende Funktion besitzen, eine Kerbung der Menschenmasse bewirken,[112] darstellten. Die Ästhetik des faschistischen Staates wirkt über den Raum auf die Körper, seine Gewalt erzeugt eine Situation der gleichzeitigen Unterwerfung und Unterdrückung. Über die räumliche Ordnung des Sportstadions, in dem jeder Zuschauer seinen festen Platz hat, wird so politische Kontrolle geschaffen:

»Wenn der Besucher des Berliner Olympiastadions über endlos weite Steinplatten geeilt ist, den Eingang des olympischen Bezirks zwischen zwei scharf in die Höhe steigenden Festungstürmen durchquert hat, vor dem ungeheuren Rundbau aus grob behauenem Stein und der schweren Mauerkrone angekommen und durch die dunkle Öffnung zwischen den quaderförmigen Säulen geschritten ist, gibt es einen Augenblick, der ihn unweigerlich in den Bann schlägt. Er findet sich in einem gewaltigen Innenraum wieder, der sich weit in die Tiefe ausdehnt und nach oben in den Himmel aufsteigt, inmitten eines Runds, das in seiner Geschlossenheit, Einsamkeit und Tiefe nichts anderes gelten läßt als das, was sich in ihm abspielt: unten auf dem Rasen und der Laufbahn, in der Mitte des Stadions auf den

---

112 Vgl. hierzu auch den sehr eindrucksvollen Bildessay von Gebauer und Wulf: »Der Olympische Sport verfügt über das größte und verführerischste Theater, das es gibt, das Olympia-Stadion. [...] Es gibt der fließenden unsteten Masse eine feste Form: ein flüssiger Ring in einer kolossalen Steinfassung, geschlossen unter freiem Himmel, voller Wärme und Emotionen.« (Gunter Gebauer u. Christoph Wulf: Die Spiele der Gewalt. Ein Bildessay. In: Körper- und Einbildungskraft: Inszenierung der Helden im Sport Hg. von Gunter Gebauer, Berlin 1988, S. 15)

wuchtigen vorgeschobenen Steinquadern der Führerloge und auch überall auf den Rängen.«[113]

Die Olympischen Spiele 1936 waren ein Konglomerat von Olympismus, Faschismus und Nationalsozialismus.[114] Carl Diem war die Figur, die die nationalistischen, vitalistischen und sozialdarwinistischen Tendenzen in Coubertins Lehre stark und somit seine ›olympische Idee‹ anschlussfähig für die Ideologie des dritten Reichs machte.[115]

---

113   Gunter Gebauer u. Christoph Wulf: Die Berliner Olympiade 1936. Spiele der Gewalt. In: Olympische Spiele – die andere Utopie der Moderne. Olympia zwischen Kult und Droge, Hg. von Gunter Gebauer, Frankfurt a.M. 1993, S. 247.

114   »Man hat sich in Deutschland heute auf die Formel geeinigt, die Spiele von 1936 seien politisch ausgenutzt worden. Wer sich mit dieser Behauptung zufriedengibt, schließt die Augen vor der Fülle ästhetischer, ritueller und mythologisierender Elemente, die dem modernen Olympismus und dem Nationalsozialismus gemein sind. Er verkennt auch die Präsenz von Gewalt, die, ohne ihr wahres Gesicht zu zeigen, die nationalsozialistische Inszenierung des sportlichen Völkerwettkampfs durchdringt.« (Gebauer u. Wulf: Die Spiele der Gewalt. Ein Bildessay, S. 251)

115   Umso erschreckender ist die Tatsache, dass noch 1967 Folgendes über Diems Tätigkeit geschrieben wurde: »Er verwirklichte seine Ideen bei der sorgsamen Organisation und künstlerischen Gestaltung der XI. Olympischen Spiele 1936, die zum Höhepunkt der olympischen Geschichte wurden.« (Diem: Der olympische Gedanke. Reden und Aufsätze, S. VII) Diem ist eines der unzähligen Beispiele für die personelle Kontinuität nach 1945, die sich in den bundesrepublikanischen Strukturen niederschlug. Am Beispiel Diems sieht man dies unter anderem an den ›Befehlsstrukturen‹ des Nationalen Olympischen Komitees, das von 1949 bis 2006 die Dachorganisation der olympischen Sportarten der Bundesrepublik (mit Ausnahme des NOK des Saarlandes, das 1952 in Helsinki eine eigene Mannschaft stellte und erst 1957 in das deutsche NOK aufgenommen wurde) war: »Die Nahtstelle der technischen zur geistigen Arbeit erkennen wir an einer entscheidenden Aufgabe, die dem Nationalen Olympischen Komitee bei jeder olympischen Veranstaltung gestellt wird. Ich darf darauf hinweisen, daß die Meldung zu den Olympischen Spielen durch den jeweiligen Fachverband über das Nationale Olympische Komitee an das Organisations-Komitee zu erfolgen hat. Es ist also der betreffende Fachverband für diese Meldung verantwortlich, und das Nationale Olympische Komitee ist verpflichtet, dessen Meldung weiterzuleiten.« (ebd., S. 96) Diem war u.a. gemeinsam mit dem Präsidenten Adolf

Die Überleitungen waren keine Herausforderung: »Der olympische Heroenmythos wird zum Führerkult, der Elitismus Coubertins zum Rassismus, die Wiedergeburtsidee Olympias zu einer nationalsozialistischen Erlöserreligion, die Dramatik des Wettkampfs zur Tragik, das Sportfest zum Weihfest, aus Zeus wird Hitler.«[116] In der olympischen Inszenierung, deren Chefideologe und »Zeremonienmeister«[117] Diem war, bot sich für Hitler-Deutschland die Möglichkeit einer Herrschaftsinszenierung im Gewand einer internationalen olympischen (Friedens-)Bewegung,[118] wobei nachweislich nicht von einer Mani-

---

Friedrich, Herzog zu Mecklenburg, die prägende Figur für die Verfasstheit des organisierten Sports im Nachkriegsdeutschland. Friedrich, der ebenfalls Teil des Organisationskomitees der Olympiade 1936 war und u.a. im Auftrag des Werberates der deutschen Wirtschaft von 1934 bis 1939 Afrika und Südamerika bereiste, Hitler persönlich kannte und »seinem politischen Programm aufgeschlossen gegenüberstand«, (Langer 1996 Leben unterm Hakenkreuz: Alltag in Mecklenburg 1932–1945) wurde anlässlich der XVI. Olympischen Spiele zum IOK Mitglied auf Lebenszeit gewählt und 1953 wegen seiner Verdienste für den deutschen Sport von Bundespräsident Heuss mit dem Großen Verdienstkreuz der Bundesrepublik Deutschland mit Stern und Schulterband ausgezeichnet.

116 Gebauer u. Wulf: Die Spiele der Gewalt. Ein Bildessay, S. 19.
117 Eisenberg: »English Sports« und deutsche Bürger. Eine Gesellschaftsgeschichte 1800–1939, S. 419.
118 Diese Maskerade hält bis heute. So liest man beispielsweise bei Guttmann, einem der profiliertesten Olympia-Historiker, der Diem als Gegenspieler Hitlers stilisiert, solche Sätze: »Small wonder that thousands of visitors left Berlin with a sense of aesthetic fulfillment and a vague impression that National Socialism wasn't as dreadful as they thought. The swastika was much in evidence, but Hitler's role was minimized.« (Guttmann: The Olympics: a history of the modern games, S. 67) Auch Eisenberg widerspricht einer Wahlverwandtschaft von Olympismus und Nationalsozialismus, *obwohl* sie die Spiele von 1936 als »[s]päte[n] Triumph der bürgerlichen Moderne« sieht. An dieser Stelle ihres Standardwerks zur (genuin) bürgerlichen Kulturgeschichte des Sports versucht sie das Argument stark zu machen, dass Olympia und der Nationalsozialismus lediglich aus propagandistischer Sicht ähnlich seien, der propagandistische »Mißbrauch der Spiele durch die Nationalsozialisten« nicht zu bestreiten sei, allerdings auch eine »Eigenwelt des Sports zu erkennen« sei. Durch eine »Kombination aus Kollaboration und Resistenz« (S. 412) im KO seien die »Olympischen Spiele 1936 kein Reichsparteitag vor internationalem Publikum« (ebd.)

pulation dieser gesprochen werden kann. Die Verbindung zwischen
Nationalsozialismus und Olympismus, die v.a. durch Diems Werk geknüpft wurde, war keine parasitäre, sondern eine symbiontische, keine

geworden. Zu Recht verneint sie zwar, dass die Olympiade 1936 eine spezifisch
nationalsozialistische Veranstaltung war, ihre konträre Interpretation deutet
allerdings auf eine umgekehrte Instrumentalisierung des Dritten Reichs durch
das OK, sodass »die bürgerlichen Modernen im OK ihr Projekt unter den Bedingungen des Dritten Reiches vollständiger und großartiger ausführen konnten, als sie es sich vor 1933 in ihren kühnsten Träumen vorstellen gewagt hatten« (S. 415). Eisenberg bezeichnet dies zu Unrecht mehrmals als *Paradoxie* und
verweigert sich gewissermaßen dem logischen Schluss einer Konvergenz vom
›bürgerlich modernen‹ Olympismus und dem Nationalsozialismus. Das Argument einer »Eigenwelt des Sports«, die sich ›sogar‹ gegen den Nationalsozialismus durchzusetzen vermag, ist wenig überzeugend vorgetragen und erscheint
teilweise eigenartig zynisch: »Sieht man von der Hakenkreuzfahne [...] und von
spezifischen Namensgebungen für einzelne Gebäude auf dem Reichssportfeld
ab [...] sind auch die Symbole von Berlin 1936 kaum als nationalsozialistisch zu
klassifizieren. Das meiste lässt sich in den Kategorien ›Pathos des langen 19.
Jahrhunderts‹, ›deutscher und olympischer Militarismus‹ oder ›Kommerz, Folk-
lore, Sport‹ unterbringen [...].« (S. 413) Ebenso die vielfältigen Verweise, dass das
IOC »selbstbewusst auftreten und Forderungen an das Regime richten« (S. 411)
konnte, was nahezu naiv erscheint, wenn sie als Belege für den politischen Einfluss auf den Nationalsozialismus die eine jüdische Sportlerin in der deutschen
Mannschaft erwähnt, dass »das Hetzblatt *Der Stürmer* [...] für ein paar Wochen
aus den Kiosken« (S. 409) verschwand oder dass die »Reiseführer bzw. Betreu-
er der ausländischen Mannschaften [...] zivil gekleidete Offiziere mit geschlif-
fenen Manieren und Fremdsprachenkenntnissen«, wohingegen »Parteiunifor-
men weitgehend auf Nebenschauplätze abgeschoben worden« (S. 413), seien.
Außerdem habe die »Kooperation mit dem Propagandaministerium mehr Vor-
als Nachteile« (S. 420) gehabt: »Hier konnte Goebbels Personal und Geld vermitteln und Türen öffnen.« (Ebd.) Dass die sportliche, olympische Idee eines internationalen, pseudo-religiös erhöhten marktförmigen Wettkampfes (in Coubertins bereits zitierten Worten: das »Freihandelssystem der Zukunft« OG, 75
[1909]), unabhängig vom politischen System funktioniert, ist unbestritten. Eisenberg Schlussfolgerung ist gerade an dem behandelten historischen Beispiel
in ihrer Fatalität erschreckend: »[I]ndem [!] Olympia und Sport sich selbst fei-
erten und als höheren Zweck ihrer Existenz nur die »Menschheit« anerkann-
ten, verordneten sie dem Nationalsozialismus eine vorübergehende Auszeit.«
(S. 424)

Instrumentalisierung der olympischen Idee, sondern eine Verbrüderung dieser mit der des Nationalsozialismus. Coubertin selbst sagte in seiner Schlussansprache: »Zunächst werden wir uns der Schönheit erinnern. [...] Berlin hat ihm [dem Olympismus, Anm. PE] jetzt für alle Zeit durch gewagte, von vollstem Erfolg gekrönte Unternehmungen [...] die Weihe gegeben [...].«[119]

Die Tatsache, dass dem sportlichen Handeln auch immer eine Dialektik innewohnt, wird bei der Olympiade 1936 am Beispiel des erfolgreichsten Wettkämpfers, dem dunkelhäutigen, vierfachen Goldmedaillengewinner Jesse Owens, deutlich. In seinem Fall muss man allerdings mehr von einer tragischen Ironie sprechen, was vor allem an dem (überaus naiven) Narrativ liegt, dass er (bzw. seine Hautfarbe) der Beleg sei, dass die Olympiade kein propagandistischer Triumph, im Gegenteil, diese sogar Nazi-Deutschland *ihre* Agenda (einer Olympischen Idee) aufoktroyieren konnte.[120] Seine Beliebtheit in der Presse, in der die Darstellungen Owens sportlicher Leistungen stets auf biologistisch-rassistische Kategorien rekurrieren und seine Präsenz im Olympiafilm von Riefenstahl (deren Rassismus in diesem Fall einen bewundernden Blick für eine ›primitive‹, ›unzivilisierte‹ Naturkraft evoziert) widerlegen keineswegs die Tatsache, dass die Olympiade (bereitwillig) zur Bühne für eine innen- wie außenpolitischen Herrschaftsinszenierung wurde. Vielmehr ist das Gegenteil der Fall, denn *über* ihn wurde der ›Rassendiskurs‹ in der medialen Verwertung der Wettkämpfe weitergeführt. Owens war Beleg für biologistisch-rassistische Kategorisierungsversuche, auf die die Behandlung seiner sportlichen Leistung oftmals rekurrierten. Dass seine Hautfarbe ein Ärgernis für die Propagandamaschine des Nationalsozialismus war, die mittels der Olympiade durch

---

119   Pierre de Coubertin: Schlußansprache von Baron de Coubertin für die Olympischen Spiele in Berlin [1936]. In: Der olympische Gedanke. Reden und Aufsätze, Schorndorf 1966, S. 156. Zu den editorischen Eingriffen der Herausgeber dieser Version – allen voran der Streichung eines entscheidenden Satzsubjekts, dem »Führer«, ebenso wie die Rede von der »Hitlerschen Stärke und Disziplin«, die »in großartiger Weise dem olympischen Ideal dienten.« (Vgl. Bernett, 1986, S. 378f sowie Guttmann: The Olympics: a history of the modern games, S. 70.)

120   Z.B. bei Guttmann: The Olympics: a history of the modern games.

eine dichte symbolische Struktur den sportlichen Idealkörper – ein Leistungskörper, der stark und schön, vor allem produktiv ist – mit dem Deutschen Volkskörper verbanden, steht außer Frage. Die *Interpretation seiner Rolle*[121] führt allerdings dazu, dass er als der (sportliche) Protagonist am Gesamtbild dieser Olympiade, als Bühne einer Herrschaftsinszenierung des Nationalsozialismus mitsamt seiner Ideologie und Anthropologie nichts ändert. Letzten Endes war er *ein* Athlet, der sich durch herausragende Leistung hervortat, somit das beiden Ideologien – der olympischen wie der nationalsozialistischen – inhärente Fortschrittsprinzip des kapitalistischen Wettbewerbs verkörperte.[122]

---

121 »Jesse Owens [...] wird zum Star des Spektakels, letztlich aber zur Diva der Revue. Owens ist die Ausnahme, auch er nimmt nur, wie die anderen, seine schönste Chance wahr. Seine Rolle ist die der primitiven Naturkraft [...].« (Gebauer u. Wulf: Die Spiele der Gewalt. Ein Bildessay, S. 23)

122 Selbst die bis heute in Anlehnung an Picassos Bild von 1949 (!) als ›Friedenstauben‹ interpretierten, zu Beginn der Spiele aufsteigenden Tauben waren Teil eines internationalen Brieftaubenwettflugs. Der Vollständigkeit halber sei erwähnt, dass das Rennen der ›Rennpferde des kleinen Mannes‹ ein Züchter aus Wattenscheid gewann. (Vgl. Eisenberg: »English Sports« und deutsche Bürger. Eine Gesellschaftsgeschichte 1800–1939, S. 414)

Zur Theatralität sportlicher Praxis

>»Kein Theater, kein Kino, kein – Ver-
>einsfest vermag in nur annähernder
>Weise, qualitativ und quantitativ,
>die Bedürfnisse nach Gemeinschaft
>so auszulösen wie das große Sport-
>ereignis. Das hängt zweifellos damit
>zusammen, dass im Sport, von allem
>anderen einmal abgesehen, etwas
>von dem Nerv der Zeit selber zu
>spüren ist; und zugleich etwas von
>dem eigenen ungelebten Leben.«[1]

Pierre de Coubertins Frage nach der symbolischen Ordnung des Sports
war auf die Formel *Markt oder Tempel* reduziert, wobei sein Plädoyer
letzterem galt, da er einen expliziten Gegenentwurf zum krisenhaften
Gesellschaftszustand der Moderne, einen Raum der Re-Mythologisie-
rung, der Ersatzverzauberung schaffen wollte. Seine ›religio athletae‹
transzendierte allerdings, wie gezeigt werden konnte, vielmehr den
bürgerlichen Markt mittels sportlicher Praxis zu einem Prinzip des
Fortschritts, was sich im Motto ›citius – altius – fortius‹ widerspiegelt.
Der Logik der industriellen Produktion folgend, in der das Individuum
unter vorgegebenen Bedingungen definierte Ziele verwirklicht, wurde
der Sport zu einer »kapitalistisch deformierten Form des Spiels«[2], denn
der Rekord, der immer aufs Neue gebrochen werden kann (und muss),

---

1   Hermann Kasack: Sport als Lebensgefühl. In: Die Weltbühne 24, 41 (1928).
2   Prokop: Soziologie der olympischen Spiele. Sport und Kapitalismus, S. 21.

führt den Geist der Konkurrenz in die Spiele ein, was wiederum das eigentlich *kapitalistische Element* des Sports entstehen lässt: das Training als Manifestation einer eigenen Akkumulationslogik. Coubertin erkannte, dass allerdings eine systemstabilisierende, disziplinierende Institution von Nöten war, um dem Sport als Prinzip eine, wie er es nannte, ›pädagogische‹ Bedeutung und eine verbindliche Ordnung zu geben. Sein Entwurf eines ›Tempels‹ war eine Verbindung des bürgerlichen Theaters mit Fest und Ritus. Durch die Schaffung einer *olympischen Liturgie* erhielt der Sport eine universale Bedeutung, denn im modernen (internationalen) Olympia sollten die formalen Prinzipien der Konkurrenz und Überbietung, der Chancengleichheit, der Messbarkeit von Leistung sowohl auf- und vorgeführt als auch angewandt werden:

> »Ist es überhaupt notwendig, daran zu erinnern, dass die Spiele nicht das Vorrecht irgendeines Landes oder irgendeiner besonderen Rasse sind und dass die niemals von irgendwelchen Gruppen monopolisiert werden dürfen? Sie gehören der ganzen Welt. Alle Völker sollen ihnen ohne Widerrede dienen und alle Sportzweige in ihnen auf einer Stufe stehen und unabhängig sein von gelegentlichen Meinungsverschiedenheiten. Der schöne Titel eines Athleten gebührt in gleicher Weise dem Turner wie dem Boxer, dem Reiter wie dem Ruderer, dem Fechter wie dem Läufer, dem Speerwerfer wie dem Tennisspieler. Es gibt keinen Wertunterschied zwischen diesen Sportzweigen und der Einwand, dass das Publikum momentan die eine oder andere Disziplin vorziehe, darf nicht gemacht werden. Die Spiele wurden geschaffen, um die Meister zu ehren, deren Leistung notwendig ist, um die Kampfeslust und den Ehrgeiz der anderen zu entfachen.«[3]

---

3   Coubertin: Der olympische Gedanke. Reden und Aufsätze, S. 114 [1925].

Brechts Idee eines ›sportlichen Theaters‹

Dennoch wohnt dem Sport auch eine Dialektik inne, die Bertolt Brecht für seine Erneuerung des Theaterbetriebs verwerten wollte.[4] Denn gerade die Konstruktion des Theaters als ›Tempel‹ verursachte für ihn eine gezwungene Atmosphäre, die zum (quantitativen sowie qualitativen) Besucherschwund führe:

> »Unsere neuen Besserer, die die Herrschaft über das (literarische) Theater in die Hände bekamen [...] haben das Theater aus einem Hörsaal für Biologie oder Psychologie in einen Tempel umbauen wollen. Sie bauten Kanzeln und schlugen rote Plakate an, man solle in die Tempel kommen, sie seien eben im Tempel. Und dann kamen die guten Leute aus ihren Geschäften, ihren Kämpfen um Eier, Geliebte und Ehren, in ihren besten Anzügen, und dann standen sie selber auf den Kanzeln und schrien, der Mensch müsse sich erneuern, gut sei gut, Tyrannei äußerst unangenehm, dazu absolut verabscheuungswürdig, und einige von ihnen stachen sich mit Messern durch Arme

---

4   Brechts Interesse am (Zuschauer-)Phänomen Sport ist in der Forschung des Öfteren erwähnt und *besprochen*, allerdings selten tatsächlich untersucht worden. Beispielhaft für diesen Befund sei an dieser Stelle die Publikation zu den »Brecht-Tagen« 2005 angeführt. (So stellt hier ein Teilnehmer der Podiumsdiskussion im Anschluss an einen Vortrag von Norbert Bolz fest: »Alle diese Gedanken, die ich ungeheuer interessant finde und auch neuartig, hat Brecht, wenn es erlaubt ist, auf ihn zurückzukommen, natürlich nicht gehabt.« Sebastian Kleinschmidt u. Therese Hörnigk (Hg.): Brecht Dialog 2005 – Brecht und der Sport, Eggersdorf 2006, S. 63). Neuerdings häufen sich allerdings auch genauere Analysen, vor allem in Bezug auf das Boxmotiv (Sicks: Sollen Dichter boxen? Brechts Ästhetik und der Sport) sowie die Vorbildfunktion, die der Sport in Brechts Frühwerk für seine Theaterreform einnimmt (Ott: ›Unsere Hoffnung gründet sich auf das Sportpublikum‹. Über Sport, Theatralität und Literatur). Zu den ›biographischen‹ Verbindungen Brechts zum Sport vgl. Günter Witt: Das merkwürdige Verhältnis des Bertolt Brecht zum Sport. In: Der junge Brecht. Aspekte seines Denkens und Schaffens, Hg. von Helmut Gier u. Jürgen Hillesheim, Würzburg 1996.

oder verschluckten Frösche oder spien Feuer oder balancierten 800 Elefanten oder zeigten ihre Krampfadern.«[5]

Dieser Befund einer durch die Sakralisierung des Theaters entstandenen unselbstständigen Rezeptionshaltung des Publikums war für Brecht Anlass für eine Kritik, die zu einem veränderten Verhältnis des zeitgenössischen Theaters zu seinem Publikum führen sollte. Der Sport, der ebenso wie die Gesellschaft noch Klassenunterschiede (aner-)kannte – und explizit das Boxen,[6] das zu dieser Zeit sich besonderer Popularität erfreute[7] – faszinierte ihn daher besonders aufgrund der Haltung, die die Zuschauer zu der Aufführung eines Kampfes hatten.

---

5   Bertolt Brecht: Das Theater als sportliche Anstalt [1920]. In: Gesammelte Werke in 20 Bänden (=Werkausgabe Edition Suhrkamp), Bd. 15: Schriften zum Theater I, Frankfurt a.M. 1967, S. 47f.

6   Als Feld des modernen Massensports ist das Boxen in erster Linie (bis heute) ein Massenmediensport. Wie die herausragende Arbeit von Stephan May zu Boxfilmen und Filmboxern zeigen konnte, hängt dies vor allem auch mit der filmischen bzw. cineastischen Auswertung und Umsetzung zusammen: »In den Industrieländern steht das Kino im Zentrum der populären Öffentlichkeit. [...] Wegen seiner modernsten Reproduktionstechnologie eignet sich der Film in besonderem Maße für die nationale und internationale Vermarktung von Unterhaltungsprodukten, was unter anderem die frühen Kampffilme ausnutzen, um Boxbegegnungen optimal auszuwerten. Somit zeigen sich die frühen Spielarten des Kinos entscheidend beteiligt an der Genese einer neuen Form der Öffentlichkeit, der Unterhaltung ein Geschäftsbereich ist, der mehr und mehr mit industriellen Methoden bewirtschaftet wird.« (Stephan May: Faust trifft Auge. Mythologie und Ästhetik des amerikanischen Boxfilms, Bielefeld 2004, S. 47f)

7   Zum in der Weimarer Republik neuen, regen Interesse an dem als Kulturtechnik immer signifikanter werdenden Sport, das bereits in Bezug auf das Magazin *Der Querschnitt* und Robert Musil weiter oben beschrieben wurde, vgl. weitergehend u.a. Hans Ulrich Gumbrecht: 1926. Ein Jahr am Rand der Zeit, Frankfurt a.M. 2003, sowie Wolfgang Rothe: Sport und Literatur in den zwanziger Jahren. Eine ideologiekritische Anmerkung. In: Stadion: internationale Zeitschrift für Geschichte des Sports, 7 (1981), hier v.a. S. 133: »[...] unsere Vorstellungskraft scheint überfordert, wenn sie das konvulsivische Sportfieber jener Zeit nachempfinden soll, unsere Phantasie reicht anscheinend nicht aus, den bis ans Sektiererische grenzenden Sportfanatismus zu vergegenwärtigen.«

Als Zeitvertreib der Aristokratie entstanden, differenzierte sich zu dieser Zeit sowohl eine »bürgerliche« Interpretation der sportlichen Praxis als auch eine ›sozialdemokratische‹ Arbeitersportbewegung. Letztere verstand sich als sozialistische Bewegung und – neben Gewerkschaften und Parteien – als dritte Säule des proletarischen Klassenkampfes, wobei der Arbeitersport sich vor allem die Heranbildung eines Klassenbewusstseins in und durch sportliche Betätigung zum Ziele setzte. In der Weimarer Republik gewann die Bewegung eine breite Massenbasis, wobei sich in diesem Zuge eine sozialdemokratisch orientierte Mehrheit und eine revolutionäre, kommunistische Minderheit bildeten und schlussendlich 1928/29 spalteten.[8]

Die Sportveranstaltungen zogen sehr schnell ein klassen-und schichtübergreifendes Publikum an, das hier in neuartigen räumlichen Arrangements der Stadien und Arenen, die sich wahrhaftig *im Mittelpunkt* befindenden Körper frei von vorgegebenen Verhaltensnormen betrachten und beurteilen konnten. Die zeitgenössischen Theatermacher griffen daher schnell auf das Vorbild der Sportveranstaltungen zurück, um ihre Vorstellung und Erwartungen an Theaterbauten, Inszenierungen und das Publikum umzusetzen. So wurde beispielsweise der Berliner Zirkus zum ›Volkstheater‹ mit Arenabühne umgebaut und Gropius entwarf für Piscator ein ›Totaltheater‹, in dem Bühne und Zuschauerraum variabel ineinander verschiebbar waren. Brechts Konzept des ›epischen Theaters‹, das keinen Helden, keine tragische Figur mehr benötigt, sondern aus Haltungen und Gesten zusammengesetzte Existenzen zeigt, die Anlass zum Nachdenken geben sollen[9], wird ebenfalls teilweise an die Eindrücke der Sportstadien und -zuschauer anknüpfen.[10] Ebendiese ›sportliche‹ Haltung wünschte sich Brecht von dem

---

8   Zur Geschichte des Arbeitersports vgl. u.a. Jürgen Fischer u. Peter-Michael Meiners: Proletarische Körperkultur + Gesellschaft. Zur Geschichte des Arbeitersports, Gießen 1973, Hans Joachim Teichler u. Gerhard Hauk (Hg.): Illustrierte Geschichte des Arbeitersports, Bonn 1987, Helmut Wagner: Sport und Arbeitersport, Köln 1973.

9   Vgl. Walter Benjamin: Versuche über Brecht, Frankfurt a.M. 1966.

10 Vgl. Erika Fischer-Lichte: Kurze Geschichte des deutschen Theaters, Tübingen, Basel 1993, S. 272–282.

Theaterpublikum, das sich allerdings – so seine Diagnose – diametral
dazu entwickelte:

> »[...] Und die Leute unten verhielten sich ruhig und würdig, denn sie
> verstanden zum Glück wenigstens die Sprache der Neuerer nicht ge-
> nau und sperrten die Mäuler auf, dass man hinabsehen konnte bis
> in ihre Mägen, und da war nichts drinnen. Dann aber, als die Leu-
> te wussten, dass Tyrannei unangenehm, dazu verabscheuungswürdig
> und gut gut sei, gingen sie beruhigt fort und kamen nie mehr.
> Und doch befanden sie sich nur in einem Irrtum. Ganz dieselben
> Leute, die da Feuer spien und sich stachen, hätten sie ganz wunderbar
> unterhalten, wenn sie woanders aufgetreten wären, nämlich im Zir-
> kus. Ganz dieselben Leute, die weggingen, hätten dort die Röcke aus-
> gezogen und Wetten abgeschlossen und mitgepfiffen und sich ganz
> wundervoll gut unterhalten.
> Aber das konnten sie nicht in der Kirche.
> In der Kirche haben wir keinen Spaß an so was.
> Die Leute, die die Plakate entwarfen (und dabei ging schon viel
> zuviel Genie drauf!), hatten die richtige Erkenntnis, dass in der Kirche
> ein andrer Betrieb hineinkommen müsse, aber ihr Betrieb, das war
> nicht der richtige. [...] Also: es ist nichts mit der Tempelidee!
> Also, ich schlage euch vor, ihr seht es ein und druckt neue Plakate!
> Ihr ladet die Leute in den Zirkus ein!«[11]

Brecht macht hier deutlich, dass es ihm explizit um die *Teilhabe der
Darbietung* geht, die mehr ist als reiner Konsum: sowohl Zuschauer als
auch Darsteller sind in Hörsaal, Tempel, Theater, Zirkus und Sportplatz
dieselben, allerdings ermöglicht das Wesen des Raums unterschiedliche Wahrnehmungen der Handlung. So bekommt der Theaterbesuch
tatsächlich Bedeutung, da er in konkretem Bezug zur Wirklichkeit
steht, ein *Bewusstsein* für die »Kämpfe vom Vormittag« hervorruft. Das
Publikum muss allerdings hierfür sowohl emotional als auch fachlich
im Stande sein, die Aufführung verfolgen zu können, was Brecht dem

---

11   Brecht: Das Theater als sportliche Anstalt [1920], S. 48f.

(bürgerlichen) Theaterpublikum abspricht und daher gründet sich seine »Hoffnung [...] auf das Sportpublikum«.[12] Zentrales Argument Brechts ist also die Haltung der Zuschauer, die selbstständig und kompetent ästhetische Urteile über die gesellschaftlichen Verhältnisse fällen können. *Das Zuschauen* wird aus der Möglichkeit, ein eigenes, freies und fundiertes Urteil zu bilden und dieses unverzüglich kommunizieren zu können, zu einer kritischen, bedeutungsvollen Praxis, die mehr ist als Unterhaltungskonsum:

> »Und da dürfen sie in Hemdärmeln dasitzen und Wetten abschließen. Und sie müssen nicht auf seelische Erschütterungen lauern und mit den Zeitungen übereinstimmen, sondern sie schauen zu, wie es mit einem Mann gut geht oder abwärts, wie er unterdrückt wird oder wie er Triumphe feiert, und sie erinnern sich an ihre Kämpfe vom Vormittag [...].«[13]

Das Theater soll wie der Sport ein Erlebnis ermöglichen, dessen Axiome *Freiheit* (v.a. von den bürgerlichen Konventionen und in Abgrenzung zur *Frei-Zeit* als deren Antithese) und Vergnügen sind. Als Vorbild und Stichwortgeber für seine kunst- und theatertheoretischen Überlegungen diente Brecht der Boxpalast bzw. Boxring, der zudem als Motiv seine praktische, literarische Umsetzung in Prosa (*Lebenslauf des Boxers Samson-Körner*), Oper (*Aufstieg und Fall der Stadt Mahagonny*), Lyrik (*Ge-*

---

12   Brecht: Mehr guten Sport [1926], S. 81.
13   Brecht: Das Theater als sportliche Anstalt [1920], S. 48f. An dieser Stelle soll nochmals betont werden, dass diese Haltung des Zuschauers in Opposition zu der von Gumbrecht geforderten steht, da bei Brecht das *Loben* gerade aus einer Position der Sachkenntnis und Parteinahme entsteht, wohingegen bei Gumbrecht das Lob einem (laienhaften) Konsumismus folgt, das explizit unkritisch sein soll: »Ein allgemeiner Grund für unser Unvermögen den Sport zu loben, liegt darin, dass wir uns als Intellektuelle verpflichtet fühlen, ›kritisch‹ zu sein – immer und überall ›kritisch‹. [...] Ich will meine Augen und meine Gedanken konzentriert auf die Körper der Sportler richten, anstatt das Thema Sport zu verlassen, indem ich sie bloß als ›Funktion‹ oder ›Ausdruck‹ von etwas ganz anderem ›lese‹.« (Gumbrecht: Lob des Sports, S. 22f)

denktafel für zwölf Weltmeister) sowie in Bühnenstücken (*Im Dickicht der Städte*) findet.[14]

Zunächst war das Boxen die prägende sportliche Instanz für seine Überlegungen, wobei sowohl die Praxis der Box-Zuschauer für ihn von Interesse war, als auch die der Boxer selbst und das Kampf-Spiel, das im Ring aufgeführt wird.[15] Dieser reale Kampf, der im Boxring stattfindet, faszinierte Brecht vor allem in seiner Klarheit und Unvermitteltheit, sowohl in Bezug auf den Kampfverlauf als auch auf das Ende, das nachvollziehbarerweise in Brechts Augen zwingend der K.o., als ebenfalls unvermitteltes, klares Ergebnis, sein müsse:

> »Im Boxsport äußert sich diese sportsfeindliche Tendenz in der Propagierung des Punktverfahrens. Je weiter sich der Boxsport vom K.o. entfernt, desto weniger hat er mit wirklichem Sport zu tun. Ein Boxer, der seinen Gegner nicht niederschlagen kann, hat ihn natürlich nicht besiegt.«[16]

Ein Kampf, an dessen Ende beide Kämpfer noch ›stehen‹, ist nicht beendet. Im Theater würden ebenso Kämpfe ausgetragen, diese seien allerdings »feinere Raufereien. Sie gehen mit Worten vor sich. Es sind immer mindestens zwei Leute auf der Bühne, und es handelt sich meistens um einen Kampf. Man muss genau zusehen, wer gewinnt.«[17]

---

14   Die Sporttexte Brechts sind nochmals in einem eigenen Band versammelt: Bertolt Brecht (Hg.): Der Kinnhaken und andere Box- und Sportgeschichten, Frankfurt a.M. 1995.

15   Vgl. Leo Kreutzer: »Man muß ins Theater gehen wie zu einem Sportfest.« Bertolt Brechts Vorstellung von einem Theater als »sportliche Anstalt«. In: Sport, Spiel und Leidenschaft. Afrikanische und deutsche Perspektiven, Hg. von Carlotta von Maltzan u. David Simo, München 2012.

16   Bertolt Brecht: Die Todfeinde des Sports [1928]. In: Gesammelte Werke in 20 Bänden (=Werkausgabe Edition Suhrkamp), Bd. 20: Schriften zur Politik und Gesellschaft, Frankfurt a.M. 1967, S. 29.

17   Bertolt Brecht: Das Theater als Sport [1920]. In: Gesammelte Werke in 20 Bänden (=Werkausgabe Edition Suhrkamp), Bd. 21: Schriften, Frankfurt a.M. 1967.

Der komplette Komplex Boxsport[18] enthielt für Brecht als *theatrale Praxis* eine derartige Qualität[19], dass er eine praktische Vorlage für seine Theaterumwälzung wurde.[20] Seine erste Umsetzung fand diese Idee im Vorspruch zu ›Im Dickicht der Städte‹:

18   Zur Literarisierung des Boxens als kulturgeschichtlichen Fragestellung in der Zeit der Weimarer Republik vgl. weitergehend: Wolfgang Paterno: Faust und Geist. Literatur und Boxen zwischen den Weltkriegen, Wien, Köln, Weimar 2018.

19   »Einen so idealen Kampf, wie man ihn in dem Stück ›Im Dickicht der Städte‹ sehen kann, wird man vorerst nur im Theater, in der Wirklichkeit erst in fünfzig Jahren haben können.« (Bertolt Brecht: Für das Programmheft zur Heidelberger Aufführung [1928]. In: Gesammelte Werke in 20 Bänden (=Werkausgabe Edition Suhrkamp), Bd. 17: Schriften zum Theater 3, Frankfurt a.M. 1967, S. 970)

20   Es ist eben sowohl die kämpferische Praxis der Boxer sowie der Zuschauer, die eine Vorlage für die Genese des epischen Theaters darstellt und nicht, wie Ralf Simon behauptet, der »Sport-Diskurs«, den Brecht vielmehr verabscheut und zum »Todfeind« erklärt: »Hierher gehören leider meistens mit besonderer Unterstützung der Presse die krampfhaften Bemühungen einiger ›Kenner‹, aus dem Sport eine Art ›Kunst‹ zu machen. Diesen Kennern wächst jetzt schon auf der bloßen Hand eine ganze Nomenklatur von Fachausdrücken, und die Tendenz geht immer mehr aus l'art pour l'art.« (Brecht: Die Todfeinde des Sports [1928], S. 29). Simons Fehllektüre entsteht aus dem etwas krampfhaft wirkenden Versuch, eine systemtheoretische Analyse der Brecht'schen Sporttexte zu liefern (gewiss ohne die Texte selbst zu Wort kommen zu lassen): »Brecht, dessen körperliche Konstitution ihm hinsichtlich eigener sportlicher Praxis enge Grenzen setzte, hat den Sport-Diskurs auf der Ebene eines Reflexionsmediums adaptiert, weil ihm plausibel wurde, dass die beurteilende Souveränität des Sportzuschauers ein gesellschaftliches Handlungsmodell impliziert, in dem die Subjekte nicht mehr durch Fachdiskurse und komplexe autopoietische Systemlogiken ausgeschlossen werden. Nicht die Performanz des Sports, sondern wiederum die Kopplungsoffenheit des Sport-Diskurses führt zu einer symbolischen Form der Literatur, nämlich zu Brechts Theaterkonzept.« (Ralf Simon: Der Sport-Diskurs als Thema und als symbolische Form der Literatur am Beispiel von Ödön von Horváth und Bertolt Brecht. In: Figurationen der Moderne. Mode, Sport, Pornographie, Hg. von Birgit Nübel u. Anne Fleig, München 2011, S. 142f)

»Sie befinden sich im Jahr 1912 in der Stadt Chicago. Sie betrachten
den unerklärlichen Ringkampf zweier Menschen und Sie wohnen bei
dem Untergang einer Familie, die aus den Savannen in das Dickicht
der großen Stadt gekommen ist. Zerbrechen Sie sich nicht den Kopf
über die Motive dieses Kampfes, sondern beteiligen Sie sich an den
menschlichen Einsätzen, beurteilen Sie unparteiisch die Kampfform
der Gegner und lenken Sie ihr Interesse auf das Finish.«[21]

Der Versuch, die Zuschauer aktiv aus ihrer Position eines ›interesselosen
Wohlgefallens‹ in mitfiebernde, erregte, – *sportliche Zuschauer* zu verset-
zen, geschieht ebenso bühnenbildnerisch: Wie bereits bei der Urauffüh-
rung des Einakters *Die Kleinbürgerhochzeit* im Dezember 1926 in Frankfurt sowie der des *Mahagonny-Songspiels* in Baden-Baden ist die Bühne als Boxring, als Kampfarena ausgestaltet.[22] Brecht fordert hier diese *sportliche Haltung der Zuschauer* ein, ein intensives, sachverständiges
Zuschauen, eine konzentrierte Aufmerksamkeit mit »*lässige[r]* (schnod-
derige[r]) Haltung«[23].

Zunächst Vorbild für das Theater, sieht Brecht im Lauf der zwanziger
Jahre den Sport immer mehr als »das ›eigentliche‹, wahre Theater«[24]:

»Unsere Hoffnung gründet sich auf das Sportpublikum. Unser Auge
schielt, verbergen wir es nicht, nach diesem ungeheuren Zementtöp-
fen, gefüllt mit 15000 Menschen aller Klassen und Gesichtsschnitte,
dem klügsten und fairsten Publikum der Welt. [...] Die Verderbtheit
unseres Theaterpublikums rührt daher, dass weder Theater noch Publikum eine Vorstellung davon haben, was hier vor sich gehen soll. In

---

21   Bertolt Brecht: Im Dickicht der Städte. Der Kampf zweier Männer in der Rie-
      senstadt Chicago [1924]. In: Gesammelte Werke in 20 Bänden (=Werkausgabe
      Edition Suhrkamp), Bd. 1: Stücke, Frankfurt a.M. 1967, S. 126.
22   Vgl. Günter Berg: Nachwort. In: Bertolt Brecht. Der Kinnhaken und andere Box-
      und Sportgeschichten, Frankfurt a.M. 1995, S. 145.
23   Bertolt Brecht: Ovation für Shaw [1926]. In: Gesammelte Werke in 20 Bänden
      (=Werkausgabe Edition Suhrkamp), Bd. 15: Schriften zum Theater I, Frankfurt
      a.M. 1967.
24   Ott: ›Unsere Hoffnung gründet sich auf das Sportpublikum‹. Über Sport, Thea-
      tralität und Literatur, S. 471.

den Sportpalästen wissen die Leute, wenn sie ihre Billette einkaufen, genau, was sich begeben wird; und genau das begibt sich dann, wenn sie auf ihren Plätzen sitzen: [...] Das alte Theater hingegen hat heute kein Gesicht mehr. Es ist nicht einzusehen, warum das Theater nicht auch seinen ›guten Sport‹ haben sollte. Wenn man die für Theaterzwecke gebauten Häuser, die ja nun einmal stehen und Zinsen fressen, nur einfach als mehr oder minder leerstehende Räume ansehen würde, in denen man ›guten Sport‹ machen kann, würde man zweifellos auch aus ihnen etwas herausholen können, was einem Publikum, das wirklich heute heutiges Geld verdient und heute heutiges Rindfleisch isst, etwas geben kann. [...] Es gibt hier keinen ›guten Sport‹. [...] Ich teile nicht die Ansicht jener Leute, die klagen, den rapiden Untergang des Abendlandes fast nicht mehr aufhalten zu können. Ich glaube, dass es eine solche Menge von Stoffen, die sehenswert, Typen, die Bewunderung würdig sind, und Erkenntnissen, die zu erfahren sich lohnt, gibt, dass man, wenn nur ein guter Sportgeist anhebt, Theater bauen müsste, wenn nicht welche da wären. Aber das Hoffnungsvollste, was es an den heutigen Theatern gibt, sind die Leute, die das Theater vorn und hinten nach der Vorstellung verlassen: sie sind missvergnügt.«[25]

Der ›gute Sport‹ ist somit für Brecht eine gewisse Haltung, das Paradigma für einen Zustand, den er auf, vor und abseits der Bühne fordert: die Befreiung von bürgerlichen Normen, Theorien und Zuständen; einen Sport, der kämpferischer Selbstzweck, Passion ist – riskant und unkultiviert und damit vor allem: *frei*. Daher versuchte er ihn in dieser Zeit (noch, teilweise mit beißender Ironie und Polemik) zu verteidigen vor pädagogischer Vereinnahmung, hygienischer Funktionalisierung oder sozialer Disziplinierung. Und in der Idee eines ›guten Sports‹ lag für ihn auch der Ansatz, im Sport ein Paradigma für das ›neue‹ Theater zu sehen: »Ein Theater der Unberechenbarkeit, des elementaren, sozial ungebän-

---

25   Brecht: Mehr guten Sport [1926], S. 81f.

digten Konflikts und vor allem: ein Theater, das selbst Handlung *ist* und nicht nur Handlung repräsentiert.«[26]
Vor allem in seinen frühen Lehrstücken, insbesondere der *Maßnahme* wird dieser Zusammenhang deutlich, da hier die »buchstäbliche Exekution einer Handlung«[27] zentral für die Dramaturgie ist. Hierin liegt auch die Frage begründet, warum einerseits das Theater wie Sport werden sollte, er andererseits den Sport (bzw. dessen Entwicklung) kritisierte: Das Theater sollte die bereits vorhandene Aufführung der Antagonismen der Gesellschaft im Boxkampf weiterentwickeln und so den Zuschauer besser und effektiver involvieren und agitieren.

Das Boxen faszinierte Brecht in besonderem Maße und wurde mehrfach von ihm literarisch verarbeitet; wobei es mehr der Boxer selbst, also eine bestimmte kämpferische Figur ist, die ihn interessierte. Eine Ausnahme stellt das Gedicht *Gedenktafel für 12 Weltmeister* dar, in dem Brecht geradezu genealogisch auf die charakteristischen Besonderheiten der aufeinanderfolgenden Boxweltmeister eingeht, aus einer Chronologie eine ›Geschichte‹ werden lässt:

»Dies ist die Geschichte der Weltmeister im Mittelgewicht
Ihrer Kämpfe und Laufbahnen
Vom Jahre 1891
Bis heute.
Ich beginne die Serie im Jahre 1891 –
Der Zeit rohen Schlagens
Wo die Boxkämpfe noch über 56 und 70 Runden gingen
Und einzig beendet wurden durch den Niederschlag –

---

26 Michael Ott kommt das Verdienst zu, die Bedeutung der Unmittelbarkeit einer sportlichen Handlung, die *ist* und nicht bloß *repräsentiert*, für die Brecht'sche Theatertheorie erstmals herausgearbeitet zu haben: »[E]r [der Sport, Anm. PE] ist keine Nachahmung, sondern Vollzug von Handlungen, und deshalb repräsentieren diese auch nichts, sondern sind reine ›Präsenz der Form‹. Theatralik im konventionellen Sinne des ›als-ob‹, der Vortäuschung oder Vorspiegelung ist in der Logik des Sports negativ besetzt [...].« (Ott: ›Unsere Hoffnung gründet sich auf das Sportpublikum‹. Über Sport, Theatralität und Literatur, S. 474)
27 Ebd.

Mit BOB FITZSIMMONS, dem Vater der Boxtechnik
Inhaber der Weltmeisterschaft im Mittelgewicht
Und im Schwergewicht (durch seinem am 17. März 1897
erfochtenen Sieg über Jim Corbett).
34 Jahre seines Lebens im Ring, nur sechsmal geschlagen
[...]
1905 verlor Bob Fitzsimmons seinen Titel an
Jack O'Brien genannt PHILADELPHIA JACK.
Jack O'Brien begann seine Boxerlaufbahn
Im Alter von 18 Jahren
Er bestritt über 200 Kämpfe. Niemals
Fragte Philadelphia Jack nach der Börse.
Er ging aus von dem Standpunkt
Daß man lernt durch Kämpfe
Und er siegte, so lange er lernte.
[...]
AL MACCOY, dem schlechtesten aller Mittelgewichtsmeister
Der weiter nichts konnte als einstecken
Und seiner Würde entkleidet wurde von
[...]
JOHNNY WILSON
Der 48 Männer k. o. schlug
Und selber k. o. geschlagen wurde von
HARRY GREBB, der menschlichen Windmühle
Dem zuverlässigsten aller Boxer
Der keinen Kampf ausschlug
Und jeden bis zu Ende kämpfte
Und wenn er verloren hatte, sagte:
Ich habe verloren.
[...]
Dies sind die Namen von 12 Männern
Die auf ihrem Gebiet die besten ihrer Zeit waren
Festgestellt durch harten Kampf

Unter Beobachtung der Spielregeln
Vor den Augen der Welt.«[28]

Das Gedicht, das eine Montage verschiedener Textzitate aus Artikeln des Sportmagazins *Die Arena*[29] – in der ebenfalls Brechts *Lebenslauf des Boxers Samson-Körner* als Fortsetzungsgeschichte erschien, die allerdings nach vier Folgen von Brecht abgebrochen wurde[30] – ist, stellt ein herausragendes Beispiel literarische Sportgeschichtsschreibung dar und ist somit nur bedingt eine »frühe Vorwegnahme des ›Gedichts‹ von Peter Handke *Aufstellung des 1. FC Nürnberg vom 27.1.1968*«, wie Jan Knopf etwas verkürzt behauptet,[31] da es sich bei Brechts Gedicht, wie gesagt, um eine Montage der Zeitungsvorlagen handelt[32] und er aus diesen eine Genea-

28   Bertolt Brecht: Gedenktafel für zwölf Weltmeister [1927]. In: Gesammelte Werke in 20 Bänden (=Werkausgabe Edition Suhrkamp), Bd. 8: Gedichte 1, Frankfurt a.M. 1967, S. 307ff.

29   Vgl. Berg: Nachwort, S. 158 sowie Witt: Das merkwürdige Verhältnis des Bertolt Brecht zum Sport, S. 213.

30   Vgl. Jan Knopf: Brecht-Handbuch. Lyrik, Prosa, Schriften. Eine Ästhetik der Widersprüche, Stuttgart 1996, S. 31.

31   Ebd., S. 67.

32   Hanns-Marcus Müller zählt Brechts (literarische) Sport-Texte »nicht zu den Spitzenleistungen des Autors« und geht in seiner (sich selbst entlarvenden) Polemik, die immer dann in seiner Dissertation zum Tragen kommt, wenn er Belege oder Autoren anführt, die seiner These (nachdem der einzig ›wahre Ort‹ des Sports nicht ›auf dem Platz‹, sondern im Essay liegt) entgegenstehen, soweit, dass er die *Gedenktafel für 12 Weltmeister* als »chronikhafte[s] und pedantisch-ostinate[s] Gedicht« bezeichnet, das »auch ein literaturbewegter Sportreporter hätte schreiben können, wenngleich er sich dazu den typischen Brecht-Ton hätte aneignen müssen. Die karge literarische Ausbeute des Boxenthusiasmus‹ Brechts bestätigt die Beobachtung, daß die Sportereignisse ein schwieriger und wenig folgenreicher Problemvorwurf nicht-essayistischen literarischen Schreibens zu sein scheinen.« (Müller: »Bizepsaristokraten«. Sport als Thema der essayistischen Literatur zwischen 1880 und 1930, S. 174) In Folge dieser Fehllektüre, die auch aus unzureichender Recherche bezüglich der Entstehungsgeschichte des Gedichts entstanden zu sein scheint, sei an dieser Stelle nochmals auf Brechts Begründung der Anschaffung eines Punchingballs hingewiesen: »Vor einiger Zeit habe ich mir einen Punchingball gekauft, hauptsächlich weil

logie ›großer Männer‹[33] entwirft, wohingegen Handke eine *Aufstellung* zu
einem Gedicht formiert, wodurch mehr die *Formation* als die Namen der
Spieler die lyrische Besonderheit ausmachen.

Es wird deutlich, dass die ›Gedenktafel‹ auch eine innere qualita-
tive Hierarchie herstellt, somit die ›guten‹ von den ›schlechten‹ zu unterschieden versucht. Erstere werden fast pindarisch[34] *besungen*, letztere
bloß erwähnt, wodurch er seiner Präsentation, die sich auf die Beschreibung und Beurteilung der Boxtechnik konzentriert, ohne diese durch
rhetorische Mittel zu literarisieren, eine *Wertung* der verschiedenen ka-
nonisierten Boxsporttechniken, die fest mit den Namen der zwölf Sportler verbunden sind, hinzufügt. So stellt er mit dem Boxen zudem alle-
gorisch die Frage nach der ›richtigen Technik‹, dem ›guten Sport‹ in der
gegebenen sozio-ökonomischen Ordnung (und entgegen der neusachli-
chen Technikbegeisterung) und behandelt die Boxer verständlicherwei-
se »so, als hätten sie Geschichte gemacht.«[35]

Brechts Prosatexte, die einen Boxer als Protagonisten haben sollten,
blieben indes alle Fragment, wobei gerade die (fiktive) Biografie,[36] der

---

er, über einer nervenzerrütteten Whiskyflasche hängend, sehr hübsch aussieht und meinen Besuchern Gelegenheit gibt, meine Neigung zu exotischen
Dingen zu bekritteln, und weil er sie zugleich hindert mit mir über meine Stücke zu sprechen.« (Brecht: Sport und geistiges Schaffen [1926], S. 30)

33   Der Sportler beerbt, wie Michael Gamper zeigen kann, in der Weimarer Republik den *Krieger* in der Rolle des ›Helden‹ und ›großen Mannes‹, also des herausragenden Einzelnen, der durch Kraft und Leistung Ruhm erlangt und mit *memoria* geehrt wird. (Vgl. Gamper: Körperhelden. Der Sportler als ›großer Mann‹ in
der Weimarer Republik)

34   Die Pindar'schen Siegeslieder dienen zur Feier und Verewigung des Siegers, da
sie eine Struktur aufweisen, in der der Nennung des Siegers, dem Lob seiner
Heimat und Familie immer ein Ansatz zur Mythologisierung innewohnt und
zudem in einem chorischen Festjubel endet. (Vgl. Uvo Hölscher: Pindar und
die Wahrheit. In: Siegeslieder/Pindar. Übers. von Uvo Hölscher, Hg. von Thomas
Poiss, München 2002, S. 104–122)

35   Knopf: Brecht-Handbuch. Lyrik, Prosa, Schriften. Eine Ästhetik der Widersprüche, S. 67.

36   Zur besonderen Form des »Lebenslaufs« vgl. Sicks: Sollen Dichter boxen?
Brechts Ästhetik und der Sport, S. 380ff.

sogenannte »Lebenslauf des Boxers Samson-Körner. Erzählt von ihm
selber, aufgeschrieben von Bert Brecht«, den Versuch der semantischen
Verschränkung von Sport und Literatur am deutlichsten werden lässt,
da sie aus der persönlichen Bekanntschaft Brechts mit dem deutsch-
amerikanischen Schwergewichtsmeister entstand.

Die Geschichte, die als Reisebericht mit den Stationen Hamburg,
London, Kapstadt, New York angelegt ist, erzählt vom Weg Samson-
Körners zum *Kämpfer*. Der Weg selbst ist bereits ein Kampf, allerdings
kein Boxkampf, sondern der Kampf um Arbeit, Anstellung, Geld. Die
ökonomische Not, keine Anstellung zu finden, lässt ihn in immer größere Städte reisen, mit denen er die Hoffnung auf *ökonomische Erlösung*
verbindet: »Es war eine große Stadt mit vielen Möglichkeiten.«[37] Das
Boxen sozialisiert ihn nun ironischerweise zum gesellschaftsfähigen
Wesen, da er hierdurch die einzig von Bedeutung scheinende ökonomische Freiheit erlangt. Das Boxen beendet den *eigentlichen* Kampf, der
ein sozio-ökonomischer ist. Dieser Teil der Lebensgeschichte Samson-
Körners wird allerdings im Fragment nicht mehr erzählt, es endet mit
dem ersten ›richtigen‹ Boxer, den Samson-Körner kennenlernt und der
ihm »zum ersten Mal das Boxen«[38] zeigte.

Das Boxen figuriert hier somit als Lebenshaltung, die eine funktionale Reaktion auf die gesellschaftlichen Umstände der Zeit darstellt.
Es ist mehr der Kämpfer als der Boxer, der hier als spezifisches Iden-
titätsmodell entworfen wird, denn letzterer *verkörpert* einen Ausweg
aus und zugleich auch innerhalb der sozioökonomischen Dauerkrise
der Weimarer Republik; der Boxer ist die erfolgreiche Transformation
des Kämpfers innerhalb der gegebenen Umstände, da es lediglich eine
Selbstermächtigung bzw. ein individuelles Entkommen darstellt, das
diese Transformation verwirklicht, wodurch klar wird, warum dieser

---

37   Bertolt Brecht: Der Lebenslauf des Boxers Samson-Körner [1926]. In: Gesam-
      melte Werke in 20 Bänden (=Werkausgabe Edition Suhrkamp), Bd. 11: Prosa I,
      Frankfurt a.M. 1967, S. 125.
38   Ebd., S. 144.

Teil der Geschichte nicht mehr von Brecht ›aufgeschrieben‹[39] wurde: Es handelt sich nicht um ›guten Sport‹, wenn das Ziel ist, scheinbar *bürgerlich* zu werden, einzig und allein einen persönlichen Kampf gegen die individuelle ökonomische Peripherisierung zu kämpfen.

Eine ähnliche Struktur ist in der Kurzgeschichte *Der Kinnhaken* zu erkennen: der eigentliche Kampf findet hier vor dem Boxkampf statt, in einer Kneipe und nicht im Ring. Auch hier ist es ein Kampf des Protagonisten gegen die (materiellen) Umstände und seinen Umgang mit diesen. Freddy, der Protagonist wird beschrieben als genau das, was Brecht von einem ›guten‹ Sportler fordert, nämlich jemand zu sein, dessen Tat seine Haltung *ist*: »Es war das Koketteste, was Sie je in einem Ring sehen konnten, Herr. Er ging herum wie auf dem Theater. Aber dann machte er seinen Mann in der ersten Runde k.o., und zwar vermittels eines Kinnhakens, der sich gewaschen hatte.«[40] Dieser Schlag, der nicht trainierbar ist, sondern die Verkörperung einer mentalen Einstellung, einer »Folge von Sichzusammennehmen«[41], gibt ihm einerseits seinen Spitznamen und verweist andererseits in seiner Beschreibung bereits auf die spätere Begründung seiner Niederlage, die keine sportliche im eigentlichen Sinne ist: »Man könne nur dann wirklich ungemütlich werden, wenn man genau wüßte, daß man sich auf jeden Fall in der Hand hätte.

---

39   Die parallel entstandenen ›Lebensläufe‹ von Samson-Körner und *Baal* liest Kai-Marcel Sicks als »Kontrastfolie[n], die den Gegensatz von Sportler und Künstler darstellten« (Sicks: Sollen Dichter boxen? Brechts Ästhetik und der Sport, S. 386), was sich auf drei Ebenen manifestiere: dem mythischen Subtext, den divergenten Körperlichkeiten und dem damit verbundenen Charakter der Kämpfe bzw. der Kampfstile sowie des narrativen Schemas des Auf-resp. Abstiegs. Brecht selbst wird in dieser Lesart einer Dialektik der *kämpfenden Figuren* Samson-Körner und Baal zur Synthese von Sportler und Dichter, einer der als Dichter ›guten Sport‹ liefert, sportliche Kunst, die an den sozio-ökonomischen Alltag der Rezipienten angebunden ist und *gegen* bestimmte ästhetische Positionen anschreibt: »Der Autor selbst wird zum Kontrahenten seiner Baal-Figur, indem er sich dem Sportler angleicht und damit seinen Anspruch auf Etablierung *in* der Gesellschaft artikuliert.« (ebd., S. 388)
40   Bertolt Brecht: Der Kinnhaken [1926]. In: Gesammelte Werke in 20 Bänden (=Werkausgabe Edition Suhrkamp), Bd. 11: Prosa I, Frankfurt a.M. 1967, S. 116.
41   Ebd., S. 117.

Er selbst müsse von Anfang an das Gefühl haben, daß er nicht an einen
Mann hinschlage, sondern durch ihn durch [...].«[42]

Auch in dieser Geschichte, in Retrospektive erzählt von einem selbst-
ernannten ›Kollegen‹ und Trainingspartner der Titelfigur, bestimmt das
Motiv der materiellen Existenz die Kampf-Metapher. Freddy ist im
Ring erfolgreich, solange er dieses ›Gefühl, sich selbst in der Hand zu
haben‹ hat, im Moment der Entfremdung, einerseits symbolisiert durch
das Training, in dem er enttäuschend boxt, da es stets Simulation eines
Kampfes und eben kein *wirklicher* Kampf mit *wirklichem* Gegner ist, was
seinem Trainingspartner nur bedingt klar wird, da er nicht versteht,
dass der Katechismus ›Training‹ keine Tat und somit *falsch* ist: »Trotzdem war er beim Training eine Enttäuschung. Es kam wahrscheinlich
davon, weil er sich eben nicht so ›zusammennahm‹ und man ja auch
nicht mehrere Wochen lang durch Leute ›hindurchschlagen‹ kann.«[43]
Andererseits wird ihm vor dem großen Meisterschaftskampf durch
seinen Manager Kampe untersagt ein Bier zu trinken, was in Freddy
einen Realisierungsprozess in Gang setzt, der in der Dialektik endet,
die die Niederlage des Boxkampfes einerseits zur Folge hat, was allerdings andererseits implizit ein Sieg im entscheidenden Kampf, nämlich
den gegen seine Selbstentfremdung darstellt. Anders als die gängige
Interpretation[44] sehe ich in der »lehrreichen Geschichte vom Untergang
Freddy Meinkes« nicht die Darstellung einer Niederlage, denn obwohl
Freddy den ›Kampf‹ gegen seinen Manager in der Kneipe nicht gewinnt,
wird ihm gerade hier sein *eigentlicher Gegner* bewusst, den er durch die
spätere Niederlage im Ring gewissermaßen besiegt, denn der Boxer
verliert zwar seine (durchaus ironisch dargestellte) Aussicht auf ein
(klein-)bürgerliches Angestelltenleben mit dem »Mädchen mit dem

---

42   Ebd.

43   Ebd.

44   Vgl. bspw. Berg: Nachwort, S. 141: »Vernünftig genug, diesen Wunsch [nach ei-
      nem Glas Bier, Anm. PE] zu unterdrücken, und doch nicht Manns genug, mit
      diesem Triebverzicht so einfach fertig zu werden, steigt er in den Ring. Im Kopf
      hat er nichts als das versäumte Glas Bier, und so endet der Kampf in der zweiten
      Runde mit Freddys Niedergang.«

Verlobungsgesicht, die Nußbaumbetten und den Bücherschrank«,[45]
gewinnt aber seine Selbstständigkeit, die Möglichkeit »immer das
[zu] tun, wozu er Lust hat«.[46] Die Niederlage wird somit zum Erfolg,
sie ist eine bewusste Tat, ein tatsächlich wirksamer ›Schlag‹ *gegen die
Verhältnisse.*

Zudem sei an dieser Stelle auf die doppelte Erzählerstruktur hingewiesen: Die Figur, die die Geschichte Freddys erzählt, ist nicht der Erzähler und vor allem nicht Brecht selbst, wie Berg es fälschlicherweise
darstellt: »Brecht empfiehlt im *Kinnhaken:* ›Ein Mann soll immer das tun,
wozu er Lust hat. Wissen Sie, Vorsicht ist die Mutter des K.o.‹.«[47] Vielmehr wird dieses abschließende Statement von einer Figur ausgeführt,
die zuvor als »heftig schielend und mit einem Arm in einer Bierlache ausruhend«[48] eingeführt wurde und deren Urteil vom Erzähler-Ich am Ende in Form einer doppelten Nachfrage zur *Lehre der Geschichte* als fragwürdig dargestellt wird. Freddy verliert zwar den Boxkampf, *weil* er zuvor den Kampf gegen sich selbst verloren hat (und kein Bier getrunken
hat bzw. nicht gegen die Bevormundung durch seinen Manager aufbe-
gehrt hat), allerdings steht zwischen diesen Kämpfen die Erkenntnis –
und hier liegt der eigentliche Sieg – *in welchen Verhältnissen er kämpft und
für wen.*

Die erzählende Boxerfigur, »heftig schielend und mit einem Arm
in einer Bierlache ausruhend«,[49] also nicht unbedingt vollumfänglich
urteilsvermögend, gibt hierauf etwas zuvor einen entscheidenden Hin-
weis: »In einen Meisterschaftskampf solle einer hineingehen wie ein
Verkäufer in seinen Laden. Verkauft er was, gut. Verkauft er nichts, gibt
es noch einen Ladenbesitzer für die schlaflosen Nächte.«[50]

---

45 Brecht: Der Kinnhaken [1926], S. 117f.
46 Ebd., S. 120.
47 Berg: Nachwort, S. 141.
48 Brecht: Der Kinnhaken [1926], S. 119.
49 Ebd., S. 116.
50 Ebd., S. 118.

Das ›Lehrreiche‹ der Geschichte Freddy Meinkes wurde oftmals den Worten seines Trainingspartners entnommen,[51] wobei offensichtlich ist, dass diese Figur nicht als Instanz gezeichnet ist, deren »Rezept am Schluss«[52] ernst zu nehmen ist; im Gegenteil sollte dem Leser bis dahin klar geworden sein, dass die *Interpretation* eines betrunkenen Boxers, der es auch als solcher nur zum Sparringpartner gebracht hat (also zum menschlichen Punchingball), nicht von Brecht als didaktische Unterweisung, Belehrung, Gleichnis oder gar Verhaltensanweisung entworfen ist, da er gerade durch die Figurenzeichnung, also der Präsentation der »Lehre« durch einen Angetrunkenen vor leerem Bierglas, derartiges unterläuft.

Es wird deutlich, dass für Brecht ›guter Sport‹ nicht zwingend siegreicher Sport sein muss, im Gegenteil versucht er, ihn gegen eine bürgerliche Leistungsideologie der Kommerzialisierung und Monetarisierung zu verteidigen, was auch seine teilweise ironischen Töne erklärt. Er schreibt gegen eine Nivellierung an, die Freddys Anpassung an die bürgerlichen Verhältnisse veranschaulicht: Wenn dieser lediglich für das Erlangen einer bürgerlichen Existenz kämpft, kann er den *Klassenkampf* nicht gewinnen, keinen ›guten Sport‹ bieten. Freddys Aufstieg ist ein Untergang, da er in einer kleinbürgerlich-nivellierten Angestelltenexistenz enden wird und diese Erkenntnis erlangt er gerade noch rechtzeitig.[53]

---

51 Bspw. bei Extra: Sport in der deutschen Kurzprosa des zwanzigsten Jahrhunderts, S. 193ff, aber auch der ansonsten überzeugenden Arbeit von Leis: Sport in der Literatur: Einblicke in das 20. Jahrhundert, S. 118.

52 Vgl. Müller: »Bizepsaristokraten«. Sport als Thema der essayistischen Literatur zwischen 1880 und 1930.

53 Vgl. auch Knopf: Brecht-Handbuch. Lyrik, Prosa, Schriften. Eine Ästhetik der Widersprüche, S. 67: »Freddys Niedergang beginnt in dem Moment, wo er sich nicht mehr auf den Kampf konzentriert, sondern sich eine bürgerliche Existenz zuzulegen sucht. Indem sich Freddy im Bürgertum einrichtet, unterwirft er sich der gängigen Nivellierung, ist die konzentrierte Kraft der allgemeinen Verflachung des Alltäglichen ausgesetzt. Was sich unmittelbar vor dem Kampf — Freddy will unbedingt ein Bier trinken, was ihm sein Manager verbietet — in einer scheinbaren Nebensächlichkeit offenbart, ist nur die Bewusstwerdung dessen,

Der ›gute Sport‹ ist somit als eine Deterritorialisierung[54] zu verstehen, da er nur ein *Außerhalb*, eine Gegen*bewegung* zur bürgerlichen Gesellschaft[55] ist:»Sie verstehen mich: je ›vernünftiger‹, ›feiner‹ und ›gesellschaftsfähiger‹ der Sport wird, und er hat heute eine starke Tendenz dazu, desto schlechter wird er.«[56]

›Guter Sport‹ bedeutet für Brecht zweierlei: Als Praxis ist »er riskant (ungesund), unkultiviert (also nicht gesellschaftsfähig) und Selbstzweck«[57], wird zum Spaß und zum Trotz gegenüber dem »politischen und kulturellen Diktat des Bürgertums«[58] betrieben. Als Mittel zur Darstellung wiederum (also auf den Bühnen der Sportpaläste, Theater und der Literatur) stellt er Bezug her zu den Lebenswelten der Zuschauer, unterhält *und* kritisiert, ist anti-mimetisch und *Lehrstück* zugleich und das eben nur so lange er kein Kulturgut, also verbürgerlicht ist:

»Das deutsche Bürgertum, das mit den Resten der feudalen Kasten 1918 so rasch und verhältnismäßig gründlich aufräumte, das eine unpraktische und teure Offiziers-und Diplomatenkaste ohne mehr Sentimentalität, als der Anstand verlangte, zum alten Eisen warf, wird die Winke seiner geliebten Wissenschaft in bezug auf eine Stabilisierung der Hygiene kaum in den Wind schlagen. Was sollten dicke

---

was schon vorbereitet ist: ein richtiger Kämpfer und Boxer kann keine bürgerliche Existenz führen.«

54   Im Ritornell-Plateau von *Tausend Plateaus* beschreiben Deleuze und Guattari das Territorium als einen »Akt, ein Handeln, das auf Milieus und Rhythmen einwirkt, das sie ›territorialisiert‹. Das Territorium ist ein Produkt einer Territorialisierung von Milieus und Rhythmen.« (Gilles Deleuze u. Félix Guattari: Tausend Plateaus, Berlin 1992, S. 429)

55   Vgl. hierzu vor allem Roland Jost nach dem für Brecht »[...] zum augenblicklichen Zeitpunkt ›guter Sport‹ nur außerhalb des Einflusses der bürgerlichen Klasse existieren kann.« (Roland Jost: *Panem et circenses?* Bertolt Brecht und der Sport. In: Brecht-Jahrbuch 1979, Hg. von John Fuegi, Reinhold Grimm u.a., Frankfurt a.M. 1979, S. 58)

56   Brecht: Die Todfeinde des Sports [1928], S. 29.

57   Brecht: Die Krise des Sports [1928], S. 28.

58   Jost: *Panem et circenses?* Bertolt Brecht und der Sport, S. 59.

Bäuche für einen Nützen haben? Hygiene ist vorteilhafter als Medizin. Turnlehrer sind rentabler als Ärzte. Was ist besser, sich die Fußnägel schneiden oder sich nur immer größere Stiefel anschaffen?

Wenn der Sport nur laut und lang genug Hygiene brüllt, wird er schon gesellschaftsfähig werden. Die Frage ist nur, ob ihm das guttun wir.

Eine Propagandaschrift für die, sagen wir, gesellschaftliche Anerkennung des Sportes könnte sehr reichhaltig sein. Man könnte eine Menge verlockender Argumente dafür anführen, dass der Sport in den Schulen gelehrt, von der Akademie kontrolliert und von der Nation zum Kulturgut erhoben werden müsse. Soll man es?

[...] Kurz: ich bin gegen alle Bemühungen, den Sport zu einem Kulturgut zu machen, schon darum, weil ich weiß, was diese Gesellschaft mit Kulturgütern alles treibt, und der Sport dazu wirklich zu schade ist. Ich bin für den Sport, weil und solange er riskant (ungesund), unkultiviert (also nicht gesellschaftsfähig) und Selbstzweck ist.«[59]

Dieser Text entstand 1928/29 und hier deutet sich bereits an, dass und warum Brechts Interesse am Sport bald schwinden wird: es ist die Befürchtung, dass *der* Sport keinen ›guten Sport‹ mehr liefern kann und wird und daher weder lebensweltlich bedeutsam ist noch als Vorlage für Theater und Literatur dienen kann.

In *Aufstieg und Fall der Stadt Mahagonny* von 1929 ist ›Boxen‹ neben ›Fressen, Lieben und Saufen‹ einer der vier ›Du darfst‹-Grundsätze der neu gegründeten Stadt. Unter dem Schein der Befreiung alter Zwänge werden diese hier allerdings in verstärkter Form reproduziert, wodurch die zunächst als paradiesisch eingeführte Stadt sich selbst negiert. Die vier Grundsätze, durch die die Menschen versuchen, die ursprüngliche Entfremdung zu verringern (selbst aber bereits eine entfremdete Form ihrer selbst sind), stellen sich als der falsche Ansatz einer Freizeit- und nicht Freiheitsutopie (»Daß man alles dürfen darf./

---

59   Brecht: Die Krise des Sports [1928], S. 26ff.

Wenn man Geld hat.«)[60] heraus, was zwangsläufig in der Katastrophe endet. Das Preisboxen als *entfremdeter Kampf* versinnbildlicht hier den bereits beschriebenen kapitalistisch formierten Kampf *aller gegen alle*, der in Zerstörung und Selbstzerstörung der Gesellschaft sowie ihrer Mitglieder endet.[61]

Im Zuge der Neuausgabe seiner frühen Stücke *Baal, Trommeln in der Nacht* und *Im Dickicht der Städte* im Jahr 1953 schrieb Brecht ein ausführliches Vorwort, das allerdings in der ersten Auflage nicht durch den Verlag aufgenommen, sondern erst in späteren Auflagen abgedruckt wurde. In diesem Vorwort mit dem Titel *Bei der Durchsicht meiner ersten Stücke*[62] reflektiert Brecht den Einfluss seines Sportinteresses auf *Im Dickicht der Städte:*

> »In diesem Stück [Schillers Räuber, Anm. PE] wird um bürgerliches Erbe mit teilweise unbürgerlichen Mitteln ein äußerster, wildester, zerreißender Kampf geführt. Es war die Wildheit, die mich an diesem Kampf interessierte, und da in diesen Jahren (nach 1920) der Sport, besonders der Boxsport mir Spaß bereitete, als eine der ›großen mythischen Vergnügungen der Riesenstädte von jenseits des großen Teiches‹, sollte in meinem neuen Stück ein ›Kampf an sich‹, ein Kampf ohne andere Ursache als den Spaß am Kampf, mit keinem anderen Ziel als der Festlegung des ›besseren Mannes‹ ausgefochten werden. [...] In meinem Stück sollte die pure Lust am Kampf gesichtet werden. Schon beim Entwurf merkte ich, daß es eigentümlich schwierig war, einen sinnvollen Kampf, d.h. nach meinen damaligen Ansichten, ei-

---

60   Bertolt Brecht: Aufstieg und Fall der Stadt Mahagonny [1929/30]. In: Gesammelte Werke in 20 Bänden (=Werkausgabe Edition Suhrkamp), Bd. 2: Stücke 2, Frankfurt a.M. 1967, S. 537.

61   Für die Preiskampfszene bei der Berliner Premieren-Aufführung 1931 wurde der damalige Schwergewichtsweltmeister Max Schmeling im Zuge eines Reklametricks als Darsteller angekündigt, erschien aber nicht auf der Bühne. (Vgl. Berg: Nachwort, S. 148)

62   Bertolt Brecht: Bei Durchsicht meiner ersten Stücke [1954]. In: Gesammelte Werke in 20 Bänden (=Werkausgabe Edition Suhrkamp), Bd. 17: Schriften zum Theater 3, Frankfurt a.M. 1967.

nen Kampf, der etwas bewies, herbeizuführen und aufrechtzuerhalten.«[63]

Hier macht Brecht selbst deutlich, warum sein Interesse am Boxen als Vorlage bald erloschen sein wird. Der Kampf wird als Motiv zwar weiterhin zentral sein, allerdings als *Klassenkampf*, und dieser widerspricht gewissermaßen dem, was Brecht im (Box-)Sport schlussendlich findet: einem kapitalistisch deformierten *Wett-Kampf* aller gegen alle, der im Spätkapitalismus allerdings einem »Schattenboxen« gleiche:

>»Am Ende entpuppte sich tatsächlich der Kampf den Kämpfern als pures Schattenboxen; sie konnten auch als Feinde nicht zusammenkommen. Dämmerhaft zeichnete sich eine Erkenntnis ab: daß die Kampfeslust im Spätkapitalismus nur noch eine wilde Verzerrung der Lust am Wettkampf ist. Die Dialektik des Stückes ist rein idealistischer Art.«[64]

Nicht mehr der individuelle Kampf, für den das Boxen paradigmatisch steht, weil es Alltagskultur und den sozio-ökonomischen Kontext in einer eindeutigen Symbolik ereignishaft darzustellen im Stande ist, liegt in Brechts Interesse[65], sondern der *kollektive*, für den er in einem ein-

---

63   Ebd., S. 948f.
64   Ebd., S. 949.
65   Trotzdem verwendet Brecht auch später noch die Szenerie des Boxkampfes für die weiterhin zentrale Kategorie des *Kampfes*, so beispielsweise in *Die Maßnahme*, die ebenfalls im Boxring aufgeführt wird, dem *Dreigroschenroman*, der mit einer Prügelei eingeleitet wird (»*Zeige in offenem, ehrlichem Kampf, ob du fähiger bist als ich, eine sich gut rentierende Stellung zu besitzen, die wir beide erstreben.*« (Bertolt Brecht: Dreigroschenroman [1935]. In: Gesammelte Werke in 20 Bänden (=Werkausgabe Edition Suhrkamp), Bd. 13: Prosa 3, Frankfurt a.M. 1967, S. 736) und *Das wirkliche Leben des Jakob Geherda*, in dem ebenfalls eine Szene als Boxkampf arrangiert wird (Vgl. Bertolt Brecht: Das wirkliche Leben des Jakob Geherda [Fragment 1935/36]. In: Gesammelte Werke in 20 Bänden (=Werkausgabe Edition Suhrkamp), Bd. 7: Stücke 7, Frankfurt a.M. 1967, S. 2977). Der Boxring wird von Brecht als Bühne interpretiert, von Seilen begrenzt und hell beleuchtet, bietet er einen Raum für die Austragung von persönlichen Kämp-

zigen Fall den Sport vorbildhaft sieht: dem (Arbeiter-)Sportfest, das im Film *Kuhle Wampe oder Wem gehört die Welt?*, der 1931 entsteht und am 30. Mai 1932 uraufgeführt wird, zum Ort für ›guten Sport‹ wird.

Das Sportfest und die (sportliche) Solidarität

»Um gemeinsam zu kämpfen.
Und lernt zu siegen!«[66]

Die differenzierteste sowie facettenreichste Auseinandersetzung Brechts mit dem Sport findet sich im Film *Kuhle Wampe oder Wem gehört die Welt?*, den er gemeinsam mit Hanns Eisler, Ernst Ottwalt und Slatan Dudow produzierte.[67] Auch wenn der Sport in seinen verschiedenen Interpretationen ein zentrales Motiv des Films darstellt, tut er dies allerdings in gewissem Kontrast zu seinen bisherigen Semantisierung: Zunächst thematisiert *Kuhle Wampe* die Lage der Arbeiterschaft zur Zeit der Weltwirtschaftskrise 1929. In vier Episoden, die jeweils eine Montage dokumentarischer wie fiktionaler Materialien sind, wird auf

---

fen, die außerhalb nicht dergestalt ausgetragen werden können, wie es innerhalb dieser Seile und auf dieser Sportbühne ist. Vgl. hierzu auch Paterno: Faust und Geist. Literatur und Boxen zwischen den Weltkriegen, S. 242: »Boxen findet bei Brecht stets im Zusammenspiel von individualisierenden Disziplinierungsakten und Formen der Selbstrepräsentation sowie Autoformation statt; auf der Sportbühne sind nicht nur einfach konstruierte Romanfiguren zu bestaunen, verfangen in Siegorientiertheit und Sportrekordversuch […].«

66 Bertolt Brecht: Sportlied. In: Gesammelte Werke in 20 Bänden (=Werkausgabe Edition Suhrkamp), Bd. 8: Gedichte 1, Frankfurt a.M. 1967, S. 368.

67 Zu den Produktionsumständen vgl. Bertolt Brecht: Tonfilm ›Kuhle Wampe oder Wem gehört die Welt?‹. In: Gesammelte Werke in 20 Bänden (=Werkausgabe Edition Suhrkamp), Bd. 18: Schriften zur Literatur und Kunst I, Frankfurt a.M. 1967, S. 210. Zum gemeinschaftlichen Arbeitsprozess vgl. zudem Werner Mittenzwei: Das Leben des Bertolt Brecht oder Der Umgang mit den Welträtseln, Berlin und Weimar 1986, S. 374ff: »Aus Brechts Mitarbeiterkreis war ein bestens durchtrainiertes Kollektiv geworden, das nicht nur den Intentionen Brechts folgte, sondern ihn auch mit neuen Ideen belieferte.«

dialektische Weise ein Argument entfaltet, das ausgehend von einem
realen Tatbestand – nämlich den elenden Lebensbedingungen des Proletariats – die titelgebende Frage im Verlauf zu einem politischen Appell
weiterentwickelt: *Wem gehört die Welt?*

Wie gesagt, spielt der Sport als Praxis eine zentrale Rolle in der Ver-
anschaulichung sowohl der gesellschaftlichen Verhältnisse als auch in
deren revolutionärer Umwälzung und erhält somit eine politische Bedeutung, was zu Brechts Überraschung die Zensur ebenso erkannte. Mit
(leicht ironischer) Anerkennung stellte er später fest:

> »Wir hatten es schwer, unseren Film durchzubringen. Aus dem Haus
> gehend, verhehlten wir nicht unsere Wertschätzung des scharfsinni-
> gen Zensors. Er war weit tiefer in das Wesen unserer künstlerischen
> Absichten eingedrungen als unsere wohlwollendsten Kritiker. Er hat
> ein kleines Kolleg über den Realismus gelesen. Vom Polizeistand-
> punkt aus.«[68]

Bereits in der ersten Szene wird ein Radrennen gezeigt, das den Kampf
junger Arbeitsloser um eine Anstellung verdeutlicht: Es ist ein Wettkampf aller gegen alle, sozusagen *moderner Sport*, der individuell und
agonal ist, und bei dem Kondition und Ausdauer des Einzelnen entscheidend für das Überleben sind.[69] Doch dieses *Rennen* verlieren alle,
die daran teilnehmen (müssen). Die Metapher ist eindeutig: *Dieser Sport*
läuft als Kreislauf menschlicher Anstrengung leer, so wie das Pedal
des Fahrrads. Filmisch wird dies sowohl durch Kameratechniken und

---

68   Bertolt Brecht: Kleiner Beitrag zum Thema Realismus. In: Gesammelte Werke
in 20 Bänden (=Werkausgabe Edition Suhrkamp), Bd. 18: Schriften zur Literatur
und Kunst I, Frankfurt a.M. 1967, S. 214.

69   »Der Wettkampf vollzieht sich nicht als vergnüglicher Zeitvertreib, sondern als
Kampf um die Existenz und ist damit an die reale materielle Situation der Be-
troffenen gebunden.« (Jost: *Panem et circenses? Bertolt Brecht und der Sport*,
S. 60)

Schnitte[70], als auch durch die Körperhaltung der Radfahrer, die immer weiter gebeugt und mit angewinkelten Ellenbogen, also immer sportlicher fahren, umgesetzt: »Der Beginn dieses Teils zeigt die Suche nach Arbeit als – Arbeit.«[71]

Einer der arbeitssuchenden jungen Männer, also einer der Verlierer des Fahrradrennens, stürzt sich infolgedessen aus dem Fenster. Der Selbstmord ist hier seiner hoffnungslosen Lage geschuldet, es ist die letzte Konsequenz aus der Erkenntnis der (auf Dauer gestellten) Niederlage, einer ausweglos erscheinenden Situation. Dass dies keineswegs die individuelle Darstellung eines Selbstmordes aus persönlichen Motiven ist, sondern das »Schicksal einer ganzen Klasse« dargestellt wird, war daher auch richtigerweise einer der Kernpunkte der Zensur:

> »Ihr Film hat die Tendenz, den Selbstmord als typisch hinzustellen, als etwas nicht nur dem oder jenem (krankhaft veranlagten) Individuum Gemäßes, sondern als Schicksal einer ganzen Klasse! Sie stehen auf dem Standpunkt, die Gesellschaft veranlasse junge Menschen zum Selbstmord, indem sie ihnen Arbeitsmöglichkeiten verweigert. Und Sie genieren sich ja auch nicht, des weiteren anzudeuten, was den Arbeitslosen anzuraten wäre, damit hier eine Änderung eintritt […]‹ Wir saßen betreten. Wir hatten den unangenehmen Eindruck durchschaut worden zu sein.«[72]

---

70   »*Halbnah, fahrende Räder von rechts nach links, angeschnitten, so daß man nur die kräftig in die Pedale tretenden Beine sieht.*« (Bertolt Brecht: Kuhle Wampe. Protokoll des Films und Materialien, Frankfurt a.M. 1969, S. 10, 42. Einstellung)

71   Brecht: Tonfilm ›Kuhle Wampe oder Wem gehört die Welt?‹, S. 211. Zur Wirkung der zur Handlung korrespondierenden Filmmusik Hanns Eislers vgl. u.a. Sicks: Sollen Dichter boxen? Brechts Ästhetik und der Sport, S. 396: »Zu Beginn leise und mit geringem instrumentalen Aufwand erzeugt, wird sie im Verlauf des Radrennens stufenförmig lauter, und immer mehr gegeneinander gesetzte Instrumentalstimmen mischen sich in das Tongewebe.« Eine dezidiert filmwissenschaftliche Analyse hat Karsten Witte vorgelegt: Karsten Witte: Brecht und der Film. In: Text + Kritik. Sonderbände Bertolt Brecht I, Hg. von Heinz Ludwig Arnold, München 1972, S. 85ff.

72   Brecht: Kleiner Beitrag zum Thema Realismus, S. 215.

Im weiteren Verlauf des Films wird sodann die Familie des Selbstmörders aufgrund von Mietschulden in die Zeltstadt ›Kuhle Wampe‹ ausgewiesen. Dort wird die Uneinigkeit des Proletariats verdeutlicht; die ›lumpenkleinbürgerlichen Verhältnisse‹ (»eine Art ›Besitztum‹ an Grund und Boden sowie der Bezug einer kleinen Rente schaffen eigentümliche Gesellschaftsformen«[73]), die dort herrschen, verweisen bereits auf die sich andeutende dialektische Lösung, für die der Sport zentral sein wird: Denn das Sportfest des dritten Teiles des Films ist das Gegenstück zu dem Vorherigen. Als Teil der allgemeinen Arbeiterbewegung und ihres gesellschaftspolitischen Freiheitskampfes wird der (Arbeiter-)Sport hier ein Instrument der gesellschaftlichen Emanzipation.

> »Im dritten Teil werden proletarische Sportkämpfe gezeigt. Sie finden im Massenmaßstab statt und sind ausgezeichnet organisiert. Ihr Charakter ist durchaus politisch; die Erholung der Massen hat kämpferischen Charakter. In diesem Teil wirkten über 3000 Arbeitersportler der Fichtewandrer-Sparte mit.«[74]

Im Sportfest ist die Antithese zum individuellen, agonalen Sport der bürgerlichen Gesellschaft sichtbar und vor allem hörbar, denn von nun an ist der Film fast andauernd mit dem *Solidaritätslied*, das für den Film geschrieben wurde,[75] unterlegt. Hier wird ein entstehendes Klassenbewusstsein gezeigt, *ein Wir*, das wider die Vereinzelung und den

---

73   Brecht: Tonfilm ›Kuhle Wampe oder Wem gehört die Welt?‹, S. 212.

74   Ebd.

75   Dessen Kehrreim, der meist im Chor gesungen (und gepfiffen) wird, bedarf keiner Interpretation:»Vorwärts und nicht vergessen/Worin unsre Stärke besteht!/ Beim Hungern und beim Essen/Vorwärts und nicht vergessen/Die Solidarität!« Die letzten beiden Verse des Kehrreims, mit denen der Film endet, differieren allerdings, da sich zuletzt die auffordernde, titelgebende Frage stellt:»Wessen Straße ist die Straße/Wessen Welt ist die Welt?« (Brecht: Kuhle Wampe. Protokoll des Films und Materialien, S. 77f) Zu den verschiedenen Versionen und Fassungen vgl. Albrecht Dümling: Solidaritätslied. In: Brecht-Handbuch. Band 2: Gedichte, Hg. von Jan Knopf, Stuttgart & Weimar 2001.

Wettkampf aller gegen alle nun einen (sportlichen) *Kampf für alle* entwirft.[76] Der Handlungsverlauf kulminiert im *Sportlied*, das im Gegensatz zum zur Vereinigung aufrufenden Solidaritätslied einen sportlicheren (also kämpferischen) Ton anschlägt (und daher auch nicht im Chor, sondern von einer Einzelstimme (Ernst Busch) gesungen wird):

»Kommend aus den vollen Hinterhäusern
Finstern Straßen der umkämpften Städte
Findet ihr euch zusammen
Um gemeinsam zu kämpfen.
Und lernt zu siegen.

Von den Pfennigen der Entbehrung
Habt ihr die Boote gekauft
Und vom Mund abgespart ist das Fahrgeld.
Lernt zu siegen!

Aus den zermürbenden Kämpfen um das Notwendigste
Für wenige Stunden

Findet ihr euch zusammen
Um gemeinsam zu kämpfen.
Und lernt zu siegen!«[77]

Das Sportfest ist das Gegenstück zum Radrennen zu Beginn: hier herrscht Solidarität statt Rivalität, kollektiver Sieg statt kollektiver Niederlage, die Solidarität unter Gleichen steht im Gegensatz zum gnadenlosen Wettbewerb um Arbeitsplätze in der kapitalistischen Gesellschaft: Hier lernt eine Klasse zu siegen. Die Wettkämpfe werden

---

76   Vgl. hierzu auch Witt: Das merkwürdige Verhältnis des Bertolt Brecht zum Sport, S. 220f.

77   Brecht: Kuhle Wampe. Protokoll des Films und Materialien, S. 58. Ebenso in Brecht: Sportlied, S. 368f.

als *gemeinsame Anstrengung* aller Beteiligten ohne Sieger und Besieg-te präsentiert. Der ›gute Sport‹ wird hier als reale Umsetzung einer utopischen, sozialistisch organisierten Gesellschaft dargestellt, denn im Verlauf der Vorbereitungen sowie währenddessen verschmelzen politische Debatten und sportliche Wettkämpfe, Sport und die Aussicht auf politische Aktionen vermittelt den Jugendlichen neue Lebensfreude. Die Arbeitersportler stehen für Aktivität und politische Bewusstheit zugleich und der ›echte‹ Sport ist somit nicht der Kampf ›Mann gegen Mann‹, sondern ein kollektiver, übergeordneter Kampf, in dem die Vereinzelung innerhalb der Arbeiterschaft aufgehoben wird.

Nachdem sich also während des Sportfestes und durch das Sportfest ein Klassenbewusstsein – die Solidarität – geformt hat und zugleich be-reits in einem geschützten Improvisationsraum die neue Gesellschafts-ordnung testweise erprobt werden konnte, wird in der nächsten Sze-ne, die zugleich die Schlussszene ist, dialektischer Weise die re-formier-te Klasse in die gegenwärtige Situation eingeführt.[78] Dies ist allerdings kein Zurückholen aus einer (real gewordenen) Utopie[79], vielmehr zeigt sich hier erstmalig sowohl das gewonnene Klassenbewusstsein als auch kämpferische Einstellung gegenüber dem nun bewusst gewordenen ei-gentlichen Gegner: dem Kapitalismus.

In Korrespondenz zur ersten Szene befinden sich die Figuren hier wieder *in Bewegung*, allerdings wird nicht ein Radrennen gegeneinander gefahren, sondern gemeinsam mit der Bahn. Dort treten die Figuren in eine Auseinandersetzung mit bürgerlichen Positionen, das neue

---

78   Vgl. Jost: *Panem et circenses? Bertolt Brecht und der Sport*, S. 60ff.

79   Ich verstehe die Sportfestdarstellung nicht als Utopie, wie es bspw. in Sicks: *Sol-len Dichter boxen? Brechts Ästhetik und der Sport*, S. 395ff getan wird, da gera-de hier erstmalig *real* umgesetzt und angewandt wird, was bisher nur als *Idee* propagiert wurde: Gerade weil das Sportfest diesen besonderen Schutzraum in-nerhalb der gesellschaftlichen Verhältnisse bietet, kann hier real erprobt wer-den, was dann später in andere Räume – im Film ist es richtigerweise zunächst die urbane Straßenbahn – übersetzt werden soll.

Klassen(selbst)bewusstsein findet erstmalig reale Anwendung, die revolutionäre Umsetzung deutet ebenfalls zurück auf den Anfang des Films. Allerdings hat sich nicht nur der Gegner geändert; der Kampf hat nun eine ganz andere Qualität, handelt es sich nun – statt um ein rein körperliches, wortloses Rennen – um einen Kampf, um die Interpretation typisch kapitalistischer Erscheinungsformen zur ›Steuerung‹ von Angebot und Nachfrage: »Verbrannter Kaffee – Irrsinn der Weltwirtschaft [...] Wir haben teuren Weizen und arbeitslose Industriearbeiter, während Argentinien teure Industriewaren hat und arbeitslose Landarbeiter. Und das Ganze heißt Weltwirtschaft und ist eine Affenschande!«[80]

Die Diskussion verläuft zwischen Vertretern bürgerlicher und proletarischer Standpunkte. Für eine dritte Möglichkeit eines kleinbürgerlichen (Nicht-)Umgangs mit den Problemen dienen zwei Frauenfiguren, die sich nicht an der Diskussion beteiligen, allerdings doch auf das Gesagte immer wieder eingehen: »Wissen Se, Kaffee darf nie kochen, sach ik Ihnen, *Links zur Frau mit Korallenkette* Kaffee darf nie kochen. Wenn der Kaffee erst gekocht hat, *sich in ihre Ecke erschöpft zurücklehnend*, dann is aus mit'm Kaffee.«[81] und später: »Krisenunterstützung beziehen se, aber Kaffee saufen se pfundweise, daß man's im janzen Treppenflur riecht. Ich will ja nischt sagen, aber ich habe immer zu meinem Mann gesagt: ›Wilhelm, weißt de, das geht da nicht mit rechten Dingen zu‹.«[82]

Die Schwester des Selbstmörders der Anfangsszene formuliert zuletzt die proletarisch-revolutionären Konsequenzen – wenn man so will: den *Lehrsatz* – des filmischen Verlaufs, wenn sie auf die Frage eines Vertreters bürgerlicher Positionen (»Und wer wird sie [die Welt, Anm. PE] ändern?«) anders als es ihr resignierter Bruder getan hat: »Die, denen sie nicht gefällt!«[83]

80 Brecht: Kuhle Wampe. Protokoll des Films und Materialien, S. 68f.
81 Ebd., S. 70.
82 Ebd., S. 73f.
83 Ebd., S. 76.

Das Sportfest hat somit im Film Scharnierfunktion[84]: Als Antwort auf die in den ersten beiden Teilen dargelegte Situation der Arbeiterschaft wird hier ›Solidarität‹ als Aufruf, Botschaft, ästhetisches Konzept und politische Idee evident. Der ›gute‹ Sport, der nicht agonal, sondern solidarisch, nicht individualistisch, sondern kollektiv ist, wird zum Vorbild für die *neue Bewegung* der Arbeiterschaft. Der Sport (in seinen unterschiedlichen Konfigurationen) dient somit der (realen) Verdeutlichung des Verständnisses der gesellschaftlichen Verhältnisse und in letzter Konsequenz, dass Kommunismus und Kapitalismus zwei Konfigurationen von Kampf sind und deren Unterscheidung mittels der sportlichen Praxis verdeutlicht und erkennbar wird.

---

84   Kai-Marcel Sicks Interpretation, steht dem diametral gegenüber, da er die Schlussszene nicht dialektisch liest. Im Gegenteil versteht er diese als Zurückdrängen des Aufbruchs in den »Nicht-Raum der Utopie« (Sicks: Sollen Dichter boxen? Brechts Ästhetik und der Sport, S. 404): »Der Film selbst inszeniert dabei eine Entwicklung, in der sich der Sport sukzessive von seiner bisherigen Semantisierung verabschiedet und Kurs nimmt auf eine neue, politisch motivierte Bedeutung. Gleichwohl scheint damit lediglich ein Experiment in Gang gesetzt, das noch der Film selbst widerruft.« (S. 392)

Inszenierungen des (neoliberalen) Sports: Muhammad Ali, Michael Jordan und das Snowboarding

>»In Kauf wird genommen, dass
>Sport in gebliebenen bürgerlichen
>Zuständen oft verdummt, also
>schon deshalb von oben gefördert
>wird. [...] Ein kräftiges Bedürfnis
>treibt die Massen ins Freie, aber das
>Wasser reinigt nur die Körper, und
>die Wohnung, zu der der Freiluft-
>mensch heimkehrt, ist nicht frischer
>geworden.«[1]

Zuletzt soll der Blick auf drei signifikante Beispiele der konkreten Inszenierung sportlicher Praxis gerichtet werden: Zunächst die Geschichte des Boxers Muhammad Ali, die als signifikantes Beispiel des Imports des *Schauspiels* in den Sport untersucht wird: Boxen wird bei Ali zu einer Inszenierung des Kampfes im Kampf, wobei hier, wie zu zeigen sein wird, die Inszenierungsstrategien noch nicht primär einer *Vermarktungslogik* folgen. Zudem kann anhand der Geschichte Alis die Entstehung des Massenmediensports nachzeichnet werden.

---

1   Ernst Bloch: Übung des Leibs. Tout va bien. In: Das Prinzip Hoffnung. Werkaus-
     gabe, Bd. 5, Frankfurt a.M. 1990, S. 523.

Der ›Uber-Sport‹ hingegen, wie ihn Andrews[2] beschrieben hat, tut genau dies: als profitorientierten, professionellen Unterhaltungssport, dessen primäres Ziel die Erzeugung eines Massenpublikums *als* Massenmarkt darstellt und in dem Popularität das Äquivalent zu Profit, den es durch ganzheitliche Vermarktung der Produkte, Körper, Dienstleistungen und Räume zu maximieren gilt, wird.

Der Basketballer Michael Jordan wird als das Emblem dieser neoliberal-sportlichen Unterhaltungskultur interpretiert; als Verkörperung der Verbindung von sportlicher Meisterschaft und kommerzieller Maximierung durch die optimale Nutzung des sportlichen Schaufensters.

Auf der anderen Seite der postmodernen sportlichen Praxen steht exemplarisch das Snowboarding, das (in Rekurs zu den artverwandten Praxen des Surfens und Skateboardings) eine sportliche Praxis darstellt, an deren Beginn eine *Produktidee* und zugleich eine bestimmte Form des Non-Konformismus, ein Verneinen aller Grundsätze (Bürokratisierung, Rationalisierung, Quantifizierung/Messbarkeit) des modernen Sports und eine vordergründige *Befreiung* des Körpers aus traditionellen Disziplinarstrukturen steht.

In allen Fällen liegt der Schwerpunkt auf dem performativen Akt der sportlichen Praxis, durch den der moderne Mythos der Selbstbestimmung in Verbindung mit der Frage nach *Teilhabe* bzw. nach den gemeinschaftsbildenden Aspekten in unterschiedlicher Konnotation und Interpretation vor- und aufgeführt und letztendlich *verkauft* wird.

---

2   David L. Andrews: Making Sport Great Again. the *Uber-Sport* Assemblage, Neoliberalism, and the Trump Conjuncture, Cham 2019.

Muhammad Ali und die Inszenierung des Kämpfens

> »Muhammad Ali ist der erste ›freie‹
> Boxkämpfer, mit dem das weiße
> Amerika je konfrontiert wurde. Im
> Kontext des Boxens ist er ein
> wirklicher Revolutionär [...].«[3]

Der Boxer Muhammad Ali erneuerte die Syntax seines Sports, des Boxens: er boxte nicht einfach; er *inszenierte* (Box-)Kämpfe. Und durch die Inszenierung veränderte er die Wahrnehmung des Raumes, in dem diese Kämpfe stattfanden und weshalb und wofür sie stattfanden. So wurde dieser Sportplatz des Boxringes zur (medial verdoppelten) Bühne umfunktioniert und als solche genutzt für die Aufführung von Lehrstücken, die Fragen nach Klasse, Rasse, Religion, Krieg – zunächst aber die Frage nach dem Kampf *als solchen* – verhandelten.

Cassius Clay, später Muhammad Ali, stammt aus Louisville (Kentucky) und war Goldmedaillengewinner bei den Olympischen Spielen 1960 in Rom, was aus mehrerlei Hinsicht bedeutend ist, da der Gewinn dieser Medaille nicht nur den Beginn seiner professionellen Boxkarriere markiert, sondern auch den seines (öffentlich wirksamen) gesellschaftlichen Kampfes. Eine Anekdote, – die aus der Biographie Richard Durhams[4] stammt und deren Wahrheitsgehalt[5] heute belanglos scheint, da sie Teil des Mythos ist, der die Geschichte des Boxers Cassius Clay und des Kämpfers Muhammad Ali stiftet – erzählt davon, dass Clay nach seiner Rückkehr aus Rom in einem Restaurant in Louisville wegen seiner Hautfarbe nicht bedient wurde (»Aber das ist doch der Olympiasieger!«

---

3   Eldridge Cleaver: Seele auf Eis, München 1969, S. 110.

4   Muhammad Ali u. Richard Durham: Der Größte. Meine Geschichte, München/
     Zürich 1976.

5   »Nach einer Weile glaubte Ali sie [die Geschichte mit der Goldmedaille, Anm.
     PE] selbst, wie das manchmal eben so ist. Als er jung war, nahm er alles mit ei-
     nem Augenzwinkern, selbst die Tatsachen seines eigenen Lebens.« David Rem-
     nick: King of the World. Der Aufstieg des Cassius Clay oder die Geburt des Mu-
     hammad Ali, München/Berlin 2016, S. 155.

sagte einer der Kellner. ›Ist mir scheißegal, wer das ist‹, entgegnete der Besitzer«[6]) und er als Reaktion seine Goldmedaille in den Ohio-River warf. Über die Echtheit des ersten Teils dieser Anekdote sind sich alle Biographen einig, der zweite Teil ist *wahr*, unabhängig davon, ob Cassius Clay dies tatsächlich getan hat oder die Medaille schlicht verloren hat: Wie bei Brechts Boxer Freddy Meinke folgt hier auf die Erkenntnis, dass der sportliche Erfolg nichts an den gesellschaftlichen Verhältnissen ändert, die Entwicklung einer Haltung, die sich in Taten äußert: Von hier an wird der Boxer Ali im Ring wie auch außerhalb desselben zum Kämpfer. Damit allerdings sowohl der Box- als auch der Gesellschaftskampf erfolgreich und wirksam sind, bedarf es einer *Öffentlichkeit*, eines Publikums. Die Notwendigkeit der Gleichzeitigkeit seiner Kämpfe war ihm durchaus bewusst, hatte er doch nur durch das Boxen erstmals auch eine breite Öffentlichkeit erreicht, die er nun nutzen konnte und musste:

> »Es sprach sich rum, dass ich etwas war, was die Welt noch nicht gesehen hatte. [...] Was glauben Sie wohl, wo ich nächste Woche wäre, wenn ich nicht wüsste, wie man schreit und brüllt und die Aufmerksamkeit der Öffentlichkeit erregt? Ich wäre arm und wahrscheinlich in meiner Heimatstadt, würde Fenster putzen oder einen Fahrstuhl führen und ›yassuh‹ und ›nawsuh‹ sagen und wissen, was mir zusteht und was nicht.«[7]

Seine sportliche Laufbahn ist von Beginn an ein politischer Kampf, auch wenn dieser erst später zentral werden sollte und er zunächst vor allem als der erste globale *Sport-Entertainer* in Erscheinung tritt, wobei gerade diese Komponente ein zentrales Mittel des Kampfes für ihn darstellen wird. Der Boxkampf ist per se schon Inszenierung, da er als solcher nur vor Publikum existiert, ohne dieses ist er eine krude Schlägerei. Clay erkannte diesen Umstand, dass der Profisport also in erster Linie eine Un-

---

6   Ebd., S. 179.
7   Ebd., S. 207.

terhaltungsindustrie[8] ist und nahm daher richtigerweise den Wrestler ›Georgious George‹ zum Vorbild. Bei ihm schaute er sich keine bestimmte Kampftechnik ab, sondern die Inszenierung im Ring und außerhalb, zu Gegner, Publikum und Presse, für die die Medienfigur[9] Cassius Clay/ Muhammad Ali später berühmt werden sollte:

»Ich begann den Ausgang meiner Kämpfe vorauszusagen, nachdem ich den großen Ringer Georgeous George beobachtet hatte. Ich höre ihn über seine weißen Kameraden sagen: ›Ich bin der Größte! Ich bin der König! Ich bin der größte Ringer der Welt und kann nicht besiegt werden. Wenn dieser elende Dummkopf mir auch nur eine von meinen schönen Wellen auf meinem Kopf durcheinanderbringt, dann bring ich den Kerl um. Ich bin der König. Wenn dieser Dummkopf mich auf die Bretter legt, nehm ich den nächsten Jet nach Russland, weil ich nicht besiegt werden kann. Ich bin der Schönste. Ich bin der Größte!‹ Als er im Ring war, buhten ihn alle aus, und wie! Ich war wütend. Ich schaute mich um und sah, dass alle verrückt waren. [...] 15000 Leute waren gekommen, um zu sehen, wie dieser Mann geschlagen wurde. Aber mit seinen Sprüchen hat er es geschafft. Und da sagte ich mir, das sei eine ganz ausgezeichnete Idee.«[10]

---

8   Vgl. hierzu Tony Collins: Sport in capitalist society: a short history, London & New York 2013.

9   Paradigmatisch hierfür steht auch das Treffen Clays mit den *Beatles* sieben Tage vor dem Kampf gegen Liston. In den Worten des älteren, konservativen Sportkolumnisten Jimmy Cannon klingt diese Zusammenkunft zweier POP-Ikonen folgendermaßen: »Clay ist ein Teil der Beatles-Bewegung. Er passt zu den berühmten Sängern, die keiner mehr hören kann, und den Kerlen mit den Motorrädern, die sich Eiserne Kreuze an die Lederjacke stecken, und Batman und den Jungen mit den langen dreckigen Haaren und den Mädchen mit dem ungewaschenen Aussehen und den College-Kindern, die nackt auf geheimen Partys in irgendwelchen Wohnungen tanzen, und zu der Revolte jener Studenten, die an jedem Monatsersten von Daddy einen Scheck bekommen, und zu den Malern, die das Etikett auf Suppendosen abmalen, und den Surfdeppen, die nicht arbeiten wollen, und dem ganzen verhätschelten stilbildenden Kult der gelangweilten Jugend.« (Remnick: King of the World. Der Aufstieg des Cassius Clay oder die Geburt des Muhammad Ali, S. 225)

10 José Torres: Muhammad Ali, München 1976, S. 131.

Der ›Wrestler‹ »Georgious« George Wagner erlangte durch die Interpretation seiner (selbstgeschaffenen) Figur[11] im exzessivsten (und
offensichtlichsten) der sportlichen Schauspiele, dem Wrestling, über
den Sport hinaus Popularität.[12]

Die Neuerung besteht nun darin, dass im Wrestling ein Kampf *inszeniert* wird, Ali hingegen mittels einer Inszenierung dem Boxen eine über
den Sport hinausgehende kämpferische Bedeutung beziehungsweise
Haltung verliehen hat, worauf noch zu kommen sein wird. Zunächst
muss also auf ein zentrales Wesensmerkmal hingewiesen werden,
das die *Sportlichkeit* des Wrestlings zumindest fragwürdig erscheinen
lässt und das für das Verständnis der Zäsur, die die Figur Ali für den
Sport darstellte, eminente Bedeutung hat: Als athletisches (sportliches)
Theater führt das Wrestling *Leistung und Wettkampf* als Thema stetig
auf, allerdings nicht im anti-mimetischen Sinne, wie bisher beschrieben, sondern *klassisch-theatral*, was so bereits 1957 von Roland Barthes
erkannt und beschrieben wurde:

> »Dem Publikum ist es völlig egal, ob der Kampf manipuliert ist oder
> nicht, und es hat recht; es gibt sich der hauptsächlichen Tugend des
> Schauspiels hin, nämlich jedes Motiv und jede Folge abzuschaffen:
> worauf es ihm ankommt, ist nicht, was es glaubt, sondern was es sieht.
>
>   Dieses Publikum weiß sehr genau den Catch vom Boxen zu unter-
> scheiden; es weiß, daß das Boxen ein jansenistischer, auf dem Beweis

---

11   Es bleibt eine spannende Fußnote, dass diese Figur nicht wegen ethnischer, na-
     tionalistischer, politischer oder religiöser Merkmale polarisierte, sondern auf-
     grund der Betonung somatischer Bezüge: Mit blondiertem Haar und extrava-
     ganten Roben verkehrte er das vorherrschende Bild von *Männlichkeit*, das ge-
     rade im Wrestling exzessiv zur Schau gestellt wurde (und wird) und diese ge-
     schlechtliche Ambivalenz sorgte beim amerikanischen Publikum für größere
     Empörung als jede ›Nazi-‹, ›Indianer-‹ oder ›Kommunistenfigur‹.

12   »[…] professional Wrestling was staged and did not represent true competition.
     Proudly he [Vince McMahon, Gründer und Eigentümer der »World Wrestling
     Federation, WWF, heute WWE, World Wrestling Entertainment, Anm. PE] said
     that he was in ›the entertainment business‹.« (LeRoy Ashby: With amuse-
     ment for all: a history of American popular culture since 1830, Lexington 2006,
     S. 487.)

eines herausragenden Könnens begründeter Sport ist; man kann auf den Ausgang eines Boxkampfes wetten: beim Catchen hätte das keinen Sinn. Der Boxkampf ist eine Geschichte, die sich vor den Augen des Zuschauers entfaltet; beim Catch ist, ganz im Gegenteil, jeder Augenblick verständlich, nicht aber die Zeitdauer. Der Zuschauer interessiert sich nicht für das Ansteigen eines Vermögens, er wartet auf das momenthafte Bild bestimmter Leidenschaften. Der Catch verlangt also eine unmittelbare Leseweise der aneinandergereihten Bedeutungen, ohne daß es notwendig wäre, sie untereinander zu verbinden. Die kalkulierbare Zukunft des Kampfs interessiert den Freund des Catch nicht, während ein Boxkampf im Gegenteil immer ein Zukunftswissen impliziert. Anders gesagt, ist der Catch eine Summe von Schauspielen, von denen keines eine Funktion für ein anderes hat: Jeder Augenblick verlangt die totale Kenntnis einer Leidenschaft, die geradlinig und allein aufbricht, ohne jemals bis zu der Krönung eines Ereignisses anzudauern: Jeder Moment zwingt zur vollen Wahrnehmung einer Leidenschaft, die jäh und isoliert auftritt, ohne jemals in einem Resultat ihre Krönung zu finden.«[13]

Das Wrestling ist eine athletische Darbietung, eine (interaktive) Inszenierung eines sportlichen Geschehens mit festen Rollen und einer Art Skript oder Drehbuch, das allerdings während der Inszenierung noch aktiv durch das Publikum beeinflusst werden kann.

Für den Sportler ist das Ziel nicht Sieg oder Niederlage, sondern eine *überzeugende Darstellung*. Das Spannende ist nun, dass Wrestling sich nicht, wie in anderen darstellenden Sportarten, über die Körperbeherrschung als das (unmittelbare, nicht-mimetische) *Thema* der Ausführung definiert, im Gegenteil, diese sind nur das Medium zur Darstellung der Rollen, die die Figuren darstellen sollen und das Thema selbst sind, da sie die Realität mitsamt dem primären Code von Sieg und Niederlage, Sieger und Besiegte, vor allem aber Freund und Feind inszenieren. Die

---

13   Roland Barthes: Die Welt, in der man catcht [1957]. In: Sport – Eros – Tod, Hg. von Gunter Gebauer/Gerd Hortleder, Frankfurt a.M. 1986, S. 37f.

Wrestlingcharaktere funktionieren so als *Zeichen*[14]: In ihrer Gesamtheit (Name, Kostüm, Sprache etc.) fassen sie soziokulturelle Rollen zusammen, machen diese verständlich und nehmen die Erzählung des Kampfverlaufs gewissermaßen vorweg.

Die Sportler affirmieren oder negieren mit ihren Figuren bestimmte kulturspezifische (Männlichkeits-)Konzepte und Rollen, die zunächst aber in einem simplen Dualismus des Gut/Böse-Schemas unterteilt sind.[15] Die Figur soll in ein möglichst pathetisches Verhältnis zum Publikum treten und erfolgreich sind die, die besondere (positive wie negative) Resonanz erzeugen. Diese Reziprozität soll sich auch während des Kampfgeschehens zeigen, einerseits durch Zurufe und dergleichen von Seiten des Publikums, aber auch durch explizite Gesten der Wrestler gegenüber dem Publikum. Gerade die Rolle des Bösewichts (›Heel‹) ist ambivalent, da ihr Reiz darin liegt, dass sie Regeln überschreitet und bricht, eben alles tut, um die Erregung oder Antipathie des Publikums zu erzeugen; Buh-Rufe sind der Applaus des Bösewichts.

In der und durch diese Interaktion wird implizit Einfluss auf den Verlauf genommen, wobei dies stets innerhalb des Rahmens des Skripts geschieht. In der sportlichen Ausführung selbst zeigt es sich in der besonderen Ausgestaltung der Darstellung der Kampftechniken (Griffe, Würfe, Schläge etc.) sowohl durch den Ausführenden als auch durch den ergriffenen, geworfenen, geschlagenen Gegner, dessen Leiden ebenfalls besonders zur Schau gestellt wird:

»Entsprechend ist die Funktion des Catchers nicht die des Gewinnens, sondern des exakten Ausführens der Gesten, die man von ihm erwartet. Man sagt, das Judo enthalte einen geheimen symbolischen Anteil; selbst wenn die Symbole wirksam sind, handelt es sich um zurückgehaltene, präzise, aber kurze Gesten, genau gezeichnet, aber mit einem schwerelosen Strich. Der Catch bietet hingegen exzessive Gesten, die bis zum Höhepunkt ihrer Bedeutung ausgebaut werden.

---

14   Zu Barthes‹ Zeichenbegriff vgl. Roland Barthes: Elemente der Semiologie, Frankfurt a.M. 1969.

15   Vgl. hierzu weitergehend Philipp Kutzelmann: Harte Männer. Professional Wrestling in der Kultur Nordamerikas, Bielefeld 2014.

Der Mann am Boden bleibt beim Judo dort nur ganz kurz, er rollt über die Schulter, er entzieht sich, er entgeht der Niederlage oder er gibt, wenn diese erkennbar ist, sofort das Spiel auf; der Mann am Boden bleibt beim Catch dort auf übertriebene Weise liegen und füllt das Blickfeld des Zuschauers mit dem unerträglichen Schauspiel seiner Ohnmacht aus.«[16]

Das Wrestling ist somit ein ›sportliches‹ Schauspiel, die *Inszenierung von Sport* und wird auch als solche gesehen und konsumiert. Das Publikum geht – um Brecht auf den Kopf zu stellen – hier in den Sportpalast wie in ein Theater und erwartet die verständliche Darstellung der Frage nach der Gerechtigkeit und möchte zudem auch die Möglichkeit haben, ›Einfluß‹ auf den Verlauf nehmen zu können. Die vermittelnden Kommentatoren sind hier Erzähler im eigentlichen Sinne, sie liefern die Versprachlichung der aufgeführten Charaktere (mitsamt ihrer Rückkopplung an sozio-historische Diskurse) und ihrer moralischen Bewertung.

Dem Sport wird somit beim Wrestling die Besonderheit Handlung zu sein genommen, er folgt einer Repräsentationslogik und ist nie ›bedeutungslos‹. Dass der sportliche Wettkampf als Synonym zum kapitalistischen Konkurrenzkampf zu einer reinen Inszenierung transformiert wird und als ideologischer Überbau fungiert, ist die tatsächliche Neuheit, da hier der Sport zum Prinzip, in dessen Grenzen die gesellschaftlichen Diskurse ablaufen, erhoben wird, allerdings keinen Handlungscharakter mehr besitzt.

Wrestling kann somit als die vielleicht ›klassischste‹ Version eines sportlichen Theaters angesehen werden, da es die ›reine‹ Inszenierung in die (sportliche) Realität einführt, den Wettkampf ausschließlich inszeniert und so als Parabel oder Blaupause für die Realität fungiert.

Muhammad Ali hat sich einen Wrestler zum Vorbild genommen, um in einer gewissen Dialektik (gesellschaftliches) Schauspiel und realen Kampf zu verbinden, er hat die Realität in den Ring und dort zur Aufführung gebracht. Die Schauspieltechniken des Wrestlers transformierte Ali zunächst zu Boxtechniken, die zum Erfolg im Ring führen

---

16   Barthes: Die Welt, in der man catcht [1957], S. 38.

sollten und später zu Praktiken, die er (ebenfalls erfolgreich) im Bür-
gerrechtskampf einsetzte. Alis Stil zu boxen[17] provozierte ebenso wie
sein Umgang mit Presse und Gegnern: Nicht nur sagte er – meist in
Reimform – die Runde und die Art seines Sieges voraus[18], er beleidigte
darüber hinaus seine Gegner, deren Boxstil oder Aussehen[19] und bezeichnete sich selbst nicht nur als ›den Größten‹, sondern auch als ›den
Schönsten‹.[20]

> »Clay comes out to meet Liston/And Liston starts to retreat
> If Liston goes back any further/He'll end up in a ringside seat.

---

17   Hierzu Jan Philipp Reemtsma, dessen hervorragendes Buch »über den Stil des
      Boxers Muhammad Ali« eine zentrale Quelle für diese Ausführungen war: »Das
      (wiederum: eigentlich offensichtliche) Geheimnis von Clays (und Muhammad
      Alis) Stil sind aber die Kombinationen, d.h. Schlagfolgen. […] Ein K.o. wird meis-
      tens durch einen Schlag herbeigeführt, auf den sich der Gegner nicht einstel-
      len kann. Mit seinen schnellen Kombinationen versucht Clay/Ali so eine K.o.-
      Situation herbeizuführen […] Diesem Ziel dient auch das von Boxexperten so
      oft gerügte Niedrighalten der Hände. […] Wer Clay wirklich zusieht, stellt fest,
      dass er die Hände nicht einfach niedrig hält, sondern in steter Bereitschaft. […]
      Clays Hände sind auf Angriff und nicht auf Verteidigung eingestellt. […] Alle Be-
      sonderheiten, für Traditionalisten: Merkwürdigkeiten, ja Fehler in Clay/Alis Stil
      ergeben sich daraus, dass Clay/Ali immer auf ein Ziel hinarbeitet, die plötzliche
      Schlagkombination, jenen Moment absoluter Dominanz im Ring.« (Jan Philipp
      Reemtsma: Mehr als ein Champion. Über den Stil des Boxers Muhammad Ali,
      Hamburg 2013, S. 85f.)

18   »When you come to the fight, don't block the aisle, and don't block the door.
      You will all go home after round four.« (Remnick: King of the World. Der Auf-
      stieg des Cassius Clay oder die Geburt des Muhammad Ali, S. 201)

19   Seinen ersten bedeutsamen Gegner Sonny Liston nannte er »den großen häßli-
      chen Bären« (ebd., S. 238), den er als langsam und behäbig beschrieb. Er hinge-
      gen sei jung, schön, schnell und gefährlich, was ebenfalls in der Kombination
      zweier Tiermetaphern verbildlicht werden sollte: Schmetterling und Biene. (»Fly
      like a butterfly, sting like a bee.«)

20   »Wahr ist, dass Clay gut aussah, und zwar nicht nur ›für einen Boxer‹. Gleichwohl
      ist für einen Boxer Schönheit ein befremdliches Attribut – wer Wert darauf legt,
      ein schönes Gesicht nicht nur zu haben, sondern auch zu behalten, sollte nicht
      boxen.« (Reemtsma: Mehr als ein Champion. Über den Stil des Boxers Muham-
      mad Ali, S. 20)

Clay swings with a left,/Clay swings with a right,
Look at young Cassius/Carry the fight.
Liston keeps backing/But there's not enough room
It's a matter of time./There, Clay lowers the boom.
Now Clay swings with a right,/What a beautiful swing,
and the punch raises the bear,/Clear out of the ring.
Liston is still rising/And the ref wears a frown,
For he can't start counting,/Till Sonny comes down.
Now Liston disappears from view./The crowd is getting frantic,
But our radar stations have picked him up./He's somewhere over the Atlantic.
Who would have thought/When they came to the fight
That they'd witness the launching/Of a human satellite?
Yes, the crowd did not dream/When they laid down their money
That they would see/A total eclipse of the Sonny!
I am the greatest!«[21]

Dies war in vielerlei Hinsicht skandalös[22]: Zunächst vor allem, weil er mit seinen großspurigen Ansagen und Versprechen Recht behalten sollte, beziehungsweise diese wahr werden ließ, wie es bei Sonny Liston der Fall war, der im Verlauf des Kampfes immer mehr wie der Boxer erschien, als der er zuvor von Clay verschrien wurde:

»Liston schlägt zwei weit ausgeholte Haken daneben, stolpert dabei, vom eigenen Schwung mitgezogen. Clay schlägt zwei linke Gerade, die treffen. Dann hat Liston Clay an den Seilen. Clay bückt sich und

---

21   Zitiert nach Remnick: King of the World. Der Aufstieg des Cassius Clay oder die Geburt des Muhammad Ali, S. 239.

22   Beispielsweise beklagte sich sein kurzzeitiger Trainer und späterer chancenloser Gegner Archie Moore: »Er ist wie einer, der wunderschön schreiben kann, aber die Interpunktion nicht beherrscht. Er hat den Überschwang des zwanzigsten Jahrhunderts, aber irgendwo in ihm steckt etwas Bitteres ... Gewiß kommt er zu einer Zeit, die ein neues Gesicht in der Boxszene, am Faustkämpferhorizont braucht. Doch in seinem Eifer, dieser Mann zu sein, könnte er sein Blatt überreizen, indem er andere herabsetzt.« (ebd., S. 202)

schlüpft einfach an Liston vorbei, ohne dass der reagiert. Das sieht komisch aus, und Liston beginnt jenem Tölpel zu ähneln, zu dem Clays Propaganda ihn hatte machen sollen. Man merkt, dass Clay sich über diesen Streich diebisch freut, er macht (in sicherer Entfernung) einen kleinen Luftsprung.«[23]

Clay gewinnt den sensationellen Kampf durch die Aufgabe Listons in der sechsten Runde und wird in der Pressekonferenz danach einen Ausruf tätigen, der im Verlauf seiner kommenden Lebensgeschichte (zumindest für die amerikanische Welt) sich immer wieder bewahrheiten wird: »I shook the world!«[24] Die Erzählung der Medienfigur Cassius Clay war damit erzählt, und so macht es auch Sinn, dass der Protagonist der Geschichte, die »kein noch so großer Schriftsteller zu erfinden gewagt hätte«[25], nun einen *neuen Namen* annimmt: Muhammad Ali.

Der Besuch der *Beatles* in Clays Trainingscamp war Symbol für die Pop-Figur, allerdings blieben die Liverpooler nicht die einzigen Besucher und Clay wird nicht in die Geschichte als reiner Unterhalter eingehen: Er wurde ebenso (wesentlich ausgiebiger und länger) von Malcolm X besucht und auch hier ist die Symbolik eindeutig – die *kämpferische Haltung* des Boxers Cassius Clay ist eine *religiös-politische*.[26] Wie Malcolm X legte Cassius Clay nach dem Kampf gegen Liston seinen ›Sklavennamen‹ (also den Familiennamen, der oftmals genealogisch von Namen des Sklavenhalters der Vorfahren abstammte) ab und nannte sich fortan Muhammad Ali. Dies war der Name, den er von Elijah Muhammad,

---

23   Reemtsma: Mehr als ein Champion. Über den Stil des Boxers Muhammad Ali, S. 84.

24   Ebd., S. 24.

25   Remnick: King of the World. Der Aufstieg des Cassius Clay oder die Geburt des Muhammad Ali, S. 477.

26   In Remnicks Erzählung sagt Malcolm X folgendes zu Clay: »Dieser Kampf ist die Wahrheit. Hier stehen Kreuz und Halbmond einander im Ring gegenüber – zum ersten Mal. Das ist ein moderner Kreuzzug – ein Christ und ein Muslim treten gegeneinander an, und das Fernsehen strahlt es über Telstar aus, so dass die ganze Welt sieht, was geschieht.« (ebd., S. 171)

dem Anführer der separatistischen Sekte *Nation of Islam* (auch *Black Muslims* genannt)[27], der er ebenfalls beitrat, erhielt. Er übernahm zudem die Rhetorik von Malcolm X, bezeichnete beispielsweise Rassenintegration als Unterwerfung.[28]

Seine religiösen Äußerungen wurden ein Thema für Presse und Öffentlichkeit, seine sportliche Laufbahn aber wurde durch eine politische Äußerung und der damit einhergehenden Haltung grundlegend beeinflusst; durch sie wurde er der erste ungeschlagene Weltmeister *ohne Titel*, da dieser ihm in letzter Konsequenz gemeinsam mit seiner Lizenz entzogen wurde: »I ain't got no quarrel with the Vietcong [...] No Vietcong ever called me a nigger.«[29]

Ali, ursprünglich wegen eines weit unterdurchschnittlichen Intelligenztests ausgemustert, sollte 1966 nun doch zum Wehrdienst einbezogen werden, da wegen des eskalierenden Vietnamkrieges die

---

27 Nach seinem Tod im Jahr 1975 übernahm sein Sohn die Führung, was zur Folge hatte, dass die Nation of Islam moderater, also mehr im Sinne des Korans agierend, geführt wurde und nicht mehr von radförmigen Mutterschiffen, die am Tag der Vergeltung arabischsprachige Broschüren mit Rettungsanweisungen für die ›Rechtschaffenen‹ abwerfe und danach den Rest der Welt mit Bomben bewerfen würde, gepredigt wurde. Ebenso spielte nun die Hautfarbe eine wesentlich geringere Rolle. (Vgl. Remnick 468f)

28 Seine lebensweltliche Praxis entsprach dieser Ideologie nur bedingt, seine beiden wichtigsten sportlichen Bezugspersonen – sein Trainer (Mentor und Ersatzvater) Dundee ebenso wie sein Arzt Pacheco – waren beispielsweise Weiße.

29 Diesen spontanen Ausruf (Vgl. Remnick: King of the World. Der Aufstieg des Cassius Clay oder die Geburt des Muhammad Ali, S. 446: »Mochte er auch nicht einmal in der Lage gewesen zu sein, Vietnam auf der Landkarte zu finden, und auch so gut wie nichts über die Kriegspolitik wissen, reagierte er doch wie im Ring mit Schnelligkeit und Witz, als er mitten in die nationale Agonie hineingestoßen wurde.«) entwickelte er im Lauf der Zeit zu einer politischen Agenda, was später so klingen sollte: »Why should they ask me and other so-called Negros to put on a uniform and go 10,000 miles from home and drop bombs on brown people in Vietnam while so-called Negro people in Louisville are treated like dogs and denied simple human rights?« (Ashby: With amusement for all: a history of American popular culture since 1830, S. 369)

Eignungsrichtlinien gesenkt wurden. Dass er seine sportliche Karriere hinter seine politischen Ansichten stellte und diese öffentlich vertrat, war etwas, was der Sport, insbesondere der amerikanische Unterhaltungssport, noch nicht gesehen hatte und was vorbildhaft für viele Sportler, die ihre durch den Sport erlangte Popularität für eine politisches Statement nutzten, nach ihm sein wird.[30]

Von diesem Moment an stand Ali für mehr als einen aufmüpfigen Boxer, der sich nicht benehmen konnte und lediglich an seinen ›Platz‹ erinnert und zurückgewiesen werden müsste;[31] von nun an war er das Symbol der Rebellion,[32] die nun weit über die anfänglich rein rassistisch motivierte Sphäre hinausging, was beispielsweise Bertrand Russel erkannte und versuchte Ali in seiner Haltung zu stärken:

> »In den nächsten Monaten werden die Männer, die in Washington regieren, zweifellos versuchen, Ihnen auf jede erdenkliche Weise zu schaden. Aber Sie wissen sicher, dass Sie Ihre Stimme für Ihr Volk und für die Unterdrückten auf der ganzen Welt erhoben haben, als Sie sich mutig gegen die Mächtigen Amerikas stellten. Man wird versuchen, Ihnen das Rückgrat zu brechen, weil Sie das Symbol einer Kraft

---

30 Nicht selten entstanden gerade in sportlichen Kontexten so ikonische Momente in Hinblick auf den US-amerikanischen Raum zumeist in Bezug auf strukturell-rassistische Begebenheiten. Hier sind beispielsweise die beiden Sprinter Tommie Smith und John Carlos, Gold- und Silbermedaillengewinner bei den Olympischen Spielen 1968, ebenso zu nennen wie der Footballspieler Colin Kaepernick. In beiden Fällen nutzten die Sportler die obligatorische Hymnenzeremonie vor Spielbeginn (Kaepernick am Spielfeldrand 2016) bzw. bei der Medaillenverleihung (Smith und Carlos auf dem Podest 1968) mittels einer symbolischen Geste (erhobene Faust in Handschuh und Kniefall) zu einem politischen *Symbol*.

31 »In ihrer Essenz war die weiße Hoffnung auf einen Patterson-Sieg durch das konterrevolutionäre Verlangen genährt, daß der Neger, der jetzt rebelliert und durch Ali in der Boxwelt personifiziert ist, an seinen ›Platz‹ zurückgezwungen wird.« (Cleaver: Seele auf Eis, S. 109)

32 »Dass über Muhammad Ali ein so tiefer Aufruhr entstand, sollte zeigen, dass etwas Ernsthafteres als ein Boxtitel auf dem Spiel stand, etwas, das bis zum Kern des Wahnsinns unserer Zeit reicht.« (ebd., S. 113)

sind, die man nicht zerstören kann, nämlich des erwachten Bewusst-
seins eines ganzen Volkes, das entschlossen ist, sich nicht länger ab-
schlachten und durch Angst und Unterdrückung demütigen zu lassen. Sie können mit meiner großen Unterstützung rechnen. Besuchen
Sie mich, wenn Sie nach England kommen. Mit besten Grüßen, Bertrand Russell«[33]

Seine Kriegsdienstverweigerung hatte tatsächlich eklatante Folgen: sein
Reisepass wurde ihm ebenso entzogen wie seine Boxlizenz mitsamt seines Weltmeistertitels. Ihm drohten fünf Jahre Haft und eine Geldstrafe,
die aber im Verhältnis zu den finanziellen Verlusten durch das Boxverbot
marginal erschien. Die öffentliche, allgemeine Wirkung aber war ebenso
enorm:

>»Als er verweigerte, empfand ich etwas Größeres als Stolz: Mir war, als
> seien meine Ehre als schwarzer Junge, meine Ehre als Mensch vertei-
> digt worden. Er war doch der große Ritter, der Drachentöter. Und ich
> sah mich, den kleinen Slum-Jungen, der ich war, als seinen Lehrling
> bei der grandiosen Phantasie, dem grandiosen Wagnis. An dem Tag,
> als Ali den Kriegsdienst verweigerte, weinte ich in meinem Zimmer.
> Ich weinte um ihn und auch um mich, um meine Zukunft und auch
> seine, um alle unsere schwarzen Möglichkeiten.«[34]

Dass hier zum ersten Mal ein *Schwarzer* mit derart unverschämtem
Selbstbewusstsein auftrat und den Boxring zur Bühne für die Inszenierung eines Klassenkampfes nutzte, in dem auch nicht mehr die übliche
gesellschaftliche Sonderform eines sportlichen Anerkennungsraumes
herrschen durfte, veränderte die Wahrnehmung des Sports grundlegend.[35] Alis Kämpfe waren, wie Reemtsma wunderbar zeigen kann, an

---

33   Ali u. Durham: Der Größte. Meine Geschichte, S. 128.
34   So beschreibt der Literaturprofessor Gerald Early im Vorwort zu einer von ihm
      herausgegebenen Ali-Anthologie diese Erfahrung. Gerald Early (Hg.): Tales of
      a wonderboy, London 1999, hier zitiert nach Remnick: King of the World. Der
      Aufstieg des Cassius Clay oder die Geburt des Muhammad Ali, S. 452.
35   »Im Grunde war vor Muhammad Ali jeder schwarze Champion eine Marionet-
      te, dessen Privatleben von den Weißen manipuliert wurde, um sein öffentliches

und für sich schon in ihrer dramatischen Struktur unerreicht[36] und als *unscripted drama* der perfekte Inhalt des neu etablierten Mediums, dem Fernsehen.[37]

Neben dem dramaturgischen Element des Ablaufs von Boxkämpfen bot zudem der Boxring eine optimale Räumlichkeit für die Darstellung im Fernsehen, anders als die asymmetrischen Spielfelder von Baseball oder Cricket. Und da der Sport die männliche Version der Soap Opera darstellt, war die Figur Ali der geborene Hauptdarsteller, da er sowohl die Episoden im Ring als auch die außerhalb zu *Stories* machte und diese Welten ineinander verschränkte.

Ali konstruierte seine Gegner im Vorfeld zu *Figuren*, die für weit mehr standen, als es die eigentliche Person tat.[38] Dies war auch nötig, da er seine bedeutendsten Kämpfe gegen Schwarze führte, die zudem aus sehr viel schlechteren Milieus bzw. Verhältnissen stammten.[39] Bereits sein erster Herausforderer als neuer Weltmeister, Floyd Patterson, wurde zum ersten Schwarzen, der als ›weiße Hoffnung‹ (und, wie folgendes Zitat zeigt, nicht lediglich des Boxsports) bezeichnet wurde. Von nun an war jeder Boxkampf Alis auch ein politischer:

Image zu wahren. Seine Rolle war es, die Fäden, an denen er hing, zu verbergen, so daß er vor der Öffentlichkeit autonom und unabhängig erschien. Aber mit dem Auftritt Muhammad Alis blieben dem Marionettenspieler nur eine Handvoll Fäden, an denen keine Tanzpuppe mehr hing.« (Cleaver: Seele auf Eis, S. 111)

36   Vgl. Reemtsma: Mehr als ein Champion. Über den Stil des Boxers Muhammad Ali.

37   Die Wirkung der Lebensgeschichte Alis wäre wahrscheinlich nicht ohne den rasanten Aufstieg des Fernsehens zum Leitmedium möglich gewesen. Allein in den USA stieg die Zahl der Privathaushalte, die einen Fernseher besaßen, zwischen 1951 und 1961 von 10 auf 50 Millionen, womit 90 Prozent der Bevölkerung damit »versorgt« waren. (Vgl. Collins: Sport in capitalist society: a short history, S. 115)

38   Vgl. hierzu auch May: Faust trifft Auge. Mythologie und Ästhetik des amerikanischen Boxfilms, S. 83.

39   Ali stammte aus der sogenannten schwarzen Mittelschicht in den USA, deren Lebensstandard allerdings nicht im Geringsten an die der weißen Mittelschicht heranreichte.

»Die vereinfachte Version des Kampfes, die in der Presse herumspuk-
te, war die, dass seine ›weiße Hoffnung‹ gegen eine ›schwarze Hoffnung‹ angetreten war. Die weiße Hoffnung auf einen Sieg Pattersons
war im Grunde ein gegenrevolutionärer Wunsch, den Neger zu zwin-
gen, der jetzt rebellierte und in der Boxwelt von Ali repräsentiert wurde, wieder ›an seinen Platz‹ zurückzukehren. Die schwarze Hoffnung
dagegen war die, Lazarus vernichtet, Onkel Tom besiegt zu sehen, einen symbolischen Beweis des Sieges des autonomen Negers über den
unterwürfigen Neger zu erbringen.«[40]

Muhammad Ali hat sich somit seinen Boxer-Habitus[41] innerhalb wie
außerhalb des Rings erarbeitet, indem er sich praktisch mit den spezifischen Eigenschaften seiner Umwelt mitsamt ihren Mythen, Gesetzen
und Werten auseinandergesetzt, an ihnen, mittels seiner Gegner, die
als Projektionsfläche dienten, förmlich abgearbeitet und so eine Haltung zu alledem entwickelt hat. Da dieser Prozess allerdings öffentlich
stattfand, Ali »Vietnam-und Rassentrauma in einer personalisierten
Medienfigur«[42] vereinte und verkörperte, wurde *er* zu einem »kollektiven Erlebnis«[43] für die amerikanische Gesellschaft, dessen Bewältigung
in der Lesart Reemtsmas in erster Linie der Kinofilm-Reihe *Rocky 1–5*
zukam.[44] Dem Kino gebührt somit die Rolle der Interpretation, Ver-

---

40 Cleaver: Seele auf Eis, S. 103.
41 Vgl. May: Faust trifft Auge. Mythologie und Ästhetik des amerikanischen Box-
    films, S. 78.
42 Ebd., S. 82.
43 Reemtsma: Mehr als ein Champion. Über den Stil des Boxers Muhammad Ali,
    S. 67.
44 Ebd., vgl. zudem May: Faust trifft Auge. Mythologie und Ästhetik des amerika-
    nischen Boxfilms, S. 84: »Auf eine unheimliche Art beteiligt sich der Filmzyklus
    am Ali-Kult. Nachdem Rocky das Zerrbild Apollo Creed in der zweiten Folge be-
    siegt hat, gleicht er sich ihm an. Im dritten Teil muss er gegen die Comicfigur
    Clubber Lang, gespielt von Mister T, antreten, die kein filigraner Techniker, son-
    dern wie Rocky selbst ein *Puncher* und *Fighter* ist. Rocky geht jetzt bei Apollo
    Creed – inzwischen sind sie Freunde – in die Lehre und lernt das Unmögliche,
    nämlich zu tänzeln. Im Kampf schließlich wendet er die Taktik des *Rope-a-Dope*
    an, jenes Auspendelns an den Seilen, das Ali im Kampf gegen Foreman und des-

ortung, Behandlung und Diskussion der Fernsehfigur Ali, »eine selbst erfundene Gestalt von solch körperlicher Wendigkeit, politischem Trotz, Weltruhm und schierer Originalität, wie sie kein noch so großer Schriftsteller zu erfinden gewagt hätte.«[45]

Mit Ali ist ein Umbruch[46] in der Wahrnehmung des professionellen Sports als ökonomisiertes Zuschauer-und Unterhaltungs-Phänomen zu beobachten; der moderne Massensport ist somit stets auch ein Massenmediensport. Medien und Sport entwickeln sich nicht nur konvergent, sie spielen gegenseitig (man könnte fast sagen symbiotisch) bei ihrer Konsolidierung stets eine erhebliche Rolle. Der Sport selbst wurde durch die nun wesentlich weitreichendere (also nationale bzw. gar globale statt regionale) Präsenz im Fernsehen zur Werbeplattform, wie man beispielsweise auch bei der Tour de France beobachten kann. Bis zur Deregulierung durch die Mitterand-Regierung 1982 war das französische Fernsehen staatlich und frei von Werbung, weshalb Firmen auf die Idee kamen, die bereits existierenden Produktplatzierungen weitreichend zu steigern: Vom Trikot der Sportler über die Bühne der Siegerehrung (mitsamt den selbst heute noch dazugehörigen Hostessen) bis zu den Begleitfahrzeugen wurde alles, was im Fernsehen zu sehen war, als Werbefläche *vermarktet*. Den Sport hat das Fernsehen globalisiert und *professionalisiert*, allerdings ist es vielmehr das Fernsehen, das erst durch den Sport zu seiner Bedeutung als *Leitmedium* kam: »Television got off

---

sen vernichtenden Ruf den Sieg brachte. Die Rocky-Filme versuchen somit eine massenmediale Abwandlung des rituellen Brauches, das Fleisch des besiegten Feindes zu essen, um sich dessen Stärke anzueignen. Sie verleiben ihrem Protagonisten die Innereien des traumatischen Vexierbildes Ali in einer Ordnung ein, die das Trauma umwerten und verdecken soll.«

45   Remnick: King of the World. Der Aufstieg des Cassius Clay oder die Geburt des Muhammad Ali, S. 477.

46   Zudem ist Remnicks Befund zuzustimmen, »dass Ali der Höhepunkt des Boxens und auch sein Ende war.« (ebd., S. 465) Mit dem Erzählkomplex *Clay-Ali-Rocky* hat der Sport sein volles erzählerisches Potential ausgeschöpft, er *bedeutet* heute nichts mehr, weil die Boxer immer offensichtlicher Schauspieler und immer seltener Kämpfer sind, diese Konstellation allerdings bereits durch einen anderen Sport *besetzt* wurde (siehe weiter unten).

the ground because of sports. When we put on the World Series in 1947, heavyweight fights, the Army- Navy football game, the sales of television sets just spurted.«[47]

Beispielhaft hierfür steht die Vermarktung und Verbreitung eines weiteren bedeutenden Box- Kampfes Alis: dem sogenannten ›Thrilla in Manila‹, dem dritten Kampf Alis gegen Joe Frazier. Dieser Kampf wurde erstmals vom Bezahlsender HBO via Satellit ins Kabelfernsehen übertragen, was eine Revolutionierung der Verbreitungstechnik war und HBO einen Abonnentenzuwachs von 500 % bescherte. Die Übertragung des Kampfes am 30.09.1975 wurde weltweit ausgestrahlt, Schätzungen gehen von über einer Milliarde Fernsehzuschauer weltweit aus.[48]

Ali hat zu diesem Zeitpunkt den Weltmeistertitel 1974 (durchaus überraschend) im ersten Kampf zweier ungeschlagener Weltmeister gegen George Foreman (dem ebenfalls berühmten Kampf in Kinshasa, genannt »Rumble in the jungle«, dem Norman Mailer[49] ein literarisches Denkmal gesetzt hat) zurückerobert, nachdem er ihn 1967 im Zuge seiner Wehrdienstverweigerung mitsamt seiner Boxlizenz aberkannt bekommen hatte und drei Jahre lang keinen Kampf bestreiten durfte.

Es wird der letzte der drei großen Boxkämpfe Muhammad Alis sein und der dritte, in dem sich der *Boxer* neu erfindet. Die Technik, die zum

---

47   Harry Coyle, NBC, zitiert nach Collins: Sport in capitalist society: a short history, S. 114. Die Einschaltquoten weltweit belegen diesen Befund eindrucksvoll: zwischen 2008–2018 waren in Deutschland stets Fußballspiele die Übertragungen mit den meisten Zuschauern (Das WM-Finale 2014 sahen 34,65 Millionen Menschen in Deutschland, wobei bei dieser Zahl die unzähligen Zuschauer in Kneipen, Restaurants und beim *public viewing* nicht mitgezählt sind), hier sind es neunzehn der zwanzig meistgesehenen Ausstrahlungen (einzige Ausnahme stellt eine Folge der »Schwarzwaldklinik« mit fast 28 Millionen Zuschauern dar), in den USA sind neunundzwanzig der dreißig meistgesehenen Fernsehsendungen ›Super Bowls‹, also das Finale der American Football Liga (NFL) gewesen und in Frankreich sind es ebenfalls neunzehn der Top-Zwanzig (hier ist die Ausnahme die Ansprache des Präsidenten Macron am 16.03.2020, die mit 35 Millionen Zuschauern Rang 1 belegt).

48   Vgl. o.A.: Current Biography Yearbook 1984, Hg. von H.W. Wilson Company. New York 1984,

49   Norman Mailer: Der Kampf, München/Zürich 1976.

K.o. des Gegners führen soll, bleibt stets dieselbe; durch eine blitzartige Kombination mehrerer Schläge gegen den Kopf.[50] Allerdings zeichnen sich gerade die drei signifikantesten Kämpfe dadurch aus, dass Alis *Stile*, also die Taktiken (man könnte auch von den *Erzählstrukturen* sprechen) dorthin zu kommen, also diese finale Kombination zu platzieren, grundlegend unterschiedliche sind: Im ersten ›tanzte‹ er um seinen Gegner Sonny Liston herum, leichtfüßig und aus der Distanz konternd, der zweite stand in fast antithetischem Kontrast dazu: hier lehnte er die meiste Zeit des Kampfes gegen George Foreman (bewegungslos) in den Seilen[51], und steckte so lange Schläge ein, bis sein Gegner in der achten Runde zu müde und desillusioniert[52] war, um Alis Kombinationen abzuwehren und K.o. geschlagen wurde. Der dritte, besagte ›Thrilla in Manila‹ gegen Joe Frazier ist Zusammenfassung und Synthese der ersten beiden zugleich, Frazier schlug auf Ali ein (Schläge, »die eine Mauer umgelegt hätten« wie Frazier später sagte[53]), wie es Foreman zuvor tat, allerdings nicht um ihn mit einem ›big punch‹ K.o. zu schlagen, sondern um ihn »zu zermürben, fertigzumachen«.[54] Fraziers Taktik war auf die volle Kampfdistanz ausgelegt, damit er Ali in den letzten Runden derart ermüdet und verletzt, um dann entweder die entscheidenden Punkte oder gar den späten K.o. zu landen.

Einem real gewordenen Heldenmythos[55] entsprechend, meistert Ali aber auch diese letzte Prüfung dadurch, dass er abermals seinen Stil an-

---

50   Vgl. Reemtsma: Mehr als ein Champion. Über den Stil des Boxers Muhammad Ali, S. 85f.

51   Ebenfalls signifikant ist, dass zu jeder dieser Stilistiken bzw. Taktiken sich ein Eigenname entwickelte, das ›Tanzen‹ wurde ›Ali-Shuffle‹ genannt, das In-den-Seilen-Lehnen ›Rope-a-dope‹.

52   »Ali musste Foreman beweisen, dass der den Schlag, auf den er hoffte, nie würde landen könne, dass er, Ali, alles einstecken würde, was Foreman auf ihn abfeuern konnte, und am Ende Foreman immer noch hart und präzise treffen.« (Reemtsma: Mehr als ein Champion. Über den Stil des Boxers Muhammad Ali, S. 100)

53   Ebd., S. 13.

54   Ebd.

55   Vgl. Ebd., S. 122.

passt: Weder das leichtfüßige Tänzeln, verbunden mit schnellen Schlägen (zu denen Ali wegen seines Alters auch nur noch in kleinen Dosen im Stande ist) noch das kontinuierliche Einstecken von Schlägen, das ›Rope-a-dope‹, bis der Gegner vom Einprügeln so müde und konsterniert ist, dass Ali ihn K.o. schlagen kann, haben sich in den beiden vorherigen Kämpfen gegen Frazier als sicherer Lösungsweg erwiesen und tun es auch in diesem Kampf nicht. Der Kampfverlauf ist schnell beschrieben: beide Boxer tauschen unzählige Schläge aus, die von Ali treffen zumeist den Kopf Fraziers, die Fraziers zumeist Arme, Rumpf und Kinn Alis. Nach der zehnten Runde sagt Ali zu seinem Trainer einen stets zitierten Satz, der wegen seiner Signifikanz allerdings auch nicht unerwähnt bleiben darf, denn er beschreibt die Situation, in der sich die beiden Boxer in diesem Moment befinden, am treffendsten: Man, this is the closest I've ever been to dying.

Danach kippt der Kampf, zunächst deutet Ali es nur an und schließlich schlägt er in den Runden dreizehn und vierzehn so lange mit Schlagkombinationen auf Fraziers Kopf ein, bis dieser nicht mehr im Stande ist, Alis Schläge zu parieren. Fraziers Trainer wirft nach der vierzehnten Runde das Handtuch und beendet den Kampf. In dem Moment, in dem Ali realisiert, dass der Kampf vorbei ist, hebt er den Arm und bricht zusammen: »I want to retire, this is too painful, this is too much work.«[56]

Der Boxer Ali hat den Höhepunkt seiner Geschichte erreicht. Danach wird er noch viele Boxkämpfe bestreiten, seinen Weltmeistertitel verlieren und sogar noch einmal zurückerobern, die Geschichte des Kämpfers Muhammad Ali ist allerdings bereits nach dem ›Thrilla in Manila‹ beendet. Von nun an vermischte sich nicht mehr der Kampf mit dem Schauspiel, von nun an boxte er lediglich noch, mal besser und mal schlechter, mal imitierte er sich noch selbst, aber das blieb – Imitation.[57] Die Ge-

---

56   Ebd., S. 102.
57   Allein die Möglichkeit, dass es sich noch um das Original handelt, verhalf ihm
      dazu, den Weltmeistertitel zurückzuerobern: »›Jetzt kämpft er gegen den echten Muhammad Ali‹, sagt der Kommentator über Spinks, und da Spinks das
      auch glaubt, gewinnt Ali den Kampf. Dass er selbst das nicht glaubt, gibt dem
      Kampf eine eigenartige Atmosphäre, bestehend aus Heroismus und Ironie. Ei-

schichte des Boxers Ali endet also konventionell und wie auch sein lang-
jähriger Ringarzt Pacheco richtigerweise feststellt, war dieses Ende der
Boxkarriere allerdings das einzig Konventionelle an der Geschichte: »Ali
und Boxen sind zwei verschiedene Themen. Das Einzige, was bei Ali rei-
nes Boxen war, war das tragische Ende, das alle Boxer nehmen, wenn sie
zu gut waren und es nicht lassen können.«[58]

Die Geschichte der Kämpferfigur erhielt sogar noch einen Epilog[59]
im modernen Olympia, das sich 1996 in Atlanta befindet: Als letzter Fa-
ckelträger entzündet der Olympiasieger von 1960 – bereits schwer vom
Parkinson gezeichnet – vor circa drei Milliarden Fernsehzuschauern das
olympische Feuer. Hier transformiert Ali ein zweites Mal, nun trägt er
nicht einen neuen Namen, sondern sein Name trägt eine neue Bedeutung, er *steht* nun für etwas:

> »Ali ist ein amerikanischer Mythos, der für viele Menschen vieler-
> lei Bedeutung erlangt hat: Er wurde zum Symbol des Glaubens,
> zum Symbol für Selbstgewissheit und Widerstand, zum Symbol für
> Schönheit, von Können und Mut, zum Symbol von Rassenstolz, Geist
> und Liebe.«[60]

---

ne seltene Mischung. [...] der Grund, warum der Kampf gegen Spinks schlecht
war, war, dass Ali sich selbst parodiert hatte, um zu gewinnen.« (ebd., S. 45)

58   Remnick: King of the World. Der Aufstieg des Cassius Clay oder die Geburt des
Muhammad Ali, S. 467.

59   »So etwas kann es eben geben: Geschichte führt sich selber auf, und man kann
sagen, man sei dabei gewesen. Eine Geschichte der Gewalt, ein Sieg der Gewalt
und ein Sieg über die Gewalt [...] – kurz ein Zivilisationsmythos. Wie er wohl
immer mal wieder erzählt werden muss. Aber wann ist er vor unseren Augen je
so überzeugend inszeniert worden?« (Reemtsma: Mehr als ein Champion. Über
den Stil des Boxers Muhammad Ali, S. 122)

60   Remnick: King of the World. Der Aufstieg des Cassius Clay oder die Geburt des
Muhammad Ali, S. 471.

Der kommodifizierte Athlet: Michael Jordan

> »Das Spektakel ist der Moment, in
> welchem die Ware zur völligen
> Beschlagnahme des
> gesellschaftlichen Lebens gelangt
> ist. Das Verhältnis zur Ware ist
> nicht nur sichtbar; sondern man
> sieht nichts anderes mehr: die Welt,
> die man sieht, ist seine Welt.«[61]

Einer der bekanntesten Sportler der Gegenwart, der Basketballer Michal Jordan, ist derjenige, der den Inszenierungswert seiner Praxis über die spektakuläre Aufführung seines Könnens hinaus in eine Warenform zu übersetzen vermochte

Bereits im ›modernen‹ (aristokratischen) Sport finden sich zwei Sportler, denen diese ›Übersetzung‹ gelungen ist: Fred Perry und René Lacoste, beides mehrfache Wimbledonsieger, gründeten Modefirmen (Perry 1952, Lacoste 1933), die zunächst für das Tennis vorgesehene Polohemden verkauften und so ihre *Namen zu Marken* übersetzten. Beide Namen wurden bereits nach kurzer Zeit mehr mit (Sport-)Bekleidung, denn mit der sportlichen Praxis oder den sportlichen Errungenschaften der beiden verbunden. Beide Marken produzieren und verkaufen bis heute vor allem Kleidung für Wohlhabende, deren repräsentativer Konsum, wie ihn Thorstein Veblen beschrieben hat, einerseits Zahlungsfähigkeit und andererseits Nicht-Arbeit sichtbar macht.[62] *Jordan* hingegen, wie zu zeigen sein wird, demokratisiert bzw. popularisiert diesen *repräsentativen Konsum* und macht ihn *massentauglich*.

Ausschlaggebend hierfür war zunächst Jordans Spielstil, der durch eine Mischung aus Athletik und Finesse geprägt und somit eine perfekte *Verkörperung* des postmodernen Sportspektakels war: Obwohl – und

---

61   Guy Debord: Die Gesellschaft des Spektakels, Berlin 1996 [1967], S. 35.

62   Vgl. Thorstein Veblen: Theorie der feinen Leute. Eine ökonomische Untersuchung der Institutionen [1899], Frankfurt a.M. 2007, S. 129ff.

das ist im Basketball entscheidend – seine Körpergröße nicht das (damalige) Parademaß hatte, war er im Stande, höher und weiter zu springen als alle Konkurrenten. Symbolisch hierfür steht ein ›Dunk‹ – also ein Korbwurf, bei dem der Werfer derart hoch springt, dass er den Ball von oben durch den 3,05 m hohen Ring werfen kann – den Jordan während des jährlichen »Slam Dunk Contest« 1987 zeigte: bei diesem Wurf springt Jordan von der Freiwurflinie ab, die 4,19 m entfernt vom Ring ist; am höchsten Punkt des Sprungs befindet sich sein Kopf knapp oberhalb des Rings. Für einen kurzen Moment scheint es tatsächlich, als könne er fliegen bzw. schweben. Dieser Eindruck wird medial durch geschickte Kameraführung sowie technische Effekte, die vor allem in den Wiederholungen zu tragen kommen, verstärkt (verschiedene Perspektiven, Slow Motion usw.). Die (mediale) Wiederholung ist eine nicht zu vernachlässigende Instanz im Gesamtgefüge der Inszenierung, durch sie wird ein Ereignis reproduzierbar und als marktförmige Ware (und Werbefläche) verfügbar gemacht.

Die besondere Athletik, gepaart mit seinem teils ins Pathologische tendierenden Ehrgeiz,[63] war der spektakuläre Kern seines Spiels; über sie definierte sich seine (innersportliche) ›Einmaligkeit‹ und diese schaffte den herausragenden Inszenierungswert, der, gepaart mit dem Narrativ, ›unschlagbar‹ zu sein, Jordan zu einem sportlichen Phänomen werden ließ. In Folge dieser herausragenden sportlichen Praxis konnte, vor allem durch geschickte Vermarktungsstrategie seines Ausstatters,

---

63   In einer TV-Dokumentation kommt Jordan den Tränen nahe, als er gefragt wird, was er für ein Mitspieler und Teamkollege gewesen sei. Es ist die Frage nach der Möglichkeit der Verbindung von Teamgeist und dem individuellen Siegeswillen; und an dieser Stelle sei auf ein weiteres bekanntes Zitat Jordans verwiesen, das keiner Erläuterung bedarf, (und ein Grundproblem der neoliberalen Gesellschaft auf eine Formel runterbricht): »There is no I in Team. But there is an I in Win!« Dieser Grundkonflikt des Spielstils, die Frage nach dem ›guten‹ Sport ist für Jordan mit der Frage nach dem ›guten‹ Leben verbunden und somit eine grundsätzliche: »Play the Game [...] I never asked them to do something I didn't do. I wanted to win, and I wanted them to win, too. [...] It is who I am, that's how I played the game. If you don't want to play that way, don't play that way!« (Jason Hehir: The Last Dance, United States 2020)

aus dem sportlichen Idol eine Ikone der (globalen) Popkultur etabliert werden und die von ihm getragenen Dinge, zuvorderst die Schuhe, mit dieser Praxis in Verbindung gebracht und schließlich zum Symbol dieser werden.

Jordan selbst ist zur Marke geworden. Für ihn wurde eigens ein Schuh entworfen, der seinen Namen trägt (eine Vermarktungspraxis, die heute zum Marketingstandard im professionellen Sport geworden ist) und aus dem eine eigene Sportartikelmarke entstand, die heute einen Umsatz im einstelligen Milliardenbereich hat. Der erste ›Air Jordan‹-Schuh allein erwirtschaftete im ersten Jahr über 130 Millionen Dollar.[64] Der Schuh ist selbst ein Beispiel der Neoliberalisierung: Die vormals durch die Liga reglementierte Kleiderordnung, in diesem Fall die Frage nach den erlaubten Farben der Schuhe, wurde wegen Jordan erstmals gelockert, nachdem er zunächst für die Nichtbeachtung der Vorgaben Geldstrafen erhielt, was wiederum von Nike für eine weitere Werbekampagne genutzt wurde: »*On October 18th, the NBA threw them out of the game. Fortunately the NBA can't stop you from wearing them: Air Jordans*«.[65]

Im Umkehrschluss hat er von seinem Ausstatter Nike über eine Milliarde Dollar seit seinem ersten Werbevertrag 1984 erhalten.[66] Der Inszenierungswert, den seine sportliche Praxis hatte, wurde durch kluge Vermarktung transzendiert, sein Name und *seine* Rückennummer, verbunden mit einer Himmels- bzw. Engelsmetaphorik (einer seiner Spitz-

---

64 David Halberstam: Playing for keeps. Michal Jordan and the world he made, New York 1999, S. 412.

65 Seit der Saison 2018/2019 bestehen überhaupt keine Farbrestriktionen mehr (vormals mussten bspw. noch 51 % der Schuhe weiß oder schwarz sein), sodass in jedem Spiel von jedem Spieler ein neues Produkt präsentiert werden kann. (LeBron James trug in der Saison 17/18 bereits 51 Versionen ›seines‹ Schuhs)

66 Umgekehrt hatte Jordan enormen Anteil am wirtschaftlichen Aufstieg seines Ausstatters, dem Sportartikelhersteller Nike, zum Marktführer (die Marktanteile in den USA lagen 1987 bei 18,2 %, 1997 bei 43,6 %. Innerhalb dieser Zeit stieg das Nettoeinkommen von 40 Millionen Dollar auf 800 Millionen Dollar), ebenso wie am sportlichen Aufstieg seiner Mannschaft, den Chicago Bulls, zum sechsmaligen Meister.

namen ist »his airness«), zur Ikone erhoben: »What Phil [Knight, der Eigentümer von Nike, Anm. PE] and Nike have done is turn me into a dream.«[67] Die Teilhabe an diesem »Traum« wird durch die kommerzielle Reproduktion der Dinge, die selbst eine Fabrikation von Einschreibe- und Aufzeichnungsflächen sind, ermöglicht und propagiert, wie einer der Werbespots eines Getränkeherstellers (!) zeigt: »Be like Mike. [Drink Gatorade].«

Die Dinge (Waren) werden somit – mittels des als übernatürlich[68] inszenierten Athleten – als über den Gebrauchs- und Tauschwert hinausgehendes Konstrukt fabriziert, das allerdings auch, und das ist die Neuerung, den Inszenierungswert monopolisiert und übersteigt: die Marke, verkörpert durch den herausragenden Athleten, ist Symbol und Zeichen für eine sinnvolle Ordnung und somit mehr als ein Statussymbol im Sinne eines repräsentativen Konsumguts,[69] nämlich eine Normativität, die auch in den imperativen Werbe-Slogans deutlich wird (»*Just do it!*«).

Die von Debord beschriebene Entwicklung vom Sein zum Haben zum Scheinen ist hier vollendet: »Zugleich ist jede individuelle Wirklichkeit gesellschaftlich geworden, direkt von der gesellschaftlichen Macht abhängig und von ihr geformt. Nur sofern sie nicht ist, darf sie erscheinen.«[70] Zudem überlebt hier in kapitalistisch deformierter Form die Mythologie; durch sie wird das sportliche Spektakel deterritorialisiert, den Inszenierungen die Möglichkeit der Interpretation entzogen und das rituelle Spektakel des Kapitalismus auf Dauer gestellt.

All dies, und das ist nicht unbedeutend, geschieht im nordamerikanischen Sportsystem, das gewissermaßen als Kontradiktion zur

---

67   Zitiert nach Robert Goldman u. Stephen Papson: Nike Culture: The Sign of the Swoosh, London 1998, S. 47.

68   Hier zeigt sich abermals, dass im Sport eine begründende Metaphysik überlebt, was beispielsweise an der Bezeichnung für besonders erfolgreiche Sportler, wie bspw. Jordan, deutlich wird: sie werden ›GOAT‹ (Kürzel für *Greatest of all time*) genannt.

69   Vgl. hierzu Wolfgang Ullrich: Habenwollen. Wie funktioniert die Konsumkultur?, Frankfurt a.M. 2014.

70   Debord: Die Gesellschaft des Spektakels, S. 18.

Leistungs-Ideologie des ›freien Marktes‹ entworfen ist, um eben genau diese *darstellen zu können*: die Mannschaften sind als ›Franchise‹ durch die (als Kartell agierende) Liga lizensiert und reguliert, werden von ›Eigentümern‹ anstelle von ›Mitgliedern‹ geführt, Auf- oder Abstieg ist nicht möglich, dafür allerdings ein Umzug oder eine Umbenennung (wozu allerdings das Ligakartell zustimmen muss); durch Gehaltsobergrenzen, sowohl für das gesamte Team als auch für den einzelnen Athleten, soll ebenso für Parität gesorgt werden wie durch den sogenannten ›Draft‹: hier werden jährlich, (verkürzt und vereinfacht dargestellt) in umgekehrter Reihenfolge der Abschlusstabelle (sozusagen in Umkehrung des Matthäus-Effektes: wählt das schlechteste Team als erstes, das beste als letztes) Nachwuchsspieler rekrutiert. Die Begründung liegt darin, dass der nordamerikanische Profisport stets als profitables Unterhaltungssystem entworfen und entwickelt wurde und die *Freizeitsphäre* eine rein konsumistische ist, weshalb es auch keine institutionalisierten Amateurligen (geschweige denn eine Idee eines gemeinnützigen, basisdemokratischen Vereinswesens, mit der im Übrigen der europäische Profi-Sport ebenso gebrochen hat) gibt. Der langjährige Geschäftsführer der NBA David Stern zog 1991 daher auch den passenden Vergleich nicht zu einer anderen Sportliga, sondern zum Medienunternehmen *Disney*: »They have theme parks, [...] and we have theme parks, only we call them arenas. They have characters: Micky Mouse, Goofy. Our characters are named Magic and Michael. Disney sells apparel. They make home videos; we make home videos.«[71] Die Sportler werden nicht bloß mit Cartoon-Figuren verglichen, sie sind als *Figuren* entworfen und *vermarktet*, was auch in einer Werbefilm-Serie mit Michael Jordan und Bugs Bunny in den Hauptrollen, die später

---

71 Zitiert nach Mary G. McDonald: Michael Jordan's Family Values: Marketing, Meaning, and Post-Reagen America. In: Sociology of Sport Journal, 13 (1996), H. 4, S. 349. Dass die Liga wegen der Sars-CoV2-Pandemie (»Corona-Virus«) 2020 ihre Spiele in dem zu der Zeit abgeschotteten Freizeitpark Disney World in Orlando, Florida (also dem Bundesstaat, dessen Gouverneur die Wrestlingshow WWE für systemrelevant erklärt hat) austrug, ist daher letztendlich nicht nur logisch, sondern auch konsequent.

sogar zum Spielfilm ausgeweitet wurde (*SpaceJam* 1996), überdeutlich wird.

Selbst die Liga ist ein Produkt, dessen überregionale Vermarktung auf einer kapitalistischen Inszenierungslogik basiert, für die ein *ausgeglichener Wettkampf* eminent wichtig ist (Seriensieger wie im Fußball schaden logischerweise dem Inszenierungswert des Produktes[72]), da es sich um eine idealisierte (utopische) Aufführung der Leistungsgesellschaft handelt, in der scheinbar jeder gewinnen kann und deren Mannschaften als regionale ›Franchises‹ im jeweiligen Einzugsgebiet meist monopolistisch agieren. Dementsprechend benötigt jedes Team herausragend gute Spieler, also Stars oder sogenannte ›Franchise-Player‹, deren Leistung einerseits das Inszenierungsversprechen des Gesamtprodukts garantiert und andererseits regionale Vermarktung ermöglicht; die erfolgreichsten unter ihnen werden sodann zu überregionalen Marken transformiert, um dem Überprodukt der Liga ebenfalls Identifikationspunkte zu geben und so doppelt profitabel gemacht zu werden.

Die Verschiebung vom (kategorial *anderen*, erinnerungswürdigen) Helden zum (gegenwärtigen, vorbildlichen) Star[73] wird versucht insofern zu wenden, als dass das *Marke-werden* einerseits jedem durch das

---

72   Dass die deutsche Fußball Bundesliga beispielsweise das sogenannte »Fernsehgeld« an alle Vereine der Liga ausschüttet, die Summe allerdings entsprechend der Tabellenplatzierung ansteigt, verstärkt die finanzielle (und damit ›sportliche‹) Ungleichheit zwischen den ›Vereinen‹. (Der Personalaufwand des FC Bayern lag nach offiziellen Zahlen der DFL 2019 bei ca. 356 Millionen, der des SC Paderborn bei ca. 13,6 Millionen). Aus diesem Grund ist eine ›Überraschungsmeisterschaft‹ eines Aufsteigers wie es 1998 dem 1.FC Kaiserslautern gelungen ist, heute unvorstellbar, was jedoch dem ›Unterhaltungsprodukt‹ Bundesliga schadet, da das Publikum gerade im Sport den ›echten‹ Wettkampf zwischen ›Gleichen‹ erleben möchte, einen Wettkampf, den es in seiner kapitalistischen Lebenswelt gerade nicht vorfinden *kann*. Die Hoffnung liegt darin, dass sich dieses ›Publikum‹ eine Umwälzung der Verhältnisse erkämpft und nicht bloß eine Umstrukturierung der Inszenierung (nach dem beschriebenen US-amerikanischen Vorbild).

73   Zu dieser Entwicklung vgl. Gamper: Körperhelden. Der Sportler als ›großer Mann‹ in der Weimarer Republik.

›Tragen‹ der mit ihr verbundenen Symbole Teilhabe (Verehrung) ermöglicht und anderseits über das momenthafte Ereignis der sportlichen
Praxis eine Dauerhaftigkeit stülpt: der sportliche Rekord ist entsprechend seiner kapitalistischen Logik nie von Dauer, er muss ›gebrochen‹
werden, sodass die *memoria* auf anderem Wege erlangt werden muss,
und das ist in der Gegenwart eine sich und seine Praxis überdauernde
Existenz auf dem Warenmarkt. Das ›zur-Ruhe-setzen‹ einer Rückennummer (diese wird in Andenken an den herausragenden Athleten
nicht mehr vergeben) oder auch die Aufnahme in die Ruhmeshalle der
jeweiligen Sportart, die *Hall of Fame* sind Artefakte einer vormodernen
Erinnerungskultur im amerikanischen Sport, die die grundsätzliche
Entwicklung nicht widerlegen, sondern vielmehr von dieser absor-
biert wurden: Die Zeremonie zur ›Pensionierung‹ von Michal Jordans
Rückennummer wurde in einer landesweiten, zweistündigen Fernseh-
übertragung von über 2 Millionen Haushalten verfolgt, zudem kann
ebendiese als postmodernes Spektakel interpretiert werden, da ihr re-
trospektiv durch die spätere Weiterführung der Spielerkarriere Jordans
und dem Aus-dem-Ruhestand-zurückholen der Rückennummer die Fi-
nalität abgeht, sie vielmehr eine simulative Hyperrealität zelebrierte.[74]
So wird die Serialisierung, also die Reduzierung des Athleten zu einer
Seriennummer, die er auf dem Rücken trägt und die auf eine gewisse
rationale Verwendungsweise hinweist, die das Subjekt rationalisiert
und gleichzeitig verallgemeinert.[75] Im postmodernen Sport ist dieses

---

74 Edward G. Armstrong: Michael Jordan and His Uniform Number. In: Michael Jordan, Inc. Corporate Sport, Media Culture and Late Modern America, Hg. von David L. Andrews, Albany 2001, S. 24.

75 Im Fußball repräsentiert die Rückennummer eine bestimmte Position auf dem
Feld, und darüber hinaus eine bestimmte Spielweise der jeweiligen Position:
Sowohl der Spieler mit der Nummer acht als auch der mit der Nummer zehn
spielen klassischerweise im ›zentralen Mittelfeld‹, wobei ersterer als defensive-
rer ›Kämpfer‹ charakterisiert wird und letzterer als offensiverer ›Künstler‹ oder
›Spielmacher‹. Diese Nummern wurden vor jedem Spiel dem jeweiligen Spieler zugeordnet – sodass jeder ›seinen‹ Platz hatte. Im Zuge der Ökonomisierung
erhalten heute Spieler eine feste Nummer für die gesamte Saison und es wird

Verhältnis umgekehrt. Hier werden bestimmte Rückennummern mit besonderen Athleten identifiziert, sie sind aufgeführte Signifikanten.[76] Das höhere Ziel des Individuums ist es, Marke zu werden, *sich selbst und sein Selbst marktförmig zu machen*, zu vermarkten und so zu einer (Marken-)Identität zu gelangen, die sich mittels der Inszenierung durch den Blick der Öffentlichkeit definiert. Aus Michael Jordan, dem besten Basketballspieler aller Zeiten, wurde durch die Vermarktung Nikes ›Jordan‹, die Marke. Die Vollendung findet diese Entwicklung in der Folgegeneration: heute sehen sich Spieler wie LeBron James in vollendeter Entfremdung[77] daher auch richtigerweise als ›C.E.O‹ ihrer eigenen Sport-Marke, die sie selbst sind.[78]

---

zusätzlich der *Name* auf das Trikot gedruckt, sodass eine personalisierte Vermarktung ermöglicht wird.

76 Im Fall der Rückennummer Michael Jordans, der 23, wird dies überdeutlich wie Armstrong nachweisen kann. Er zeigt, dass die Kommerzialisierung der Rückennummer (weit hinaus über das Trikot mit der Nummer als Konsumgut) ein entscheidender Teil der Transformation des gesamten Sportlers (Menschens) Michael Jordan zu einer marktfähigen Ware ist. (Vgl. Armstrong: Michael Jordan and His Uniform Number)

77 Abermals sei eine signifikante Ausnahme kurz erwähnt: Sportlich wie menschlich stellte der deutsche Basketballer Dirk Nowitzki zeitweise James' Antithese dar, da er nicht durch überragende Athletik, sondern durch die *Erfindung* eines neuen Spielstils herausragte, 21 Jahre bei einem Verein blieb, wohingegen James Fernsehshows zur Verkündung eines Wechsels veranstaltete und vor allem nicht *sich selbst* zu einer Marke versuchte zu erheben, sondern stets seine sportliche Praxis versuchte produktiv, also im eigentlichen sportlichen Sinne erfolgreich, auszuüben. Die Meisterschaft 2011, die er mit seiner Mannschaft gegen James‹ selbst zusammengestelltes ›Starensemble‹ gewann, zeigt abermals, dass im Sport Brüche bzw. Widersprüche denkbar und vorhanden sind. (Für eine sportjournalistische Nacherzählung und Interpretation dieser ›Geschichte‹ siehe bspw.: Ian Thomsen: The soul of basketball. The epic showdorn between LeBron, Kobe, Doc and Dirk that saved the NBA, Boston 2018, S. 283)

78 Von Jordan und James sind Publikationen erschienen, deren Titel ihr Name mit dem Zusatz, »Inc.« ist, was vollkommen zurecht die Tatsache beschreibt, dass die Subjekte als Kapitalgesellschaft interpretiert werden, an der jeder »Anteile« halten kann, wobei an dieser Stelle abermals betont werden muss, dass diese Wesensbestimmung sich bei Jordan (sekundär) *entwickelt* hat, weshalb es sich

Ali war trotz der Umstände eine *Figur* von sozio-historischem Maß, er verkörperte die Politisierung des professionellen Athleten; Jordan war und ist dahingegen wegen und in diesen Gegebenheiten als *Marke* signifikant, er verkörpert den *Status quo*, das Axiom der unbedingten Kommodifizierung aller und allem: Bezeichnend hierfür ist seine Antwort auf die Frage, warum er nicht den Wahlkampf des schwarzen Demokraten Harvey Gantt, der gegen einen ausgewiesenen Rassisten antrat: »Republicans buy sneakers too.«[79]

---

hier auch um eine (wissenschaftliche) Aufsatzsammlung handelt, wohingegen es bei James von Beginn an *angelegt war* und dies daher auch der Titel einer Biographie ist. (Brian Windhorst: LeBron, Inc. The Making of a Billion-Dollar Athlet, New York & Boston 2019; David L. Andrews (Hg.): Michael Jordan, Inc. Corporate Sport, Media Culture and Late Modern America, Albany 2001) Vgl. hierzu zudem Norman K. Denzin: More Rare Air: Michael Jordan on Michael Jordan. In: Sociology of Sport Journal, 13 (1996), H. 4: »This sporting ethos and his accomplishments place him outside and above a new generation of NBA stars. These new stars [...] celebrate postmodernist conceptions of sport-as-a-commodity, the athlete as a media celebrity.« (S. 322)

79   Zitiert nach Douglas Kellner: The Sports Spectacle, Michael Jordan, and Nike: Unholy Alliance? In: Michael Jordan, Inc. Corporate Sport, Media Culture and Late Modern America, Hg. von David L. Andrews, Albany 2001, S. 52.

»›Sport‹. Ich weiß nicht, wie ich es sonst nennen soll«: Snowboarding[80]

> »Denn nur als Universalkategorie
> des gesamten gesellschaftlichen
> Seins ist die Ware in ihrer
> unverfälschten Wesensart
> begreifbar. Erst in diesem
> Zusammenhang gewinnt die durch
> das Warenverhältnis entstandene
> Verdinglichung eine entscheidende
> Bedeutung sowohl für die objektive
> Entwicklung der Gesellschaft wie
> für das Verhalten der Menschen zu
> ihr; für das Unterworfenwerden
> ihres Bewußtseins den Formen, in
> denen sich diese Verdinglichung
> ausdrückt.«[81]

Das Snowboarding ist ein Phänomen, an dem wiederum die *Versportlichung* einer postmodernen Bewegungskultur zu beobachten ist. Denn es handelt sich hier zunächst um einen (bewegten) Lebensstil, der alle dazugehörigen Aspekte zu Thema *und* Inhalt werden lässt: von *Sportgerät und Sportplatz*, über Kleidung und Musik bis zur Ausführung der sportlichen Bewegung selbst.

Das 2011 erschienene Buch »current state: snowboarding« von David Benedek geschrieben, entworfen, editiert und herausgegeben,[82] der

---

80   Teile dieses Kapitels wurden bereits in Philipp Ellrich: Snowboarding. Die Geschichte(n) eines neoliberalen Sports. Zur formal-ästhetischen Lesbarkeit sportlicher Wirklichkeit. In: Neue Forschung zur Kulturgeschichte des Sports, Hg. von Andreas Luh u. Norbert Gissel, Hamburg 2018 veröffentlicht.

81   Georg Lukács: Die Verdinglichung und das Bewußtsein des Proletariats [1923], Bielefeld 2015, S. 16f.

82   Das Buch erhielt u.a. 2012 den bayrischen Printmedienpreis. Auf der Website der IFOG Akademie wurde es folgendermaßen laudiert: »Ein Meisterwerk der Produktion. Der Inhalt ein Manifest einer ganzen Kultur. Aber ist dieses Buch

selbst professioneller Snowboarder war, bietet einen geeigneten Unter-
suchungsgegenstand für das Phänomen, da es in seiner Gesamtkon-
struktion aus Texten, Bildern und Grafiken ein sowohl aus produktions-
als auch rezeptionsästhetischer Sicht umfassendes und vielschichtiges
Narrativ des Sports entwirft. Die insgesamt 23 Gespräche, die Benedek
mit verschiedenen Akteuren der Snowboardszene führt, erzählen aus
individuell unterschiedlichen Perspektiven vor allem von der gesellschaftlichen Funktion des Snowboardings. Das Werk wird in doppelter
Hinsicht zur *Geschichte* dieses Sports: einerseits sind die ›Gesprächspartner‹ die tatsächlichen Protagonisten bzw. Helden der Szene und
andererseits wird durch die besondere Text-Bild-Verknüpfung eine
kreativ-gestalterische Umsetzung des Lebensstils verwirklicht. Denn
tatsächlich handelt es sich um zwei Bücher, die miteinander verbunden sind, wodurch die Gestaltungen von Texten und Bildern über die
›Buchgrenzen‹ hinausgehen. Durch die Verbindung von Bildern, Foto-
grafien und Portraits mit dem eigentlichen Text, der stilistisch zwischen
Interviewsammlung und dialogischem Erzählen eines Protagonisten
zu verorten ist, gelingt es Benedek die Bewegtheit, Bildgewalt, Ding-
beziehungsweise Konsumfokussierung des Lebensstils so sicht-sowie
lesbar zu machen. Mehr noch: durch die beschriebene ›Überschreitung‹
der konventionellen Buchgrenzen wird das Werk selbst bereits zur
Allegorie auf eine Sportart, die sich als (Gesellschafts-)Praxis gerade
dadurch auszeichnet, dass ihre Bewegungen ein besonderes Moment
des Ausbruchs bzw. der *Freiheit innerhalb der Axiome und Grenzen der kapitalistischen Leistungsgesellschaft* beinhaltet, der in dieser Form vom Surfen
übernommen und gleichzeitig noch gesteigert wurde, was einerseits
am Raum liegt, der für diese Praxis besetzt wird und andererseits an
der Ausführung selbst und den Kriterien ihrer Beurteilung.

Denn im Gegensatz zum Surfen, das die Bewältigung einer, oder
besser: das *reibungslose Einfügung* in eine existierende(n) Bewegung
(die Welle) zum Ziel hat, wofür das Surfbrett notwendiges Mittel zum
Zweck ist, ist der schneebedeckte Hang des Snowboarders ein an sich

---

eigentlich noch ein Buch?« (Unter: www.ifog.de/2014/02/veranstaltung-curren
t-state-snowboarding-david-benedek %E2 %80 %AC/; Stand: 03.09.2016)

unbewegter Raum, dessen zeitweise Besetzung vielmehr eine Nutzung zur Aufführung der Körperbeherrschung ist.

Allerdings nicht im fordistischen Sinne des Trainings der Muskeln, im Gegenteil ist es viel mehr die ganzheitliche Körperbewegungstechnik als Prozess, die auf- und vorgeführt wird. Entsprechend der allgemeinen Entwicklung verwischen auch in der Frage der Körper Konsum und Produktion. Metrisierungen aller Art, wie sie in den modernen Sportarten prägnant in allen Aspekten zum Vorschein kommen (man denke an das obligatorische Schauspiel des, vor allem im Schwergewicht sinnfreien, ›Wiegens‹ im Vorfeld eines Boxkampfes), werden hier nicht nur nicht vorgenommen, sondern verweigert. Allerdings wird sich auch hier zeigen, dass diese Praxis vom Prinzip der kapitalistischen Gesellschaft nicht frei ist (oder sein kann), auch hier die Körper (und Seelen) den Anforderungen des Marktes entsprechend gestaltet werden, da sich postmoderner Individualismus und Neoliberalismus nicht ausschließen – im Gegenteil: die Postmoderne scheint die (kulturellen) Bedingungen sowohl für die Verwirklichung als auch die Problematisierung der neoliberalen Programme zu schaffen Und dennoch: Snowboarder könnten als ›deleuzianische Sportler‹ beschrieben werden. Ihre Bewegungen stellen einen stetigen Prozess der De- und Reterritorialisierung dar, ihre Sportart ist die der kontinuierlichen Neubesetzung des Raums, der in diesem Fall schneebedeckte Berge oder Hänge sind. Wie Nomaden besetzen die Snowboarder den Berg, sie hinterlassen aber keine ›Kerben‹, nur vergängliche Spuren (›Lines‹), die nach dem nächsten Abfahrer oder wetterbedingt wieder verschwinden. Wie das Meer oder die Wüste ist der Schnee, zeitweise besetzbar, aber nicht metrisiert. Für den Snowboarder ist der Weg hinab allerdings unbestimmt und unbegrenzt, er folgt den (in seinem Fall meteorologischen) Ereignissen.

Zur Veröffentlichung des Buchs titelte die Süddeutsche Zeitung: »Das Brett, das die Welt bedeutet« und spielt damit auf den *performativen Charakter des neoliberalen Sports* an: Das Brett unter den Füßen dieser neuen Körper ist einerseits ein Ding der Bewegungsermöglichung, andererseits Bühne einer *Bewegungsfreiheitsbewegung*, die sich als sportliche Gegenbewegung zu einem Massenphänomen entwickelt hat. Diese Bedeutungsaufladung des Sportgeräts zur Sinninstanz und

Ausgangspunkt von persönlichen Narrativen ist eine Neuerung des neoliberalen Sports. Die Erzählung lässt aus einer körperlichen Bewegung eine sportive Kultur werden, die für die Akteure gesellschaftliche Relevanz hat. Folgerichtig ist »Current state: snowboarding« keine Erzählung im klassischen Sinne, sondern eine gelungene Umsetzung einer postmodernen Sportgeschichte; ein Buch, das Bestandsaufnahme des Status Quo einer Bewegungskultur und zugleich Kunstwerk ist, in dem die Komposition aus Figuren, Bildern sowie Layout die Geschichte des Sports erzählen. Diese Geschichte lässt sich grob zusammenfassen in der Entstehung als Suche nach Distinktionsmerkmalen zum Establishment, der Verhandlung des Widerspruchs der Proklamation individuellen Stils bei gleichzeitiger ganzheitlicher Vermarktung universeller Prototypen sowie dem Kampf um eine Freiheit von Institutionen und zum Konsum.

Snowboarding beinhaltete von Beginn an eine bestimmte (politische) Philosophie eines neoliberalen Sports: Mit der Produktion der Bewegungsidee ging eine privatunternehmerische Idee einher, die bestimmte Phänomene als notwendig (v.a. die Kommerzialisierung), andere als verwerflich (v.a. die Institutionalisierung) erachtete. Primärinstanz des neoliberalen Sports ist nicht mehr Verein oder Verband, sondern Firma oder Geschäft: »Viele der Firmen im Snowboarding fördern die Kultur auch nicht mehr. Sie verkaufen Snowboards und Snowboardschuhe, aber sie verkaufen nicht wirklich die Kultur dahinter [...] früher [...] war es mehr eine Ausstellung von Persönlichkeit«.[83]

Die Geschichte dieser Kultur des Snowboardings erzählt Benedek durch die individuellen Geschichten einzelner *Helden*. Im Vorwort definiert er die Schlagrichtung der Erzählung seiner Sportart als *sportive Kultur*, die von einzelnen signifikanten Subjekten etabliert und definiert werde:

---

83   David Benedek: current state: snowboarding, München 2011, S. 117. [Zitate vom
       Verf. aus dem Englischen übersetzt]

»Was ich erschaffen oder kuratieren wollte, war eine subjektive Auswahl an Menschen, die für mich (und hoffentlich die meisten von euch) eine signifikante Rolle in der Etablierung und Definierung der Snowboarding Kultur gespielt haben. Menschen, von denen ich denke, dass sie die Qualitäten und Attitüden, die ich persönlich mit Snowboarding verbinde, zusammengefasst in dem Versuch ein übergreifendes Bild seines current states zu erschaffen.«[84]

Die Erzählung dieser postfordistischen, postmodernen, neoliberalen Sportart in »current state: snowboarding« ist weniger eine kulturelle Vereinnahmungsgeschichte des Sports, denn vielmehr die einer *Versportlichung*, also eine sportliche und damit ökonomische Entfremdungsgeschichte einer Bewegungskultur. Pat Bridges, Chefredakteur des größten Snowboardmagazins, der als »wandelnde Enzyklopädie des Snowboardings«[85] in die Geschichte eingeführt wird, diagnostiziert daher treffend, dass Snowboarding für ihn keine Kultur mehr darstelle, was am verloren gegangenen ›Investment‹ bzw. ›Commitment‹ der Marken und Medien in Bezug auf die Erfindung von Helden zurückzuführen sei. Hier zeigt sich der kapitalistische Kern einer Entwicklung, die so über den Sport hinaus beobachtbar ist: Die Erzählung der Heldengeschichten obliegt dem Markt und den jeweiligen Verkäufern auf diesem, also den Firmen, die in der jeweiligen Branche aktiv sind. Das Signifikante am Snowboarding ist nun, dass die Akteure sich dieser Tatsache (scheinbar) bewusst sind, weshalb erst eine Problematisierung der Ambivalenzen und Brüche in der Erzählung dieses Sports, so wie sie Benedek präsentiert, möglich wird.

Den Beginn markiert folgerichtig der Mann, der als einer der Pioniere und Erfinder der Sportart Heldenstatus erlangt hat und gleichzeitig in seiner Rolle als Gründer, Namensgeber und Besitzer des Markführers *Burton* besser als jeder andere Akteur der Szene für die ursprüngliche Symbiose aus einer sportlichen Gegenbewegung und einer Markt-

---

84   Ebd., S. 9.
85   Ebd., S. 52.

beziehungsweise Konsumidee steht. Die Ambivalenzen der Sportart äußern sich eindrucksvoll in der Figur Burton, deren Interpretation allerdings zunächst einer sozio-historischen Verortung von Entstehung und Etablierung des Snowboardings bedarf.

Das Snowboarding entspringt, ebenso wie das analog entstandene Skateboarding, dem Wellenreiten, das in verschiedene Landschaftsformationen übertragen wurde: Mitte der 1960er Jahre versuchte der professionelle Wellenreiter Sherwin Poppen, das Surfbrett in die Berge zu importieren. Er entwarf ein Minisurfbrett, das aus zwei aneinander geschraubten Kinderski bestand, keine Bindung hatte und mit einer an der Spitze befestigten Schnur gelenkt wurde. Die Idee war, auch im Winter an seinem Wohnort am Lake Michigan surfen zu können, wie er im Dokumentarfilm »We Ride: The Story of Snowboarding« (2013) erzählt: »Dieser Berg ist wirklich eine Welle, wir können sie den ganzen Tag reiten.«[86] Da die Idee in seiner Nachbarschaft auf große Resonanz stieß, ließ er sich sein Produkt patentieren. Obwohl die erste Serienproduktion des sogenannten »Snurfers« für 15 Dollar im Spielzeuggeschäft angeboten wurde, erwiesen sich die ersten Snowboards als kommerziell nur mäßig erfolgreich. Jake Burton verbesserte den »Snurfer«, was vor allem bedeutete, dass er ihn mit einer Lederriemenbindung versah, was sich als entscheidende Neuerung herausstellen sollte. Im Jahr 1977 gründete Burton – der dank seiner Frau finanziell unabhängig war und daher seinen Beruf als Börsenmakler in New York aufgeben konnte – das Unternehmen *Burton Snowboards*, das ein Jahr später das erste serienmäßig produzierte Snowboard »Backhill« auf den Markt brachte und heute mit weltweit 950 Mitarbeitern Branchenführer ist.

Mit der Genese der Produktidee des Snowboards geht ebenfalls eine Genese eines habituellen Konzepts einher, wofür in der Geschichte der Sportart die Figur Tom Sims stilgebend war. Der damalige Skateboard-Weltmeister stand sowohl als Fahrer, als auch als Unternehmer in Konkurrenz zu Burton, vor allem aber, so die Narration, standen sich zwei

86   We Ride: The Story of Snowboarding. Jon Drever u. Orlando von Einsiedel. United Kingdom 2013, TC: 00:03:33.

Ideologien oder zumindest Ideen des Snowboardings gegenüber. Diese Polarisierung spiegelte die anfängliche Ambivalenz der Sportart als Ambivalenz einer Gesellschaft zwischen Profit und dem nach Freiheit strebenden Lebensgefühl dieser Zeit wider. Oder wie es in »We Ride: The Story of Snowboarding« (2013) von einem weiteren damaligen Akteur artikuliert wird: »Der Eine war Ost Küste, der Andere vollkommen West Küste. Der eine war *top-down*, der andere lebte den *California Dream*.«[87] Burton wird hier als Erfinder des Sportgeräts und der Sportart gesehen, Sims als Erfinder des neuartigen Sportlers, der befreites Individuum mitsamt vermarktbarem, habituellen Konzepts sein soll: »Ich denke, [...] dass Tom Sims den Snowboarder erfunden hat, unabhängig von der Tatsache, ob er das Snowboard erfunden hat oder nicht.«[88]

Mit Wolfgang Nyvelt, einem weiteren Gesprächspartner Benedeks wird in »current state: snowboarding« gezeigt, dass die Geschichte des Snowboarding eine Geschichte von Pionieren verschiedener Sphären ist und vor allem die Tüftler und Bastler, die für die Genese des Sportgeräts verantwortlich zeichnen, eine – wenn nicht sogar die – tragende Rolle in ebendieser spielen. Nyvelt steht in der Gesamtgeschichte Benedeks für eine stilgebende Persönlichkeit, die ihre Passion und Kreativität nicht in sportlicher, politischer oder ökonomischer Tätigkeit, sondern – und dies im Bewusstsein der Bedeutung des Sportgeräts – vor allem in der materiell-schöpferischen Sphäre zur Geltung kommen lässt. Somit wird mit Nyvelt deutlich, dass die Genese des Sportgerätes in weitaus höherem Maße eine Auswirkung auf die Sportart hat als zum Beispiel die Wettkampfstruktur oder die Form und Formung des Sportlerkörpers selbst. Gleichzeitig eröffnet sich in seiner Geschichte, dass das kommerzielle (resp. kapitalistische) Moment dem Snowboarding nicht zwingend inhärent ist. Die Kritik zielt vor allem auf die Entfremdungseffekte, die der Autor diagnostiziert: Vom Wettkampf, der Vermarktung, den Strukturen und Institutionen, nicht aber vom Ding der Bewegungssowie Diskursermöglichung: dem Snowboard, welches vielmehr im Dialog mit Nyvelt einen möglichen Ausweg eröffnet.

---

87   Ebd., TC: 00:14:12.
88   Ebd., TC: 00:15:32.

Das Snowboard ist im weitesten Sinne ein *Turngerät*, das einem zunächst als Hindernis begegnet, als zu bewältigender Gegenstand verstanden werden kann, letztendlich eine *Vergegenständlichungen* kulturell tradierter und gesellschaftlich erwünschter Bewegungen und Körpernormen ist.[89] Im Sport ordnen sich die Bewegungen der objektiven Logik der Geräte unter, die Geräte reihen sich somit ein in eine ›politische Ökonomie‹ des Körpers, die unter Ausnutzung seiner Gelehrigkeit seine Bewegungen kultur-, klassen- und geschlechtsspezifisch strukturiert, kontrolliert und effizient macht. Diese Gegenstände zur körperlichen Ertüchtigung wurden allerdings zunächst nicht als (konsumierbare) Dinge wahrgenommen; sie waren (und sind) Werkzeuge der Ökonomisierung des Körpers. Die postmodernen Sportgeräte, wie bspw. das Snowboard, haben darüber hinaus eine doppelte Aufwertung erfahren: durch warenästhetische Inszenierungen und massenmediale Präsentationen stimuliert, sind sie durch und in der Beziehung zum Menschen zum *warenförmigen Ding* geworden, das einerseits Lebensstilrequisite und Konsumgut, andererseits aber auch durch eine Art des individualisierten Entzugs aus der Serialität den nahezu (romantischen) Bezug[90] eines singulären Dings[91] erhält. Entscheidend ist, dass die neuen Sportgeräte keine zu überwindenden oder zu bewältigenden Gegenstände im Sinne eines Hindernisses (man denke an Hürdenlaufen oder Bockspringen) sind, sondern eine Verbindung mit dem Körper eingehen bzw. Erweiterung des Körpers darstellen, wodurch

---

89   Vgl. Gebauer, Alkemeyer u.a.: Treue zum Stil. Die aufgeführte Gesellschaft, S. 70f.

90   Vgl. bspw. Erich Kästner: »Wir sind im Begriff, die Welt bloß noch angefüllt mit Gegenständen zu sehen; es sind aber Dinge. Über einen Gegenstand kann man verfügen, ihn ausrechnen, anstellen, abstellen. So werden Dinge, denen man ihr Wunder, ihr Rätsel, also ihre Macht wegnahm, zu Gegenständen, über die wir wie über Sklaven verfügen.« (Erich Kästner: Der Hund in der Sonne und andere Prosa, Frankfurt a.M. 1990, S. 136)

91   Zur Verschiebung vom *Allgemeinen zum Besonderen* in der spätmodernen Gegenwart und der ›neuen‹ (bzw. wiedergewonnenen) Anziehungskraft der Einzigartigkeit bzw. Singularität vgl. Andreas Reckwitz: Die Gesellschaft der Singularitäten. Zum Strukturwandel der Moderne, Berlin 2017.

eine Selbsterfahrung und Erneuerung von Selbst- und Weltverhältnis[92] ermöglicht wird: »Mit einer anderen Art von Boards wird die Welt einfach wieder größer.«[93]

Am Beispiel Snowboarding bestätigt sich der Befund, dass beim Diskurs über das neoliberale Sportgerät »nicht allein deren funktionale, sondern auch ihre ästhetischen, kommunikativen und emotionalen Qualitäten für sie Bedeutung haben [...]« und zudem »affektiv aufgeladen und in komplexe Deutungshorizonte eingewoben«[94] sind. So finden sich in der Beurteilung des Snowboards durch professionelle Sportler im Snowboardmagazin ›Pleasure‹ neben funktionalen (»ein unkompliziertes Vorspannungsbrett mit gutem Pop für Jumps und einem nicht zu harten Flex für Rails«) ebenso ästhetische (»Das Design gefällt mir auch gut«) wie emotionale Gründe (»Es macht einfach unglaublich viel Spaß, damit zu fahren«).[95] Die Begründung von Torah Bright, einer der berühmtesten professionellen Snowboarderinnen, in einer späteren Ausgabe der ›Pleasure‹ zeigt, dass das Brett aber tatsächlich ein Medium ist, dass funktionale, ästhetische, kommunikative und emotionale Qualitäten reziprok aufeinander wirken, in der diskursiven Auseinandersetzung ineinander übergehen und so eine identifikatorische Funktion erfüllen: »Es ist, wie ich selbst, verspielt, kann aber auch aggressiv sein, wenn nötig.«[96]

Dieser neuartige Dingbezug führt allerdings zu einer komplexen Verbindung zu den *Produzenten*, die Benedek versucht zu ergründen und zu verstehen, indem er mit ehemaligen Fahrern, die gleichzeitig auch Gründer oder leitende Mitarbeiter von Snowboardfirmen sind, spricht. Die zentrale Frage nach dem *current state* wird hier in ihrer Ambivalenz

---

92   Vgl. hierzu Gebauer, Alkemeyer u.a.: Treue zum Stil. Die aufgeführte Gesellschaft, S. 76ff.

93   Benedek: current state: snowboarding, S. 143.

94   Gebauer, Alkemeyer u.a.: Treue zum Stil. Die aufgeführte Gesellschaft, S. 69.

95   Benedikt Heimstädt u. Chris Heubl (Hg.): pleasure. Snowboard Magazin, Bd. 116, München 2014, S. 91ff.

96   Benedikt Heimstädt u. Chris Heubl (Hg.): pleasure. Snowboard Magazin, Bd. 119, München 2015, S. 77.

deutlich, da nicht die Bewegungsausführung selbst oder deren Institutionalisierung fragwürdig ist, sondern die mediale Präsentation der
Ware Sport: »Nur die Firmenpräsenz in Magazinen betrachtend, frage
ich mich manchmal, ob Snowboarding überhaupt noch cool ist.«[97]

Benedek benutzt hier die Bezeichnung der »Integrität«[98], die verloren ginge, wenn eine Firma zu groß und zu kommerziell würde.[99] In
diesem für die Snowboard-Szene durchaus repräsentativen – Gedanken
zeigt sich die Widersprüchlichkeit des Unterfangens: die Schwierigkeit
(oder gar Unmöglichkeit), als Sport das agonale Prinzip zu überwinden,
bezweckt, dass das Snowboarding mehr als Kultur denn als Sport gesehen wird. Als ein Teil der Kulturindustrie sieht man sich nun dem äqui-
valenten Prinzip des Wachstums bzw. der Steigerung ausgesetzt, wofür
die Akteure durchaus ein Bewusstsein entwickeln, das bei den meisten
allerdings mehr konsternierte Verwirrung als kollektivierende, kämpferische Konsequenzen stiftet: »[...]›Sport‹. Ich weiß nicht, wie ich es sonst
nennen soll. *Benedek:* Ich habe es aufgegeben. Manchmal nenne ich es
einfach so. *Anderson:* Ich denke, dass es nicht wirklich ein Sport ist. *Benedek:* Ich weiß. Aber was soll man machen?«[100]

Die Ideale und Werte des Einzelnen spiegeln sich also weniger in
seiner Lebens-als vielmehr in seiner Konsumpraxis wider, die *Corporate Identity* eines Unternehmens, bzw. aller beteiligter Unternehmen
wird somit als Corporate Identity der sozialen Gemeinschaft identifiziert. Die Helden der Gemeinschaft leben in ihrem repräsentativen
Konsumverhalten die vermeintliche Wahlfreiheit des Lebensstils, repräsentiert durch Mode, vor, die wiederum von anderen durch den Konsum
selbiger Waren kopiert werden kann (und soll). Die entscheidenden,
definierenden und distinguierenden Aspekte in der »Biographie« des
(professionellen) neoliberalen Sportlers sind nicht Nation-oder Klas-
senzugehörigkeit, sondern deren Sponsoren.

---

97   Benedek: current state: snowboarding, S. 60.
98   Ebd., S. 56.
99   Ebd., S. 113.
100 Ebd.

In der Rubrik »showroom« wird in jeder Ausgabe des deutschsprachigen Snowboardmagazins *pleasure* ein Akteur anhand seiner »aktuellen Ausrüstung«[101], also anhand der sportspezifischen Kleidungsartikel sowie Accessoires vorgestellt. Deren ästhetische und u.U. auch funktionale ›Wahl‹ von Snowboard, Bindung, Schuhe, Jacke, Hose und Skibrille wird als ethische dargestellt, deren konsumistische Nachahmung somit ebenso nicht lediglich eine ästhetische oder funktionale Angelegenheit ist, sondern zur subjektiven Identitätsrepräsentation erhoben wird: »Mikkel Bang ist auf dem Brett ein absoluter Styler und so fällt auch seine Jacke aus, die im Falle dieses Modells eher ein Hightech-Anorak ist.«[102]

Die neoliberalen Sportlerkörper definieren sich über einen ganzheitlichen Konsumgedanken: Dass also neben dem Konsum des Lebensstils und einem im doppelten Sinne *Konsumierens der Bewegungen* auch klassische Konsumelemente Teil des Systems sind, erscheint logisch. Die Kleidung spielt eine große Rolle, denn sie muss einerseits die funktionalen Anforderungen des Sportlers erfüllen und andererseits als Distinktionsmerkmal funktionieren: »Mit der leichten Heat II Jacket macht der Norweger nicht nur im Powder auf Hokkaido eine gute und trockene Figur, sondern auch in den dunklen Seitenstraßen von Tokio. Getapte Nähte, eine 10.000er Wassersäule sowie 10.000er Atmungsaktivität sorgen für die notwendige Funktion und der lange Schnitt für den richtigen Style«.[103] Die Identität, die sich aus der ›Übereinstimmung‹ von Sportlerperson und ›ihrem‹ Equipment bildet, ist durch den Konsum der personalisierten Objekte kopierbar: »Das beste (sic!) an einem Pro-Model ist jedoch immer die persönliche Note. Der Käufer kann sich mit einem Fahrer identifizieren, die Marke erhält über den Fahrer etwas mehr Charakter und die Kollektion wird abwechslungsreicher durch Signature-Produkte, die sich vom Rest abheben«[104], urteilt daher nicht etwa ein Marketingstratege einer führenden Marke, sondern der

---

101   Heimstädt u. Heubl (Hg.): pleasure. Snowboard Magazin, S. 94.
102   Ebd.
103   Heimstädt u. Heubl (Hg.): pleasure. Snowboard Magazin, S. 78.
104   Heimstädt u. Heubl (Hg.): pleasure. Snowboard Magazin, S. 98.

Profi Eero Ettala, der zum Zeitpunkt des Interviews zehn Jahre lang für die Marke *Nitro* als Fahrer ein eigenes Snowboard designen durfte. Die neoliberalen Subjekte sollen sich also in den Dingen *wiederfinden*, sich mit ihnen darstellen, mehr noch sollen diese Dinge sie (natürlich zum Besseren) verändern und bereichern. Die Sportgeräte (und die sie produzierenden, vermarktenden sowie medial aufbereitenden Industrien) stellen somit hier die gemeinschaftsstiftende Instanz dar, was sich auch in der Institutionalsierungsgeschichte zeigt.

In Europa entstand bereits früh ein erster Verband namens ISF (International Snowboard Federation), der gemeinsam mit *Grundig*, dem ersten großen Sponsor der Szene, Wettkämpfe veranstaltete und an Austragungsorte vergab und damit als erster Dachverband der Szene angesehen werden kann. Die FIS (Fédèration Internationale de Ski) erkannte spät – aber noch rechtzeitig – das Potential der neuen Sportart und setzte sich, wie die Neue Zürcher Zeitung 1996 urteilt, »in ein gemachtes Nest.«[105] Sie bekam die Snowboard-Rechte für Olympia zugesprochen und löste damit die ISF langsam ab, die durch diese Entwicklung auch Grundig als Partner an die FIS verlor.

Die Olympischen Spiele 1998 werden als Wendepunkt in der Entwicklung zur Sportart angesehen: »Das war der Zeitpunkt, als alle Länder, alle Verbände auf den Zug aufgesprungen sind. Seither gibt es Nationalmannschaften, seither gibt es jene, die in der Szene groß geworden sind, und jene, die mit Coaches ausschließlich eine Disziplin trainieren«.[106] Eine andere Sicht als der Profi hat hier der Geschäftsmann Burton:

»Ich glaube, dass Snowboarden die Olympischen Spiele mehr verändert hat als umgekehrt. Snowboarden ist kein Sport, der für Olympia gemacht worden ist, und er ist auch nicht von Olympia gemacht worden. Die Olympischen Spiele haben einen sehr geringen Einfluss auf

---

105 Robert Elsener: Eine Sportart wird gemacht. Das Engagement im Snowboard als Mittel zur Imagekorrektur. In: Neue Züricher Zeitung, Bd. 24, Zürich 1996.

106 Michael Eder: »Wir sind keine Subkultur mehr«. 2009, www.faz.net/aktuell/sport/wintersport/snowboard-wir-sind-keine-subkultur-mehr-1759346-p3.html?printPagedArticle=true#pageIndex_3 (01.09.2020)

die Seele unseres Sports. Viele der weltbesten Snowboard-Profis haben niemals an Olympischen Spielen teilgenommen, weil sie sich auf anderes konzentrieren als auf Mainstream-Wettkämpfe. Auf der anderen Seite hat Snowboarden großen Einfluss auf Olympia, weil es ein jüngeres, unkonventionelles Publikum zu den Spielen bringt. Das ist ein großer Gewinn für eine Veranstaltung wie Olympia, die mit einem sehr traditionellen Hintergrund versucht, sich weiterzuentwickeln.«[107]

Der ehemalige Börsenmakler und jetzige *spiritus rector* des Snowboardings Jake Burton erzählt im Buch von eben dieser Angst vor den typischen Institutionalisierungsprozessen und evaluiert den *current state* »aus einer Produktperspektive.«[108] Benedek gehört hingegen zu jenen Akteuren, die die Partizipation an Olympia als einen Verrat an ihrer Kultur ansehen, einig sind sich beide allerdings in der *Warenförmigkeit*, weshalb er von Burton die Einschätzung zum *current state* anhand zweier Produkte einfordert: Ein Burton T-Shirt aus dem Jahr 1997, das die olympischen Ringe als Handschellen zeigt und der offiziellen von Burton gestellten Uniform der Sportler für die Olympiade 2010. Burton sieht in der Entwicklung »Evolution und nicht Kontradiktion«,[109] eine Weiterentwicklung seines Produktes; für Benedek hingegen ist es ein Unding und zugleich ein eindeutiges Zeichen einer Entfremdung *zum* Sport.[110]

Benedeks ambivalente Haltung ergibt sich aus der Tatsache, dass die Akteure gleichzeitig Sportler, Konsumenten und Unternehmer sind. Die Marken und die Geschäfte, die sie ver- und betreiben, werden als Primärinstanzen des Sports gesehen und der Primärcode ist der *Style* bzw. die *Coolness*. Die Rahmung und Hierarchisierung klassischer Vereins-und

---

107   Michael Eder: »Spaß haben – das ist alles worum es geht«. 2010, www.faz.net/aktuell/sport/olympische-winterspiele/skisport/jake-burton-snowboard-erfinder-spass-haben-das-ist-alles-worum-es-geht-1936594.html (01.09.2020)

108   Benedek: current state: snowboarding, S. 30.

109   Ebd.

110   Ebd.

Verbandsstrukturen ist hier offensichtlich obsolet geworden. Die Strukturierungen von Raum, Zeit und Art der Bewegungspraxis als definitorische und vor allem disziplinierende Konstante entfällt. Es existieren weder Spielfeldbegrenzungen noch Trainingszeiten; die Gemeinschaften und deren Zusammenhalt bildet sich nicht über die Struktur oder Hierarchie, sondern über einen gemeinsamen Stil, eine primär körperliche Vergemeinschaftung.

Die institutionelle Kategorisierung (resp. Disziplinierung) der Körper und ihrer Praxen, die im Sport klassischerweise das Lehr- und Verbandswesen übernimmt, greift im Fall des Snowboardings daher auch nicht mehr, da hier die Körperformierung (und ihre Demonstration) keiner spezifischen Funktionalität folgt, sondern eine ›subjektive‹, persönliche Signatur des Lebensstils verdeutlicht werden soll, ein (Lebens-)Stil, der in der sportlichen Praxis erworben wird und dann in andere soziale Felder transportiert wird. Im Bewusstsein dieser Entwicklung beschränkte sich das Lehrwesen daher zunächst auf das alpine Fahren und die prinzipielle *Beherrschung* des Sportgeräts und klammerte das eigentliche und ursprüngliche Distinktionsmerkmal *Style* aus. Der 2001 veröffentlichte »Ski Lehrplan Style«[111] verdeutlicht auf besondere Weise, dass eine Institutionalisierung des *Freestyle* eine Contradictio in adiecto darstellt:

»Stylisch fährt jemand, wenn es besonders cool, lässig, virtuos, spielerisch oder einfach gut aussieht. Style unterliegt damit immer einer individuellen Interpretation. Aber Style ist auch sehr stark der kollektiven Auffasung der Szene und ihrer Entwicklung unterworfen. So ist beim Freestyle grundsätzlich zwar alles erlaubt, eine vergleichende Beurteilung erfolgt aber auch hier auf der Basis allgemein anerkannter Regeln. Gerade beim Springen versuchen wir zu stylen. [...] Als Style bezeichnen wir also ganz bestimmte Bewegungselemente beim Freestyle, aber auch den allgemein ästhetischen Gesamteindruck beim Snowboarder oder Skifahrer. [...] Nicht die Norm ist wich-

---

111   o.A.: Ski-Lehrplan Style. Sprünge und Tricks mit Board und Ski, Hg. von Deutscher Verband für das Skilehrerwesen e.V. u. Interski Deutschland. München 2001, S. 6.

tig, sondern das eigene Gestalten, Erleben und Empfinden. Auch gute
Fahrer können unter der Anleitung eines Fachmanns neuen Spaß an
ihrem Sport und neue Inputs erfahren. Mach dich (mit deinen Schü-
lern) auf die Suche und lebe deinen Style – Free your Style!«[112]

Hier wird deutlich, dass der als individuell proklamierte Stil nicht durch
die Formen von Satzungen und Lehrplänen institutionalisiert werden
kann, sondern selbst eine wirksame (neoliberale) Weiterentwicklung
dieser darstellt. Die Individuen bedürfen hier keiner disziplinierenden Instanz mehr, da der Zwang zur Selbstdefinition und -regulation
im marktförmigen, neoliberalen Sport intrinsisch geworden zu sein
scheint. Die Praxis des Snowboardings hat daher zwei gleichwertige
Orte und Tätigkeiten: Den Berg und das Geschäft, das Fahren und das
Konsumieren. Beide Räume werden in der Wahrnehmung der Akteure
dadurch korrumpiert, dass ihnen diese Freiheit zur Selbstdisziplinie-
rung genommen oder zumindest reguliert wird: der Berg durch die
(sportlichen) Verbände, das Geschäft durch Großunternehmen.

Ein weiterer Gesprächspartner Benedeks beschreibt die Entwicklung des *current state* daher auch mit der Entwicklung der Läden: das
harte ökonomische Klima habe viele kleine unabhängige Geschäfte
verschwinden lassen und gerade diese hätten einen großen Anteil an
der *Coolness* des Snowboardings.[113] Hier wird die gesamte Ambivalenz
deutlich: Der Versuch des Ausbruchs oder der Negierung der Leistungsgesellschaft durch die Neucodierung von *Sieg/Niederlage* zu *Cool/Uncool*
führt zu einer derartigen Affirmation der Waren- und Konsumwelt, die
nicht den Fahrstil, also die ›eigentliche‹ konkrete Praxis des Snowboardings zum Wesenskern der Reflexion macht, sondern verschiedenen
(Re-)Präsentationsebenen und *Geschäfts-und Vermarktungsfelder:* »I ac-
tually think Snowboarding is in a pretty amazing state of change,
turning away from a lot of this stale shit, from everyone doing the same
things over and over. Almost like people have just taken a step back,

---

112   Ebd., S. 6.
113   Benedek: current state: snowboarding, S. 59.

going, ›What's really fucking cool here?‹ *Benedek: Do you mean in regard
to actual riding or to the industry?‹*[114]

Style ist in der Form somit nur noch eine ästhetische Öffentlichkeits-
arbeit, die das Glück oder den Sinn durch die individualisierten Kör-
perrequisiten der neoliberalen Körper zur Schau stellt. Dieser neoliberale Körper ist nicht nur die visuelle Visitenkarte des Selbst und Mittel
zur Distinktion, er ist »Glücksträger«[115] jenes Glückes, das die neoliberalen Biographien sinnstiftend begleitet. Die breite Inanspruchnahme des
Sports als Glücksträger und »neue« Sinninstanz deutet demnach nicht
nur auf den Sport selbst und seine Besonderheiten, sondern verweist in
einem Umkehrschluss auf die Verdrängung und Verluste, die Menschen
im Kapitalismus hinnehmen müssen.

Neben vielen ehemaligen Fahrern, die nun Eigentümer oder Mitarbeiter von Snowboardfirmen sind, kommen daher auch konzeptuelle
Gegenentwürfe wie z.b. dem von Scotty Wittlake zu Wort. Der als Gate-
keeper und Erfinder der Sportart eingeführte Jake Burton evaluiert den
current state stets aus einer ›Produktperspektive‹ heraus, was zeigt, dass
Snowboarding ohne das *kapitalistische Element* des historischen Kontex-
tes, in dem er entstanden ist, nicht in seiner jetzigen Form existieren
würde. Dass dieses Verhältnis allerdings widersprüchlich und teilweise
fragwürdig ist, ermöglicht erst die (tatsächlich) kritische Frage nach
dem *current state*, wie sie von Scotty Wittlake gestellt wird.

Wittlake ist die Figur, die die Zweifel zum und Widersprüche im *current state*, die den erzählenden Autor in jedem Gespräch plagen, zu Ende denkt, (für sich) praktisch beantwortet hat und nun erklärt: Er hat
aufgehört, professioneller Snowboarder zu sein, weil er kein Teil dieser
Vermarktungslogik sein wollte, die »für eine Idee wirbt, die Leute dazu
bringt, sich in einer gewissen Weise zu verhalten«, da er diesen »ma-

---

114   Ebd., S.148.
115   Hannelore Bublitz: Sehen und Gesehenwerden – Auf dem Laufsteg der Gesell-
       schaft. Sozial-und Selbsttechnologien des Körpers. In: body turn. Perspektiven
       der Soziologie des Körpers und des Sports, Hg. von Robert Gugutzer, Bielefeld
       2006, S.357.

nipulativen Charakter« als »abstoßend« empfinde.[116] Im Lauf des Ge-
sprächs versucht Wittlake Benedek deutlich zu machen, dass eine *inner-
systemische Kulturkritik* nicht genügt, um den *current state* zu *begreifen*, da
es sich nur um eine Spielart des gesamtgesellschaftlichen *current state*
handelt, den es zu hinterfragen gilt, so wie es Wittlake tut:

> »Leute die ununterbrochen davon sprachen, wie viel Geld sie verdie-
> nen und dass dies immer noch nicht genug sei, weil sie ihr zweites
> Strandhaus oder irgendwas refinanzieren müssen. Und ich dachte:
> ›Ich verstehe nicht. Wann wird genug denn genug sein?‹ Ich bezwei-
> fele, dass irgendwer jemals an den Punkt in seinem Leben kommen
> wird und sagt: ›Perfekt, ich habe den Geldbetrag erreicht, den ich ha-
> ben wollte.‹ Was hat es damit auf sich, dass die Leute diese absur-
> de, nie endende Mission betreiben müssen? *Benedek:* Weil das Leben
> ein Kampf ist, um zur Spitze zu gelangen. Verwurzelt in unseren pri-
> mitivsten Instikten. *Wittlake:* Zu einem Berggipfel zu gelangen, der
> nicht existiert? Es gibt keine Spitze. *Benedek:* Natürlich gibt es keine
> Spitze. Aber dieses Streben nach diesem elusiven Ziel ist es, was un-
> sere Leben mit Sinn erfüllt. [...] *Wittlake:* Ich sage nicht, dass es einfach
> um den physikalischen Aspekt des Geldes auf dem Bankkonto geht,
> sondern vielmehr um die Idee von Erfolg. Was bedeutet es erfolgreich
> zu sein und warum ist das verfolgenswert? [...] Und ehrlich. Ich fra-
> ge mich, was das Ziel ist. Wenn ich mir unseren normalen Lebensstil
> ansehe, der nichts mehr damit zu tun hat, tatsächlich zu leben. Wir
> alle erfüllen einfach nur Aufgaben im Austausch für monetäre Kom-
> pensation, die wir dann für Dinge tauschen, die wir tatsächlich zum
> Überleben brauchen. Das ist wirklich das Beste, das wir uns haben
> einfallen lassen?«[117]

Was die Figur Wittlake ihm aufzuzeigen versucht, ist, dass es zwar kein
richtiges Leben im falschen gibt, jedoch sowohl individuelle als auch kollektive Aspekte in ihrer Bewegungspraxis, Fluchtlinien (die über die sportliche Praxis hinausdeuten) darstellen können, die, wie er sagt, für den
einzelnen ›therapeutisch‹ helfen mit der Realität umzugehen, die zwar

---

116   Benedek: current state: snowboarding, S. 95.
117   Ebd., S. 98.

keineswegs die politisch-ökonomischen Zusammenhänge auszuheben im Stande sind, zumindest aber diese *sichtbar* machen und so ein Bewusstsein für diese schaffen könnte, aus dem sich wiederum emanzipatorische *Maßnahmen* entwickeln könnten:

>»Also, vielleicht muss man noch genauer nach den realen Antithesen suchen. Einfach andere Parallelen in unserer Gesellschaft anschauen, wie weit politische Gruppierungen oder so gehen, die Leute, die einen echten Backlash repräsentieren, leben meist am Rand des Sichtbaren, weil das, was sie tun, nicht wirklich vermarktbar, keine verkäufliche Idee ist, wobei manche das werden. [...] In den Bäumen wandern ist ziemlich schwer zu vermarkten, es ist nicht als würdest du Kaugummi oder irgendwas verkaufen. [...] Es ist total irrational, wie aufgeregt wir uns an Powder-Tagen aufführen – die ersten Abfahrten sind totales Chaos, uns gegenseitig über Klippen und alles, was wir finden können, jagend. [...] Die Möglichkeit, die kreative Kontrolle über das eigene Tun zu haben, und sich dabei bewegen zu können ... es ist einfach so eine großartige mentale Therapie, wenn sonst nichts. [...] Man ist in einer friedlichen Umgebung, ohne Menschen um einen herum und der Schnee saugt allen Lärm auf. Es ist diese magische Stille, die einfach nicht menschengemacht ist, in der man sich befindet, weißt du? Es ist einfach Schneefall in der Wildnis.«[118]

Wittlake betreibt nun (wieder) den ›guten Sport‹ genau wie ihn sich Brecht wünschte: »riskant (ungesund), unkultiviert (also nicht gesellschaftsfähig) und Selbstzweck.«[119] Zudem mit einem Bewusstsein für die Umstände und gesellschaftlichen Bedingungen und einer Haltung, die Spaß und Trotz gegenüber den Verhältnissen signalisiert. Er hat *seinen Sport* dem Kapital entzogen, indem er ihn wieder zum *Selbstzweck* hat werden lassen.

Das Snowboarding lässt sich zusammenfassend als liberale, ohne Reglements, Institutionen entstandene Bewegungskultur begreifen, als einen Versuch des Ausbruchs aus der Normierung mit dem starken

118   Ebd., S. 99.
119   Brecht: Die Krise des Sports [1928], S. 28.

Bedürfnis nach Freiheit und Individualität. Die neue Wettkampfkultur, die hier etabliert wurde, ist geprägt durch die Umcodierung gewisser Axiome des Lebensstils und einer Neudefinierung des Wesens der Leistung. Denn als körperliche Praxis besteht das Snowboarding in seinem ursprünglichen Sinn ohne vorrangige Orientierung an einer Überbietungs- beziehungsweise Wettkampfkultur. Das Ästhetische ist der eigentliche Sinn des Sports, da sich im Moment des Gelingens der Sinn im Tun verwirklicht:

> »Aber wenn man mit den Leuten, irgenwem, darüber redet, warum Snowboarding so krass ist, dreht es sich normalerweise um das *riding* in natürlichen Bedingungen, draußen im Hinterland zu sein, weg von allem. Zusammen mit Freunden zu sein und einfach in natürlichem Terrain zu fahren. Das ist es, was Snowboarding ist.«[120]

Als genuin neoliberaler Sport verkörpert er jedoch zugleich die Verbindung von ökonomischer, sportiver, (produktions-)ästhetischer und konsumistischer Praxis, eine Praxis, die zudem erst im Moment der Rezeption, also des *Wahrgenommenwordenseins*, sinnhaft wird. Das Wesen der neoliberalen Sportler ist das eines generalisiert narzisstischen, körperbetont und selbst- performierenden Unternehmens- Individualismus.

Der sich selbst verwirklichende Einzelne ist in besonderem Maße *entsublimiert*, denn der Nonkonformismus entspricht den Forderungen des kapitalistischen Herrschaftssystems, da er eine Geste etabliert, die nicht mehr einen Antagonismus der wirklichen Welt zur Diskussion stellt, sondern eine Gegenwelt behauptet, wodurch die gesamte Welt der Gegenseite in Frage gestellt wird. Nicht umsonst funktionieren die postmodernen Sportler *in und aufgrund* ihrer »Selbststilisierung als autonome Subjekte«[121] im besonderen Maße als Projektions- und in Folge als *Werbefläche*. Das Kollektiv entsteht somit letztlich als Ansammlung

---

120   Benedek: current state: snowboarding, S. 133, vgl. zudem Martin Seel: Die Zelebration des Unvermögens. Zur Ästhetik des Sports. In: Sport und Ästhetik, Hg. von Volker Gerhardt u. Bernd Wirkus, Sankt Augustin 1995.

121   Karl-Heinrich Bette: X-treme: Soziologische Betrachtungen zum modernen Abenteuer- und Risikosport. In: Aufs Spiel gesetzte Körper. Aufführung des So-

übereinstimmender individueller Sinnentwürfe, die durch den Stil als soziale Distinktionsstrategie zusammenfinden. War Leistung im modernen Sport vor allem an das Prinzip der messbaren Wiederholung gekoppelt, ist es im postmodernen Sport eine *Ästhetisierung der Praxis der Verschwendung*, womit Snowboarding somit als eine der sportlichen Praxen verstanden werden kann, die dem fortgeschrittenen *ästhetischen Kapitalismus* entsprechen, wie ihn Böhme beschreibt.[122] Das zentrale Kriterium dieser ästhetischen Ökonomie ist das *Begehren*: die Güter und auch die Praxis selbst sind keine Notwendigkeiten, sie dienen der Ausstattung des Lebens und befriedigen *Begehrnisse*, keine Bedürfnisse.[123] Zunächst bietet er damit eine wirksame Variante, dem Prinzip der Steigerung und Selbst-Optimierung gerecht zu werden. Durch seinen neuartigen Code ermöglicht er dem Einzelnen die *feinen Unterschiede* zur Differenzierung innerhalb der sozialen Ordnung selbst zu entwickeln und zu formen. Die Leistung transformiert hier vom momenthaften Erreichen oder Erringen, gemessen in Rekorden und Siegen, zu stetiger, *lebenslanger Arbeit am individuellen Stil*; ein nie endender Fluss der Selbstvermarktung, die allerdings mehr ein *inszenierter Selbstkonsum* ist.

Hinter dem ideologischen und vor allen Dingen materiellen Schleier verbirgt sich allerdings auch ein Ort des Widerspruchs, einer qualitativ anderen Wirklichkeit, innerhalb der ein Bedürfnis nach Solidarität und Gemeinschaft überlebt, das einerseits in vorbildhaften Absagen des Wettkampfes um die Selbstvermarktung weniger, andererseits im Unbehagen vieler an der Warenförmigkeit des Sports, der so lediglich Teil der Kulturindustrie ist und deren folgerichtige Betonung der Bewegungspraxis (und nicht die Stilrequisiten oder Markennamen) als wahrhaft kollektivierendes Moment virulent wird. In der Bewegungspraxis

zialen in Sport und populärer Kultur, Hg. von Thomas Alkemeyer, Bernhard Boschert u.a., Konstanz 2003, S. 24.

122   Vgl. Gernot Böhme: Ästhetischer Kapitalismus, Berlin 2016.

123   Für Böhme sind Begehrnisse »solche Bedürfnisse, die dadurch, dass man ihnen entspricht, nicht gestillt sind, sondern vielmehr gesteigert werden.« (ebd., S. 101)

selbst kann ein kollektives Ereignis entstehen, in ihm kann sich die Differenz zwischen Kritik und Genuß aufheben und der intrinsische Wert der
Praxis als *freie Tätigkeit* betont werden, die allerdings damit weit mehr
ist, als *l'art pour l'art des Leibes*, als Arbeitswelt mit Spielcharakter zu sein.
Diese könnte dem Marcuse'schen Konzept der ›spielerischen Arbeit‹ entsprechen, einer nicht-entfremdeten Tätigkeit, die frei und notwendig
zugleich ist. Genau hierin liegt das Potential zur Vorlage für ein neues
Spiel und einen anderen Sport, den es zu entwerfen und vor allem zu
praktizieren gilt.

Das bewegungsermöglichende Ding, das Snowboard, zu dem die
Fahrer einen fast romantischen Bezug haben, stellt einen Versuch des
individualisierten Entzugs aus der seriellen Waren-und Produktfer-
tigung dar. Es ist der Versuch, dieses Ding zu einem (traditionellen)
singulären Ding zu transformieren, was das ambivalente Verhältnis des
Snowboardings als Bewegungs-Kultur zur Waren-und Konsumwelt
verdeutlicht, da diese als materielle Bedingung affirmiert und zugleich
im singulär-ästhetischen Akt der konkreten Praxis des Fahrens (das *Free-
Riding*) negiert wird. Eben diese Sphäre stellt den Fluchtversuch aus der
kapitalistischen Realität in ein (idealiter) *selbstbestimmtes Leben*, sowohl
in Bezug auf die ›Arbeit‹ und ihre dinglichen Voraussetzungen als auch
in Bezug zur ›Natur‹ dar. Allerdings kann der Sport als ästhetisch-
sportive Praxis individualistischer Einzelner nicht die politisch-ökonomischen Zusammenhänge aufheben, aus denen er erwachsen ist und
in denen er betrieben wird; er bleibt *Sport*. Was man sich von ihm aber
erhoffen kann, ist, dass er zumindest ›guter Sport‹ ist: Also kollektivierende, gemeinschaftliche Praxis, die als solche zudem ein Bewusstsein
über die Lebensbedingungen schafft oder zumindest, wie es auch diese
Arbeit versucht, die Widersprüche der Ordnung sichtbar macht.

Fazit: Zum Gebrauchswert des Sports

> »Der Sport ist nicht besser und nicht
> schlechter als die Gesellschaftsord-
> nung, in der er entstand und für
> die er einen Ausgleich darstellt.
> Man kann nicht sie bejahen und ihn
> verneinen. Was der einen recht ist,
> ist dem anderen billig. Sie gehören
> zusammen: seine Rekordsucht ist
> ihre Rekordsucht. Man wird ihn
> nicht ändern ohne den Mut und die
> Kraft zu haben auch sie zu ändern.«[1]

Dass Sport heute kulturell allgegenwärtig, politisch aufgeladen und öko-
nomisch signifikant ist, macht ihn zu einem fruchtbaren Feld[2] für eine

---

1   Helmuth Plessner: Die Funktion des Sports in der industriellen Gesellschaft. In:
    Gesammelte Schriften, Bd. X, Frankfurt a.M. 1985, S. 166.

2   Hierzu Bourdieu: »Das Feld der Sportpraktiken ist Schauplatz von Kämpfen, in
    denen es, neben anderem, um die monopolistische Durchsetzung einer legiti-
    men Bestimmung von Sportpraxis wie der legitimen Funktion derselben geht:
    Amateurismus vs. Professionalismus, Sport-Praxis vs. Sport-Schau, exklusiver
    »Eliten«-Sport vs. populärer Massen-Sport usw. Und diese spezifischen Kämpfe
    sind nun noch weiter eingebettet in ein umfängliches Feld von Auseinanderset-
    zungen, die die Definition des *legitimen Körpers* und des *legitimen Gebrauchs des*
    bzw. Umgangs mit dem Körper zum Gegenstand haben.« (Bourdieu: Historische
    und soziale Voraussetzungen modernen Sports, S. 98f)

kritische Analyse. Als solches Feld ist der (bürgerlich-moderne) Sport,[3] der zunächst die Summe der verschiedenen Bewegungskonzepte ist, stets mit seinem sozio-historischen Kontext figurativ verknüpft. Besonders deutlich wird dies im US-amerikanischen Kontext: die drei ›großen‹ Sportarten abstrahieren gewissermaßen drei Phasen der sozio-ökonomischen Entwicklung, die allgemein gesprochen eine Entwicklung der zunehmenden *Beschleunigung* ist. In allen drei Sportarten ist die Frage nach dem Einzelnen innerhalb eines Kollektivs entscheidend: im Baseball spiegelt sich die Herausforderung der Disziplinierung der Einzelnen, um in einer Gemeinschaft zu agieren, wobei stets individuelle Errungenschaften möglich sind und gewürdigt werden. Entscheidend für die Bewegungen selbst sind die *Techniken* (Werfen, Fangen, Schlägerschwung).

American Football entspricht demgegenüber dem Modell der industriellen Massenproduktion, in dem die Individuen in arbeitsteiligen, kollektiven und körperlichen Arbeitsprozessen teilhaben und die verschiedenen Rollen zwar unterschiedliche Wertschätzung genießen, allerdings nur im Verbund aller erfolgreich sein können. Hier differieren bereits die Körperformierungen entsprechend der Spielfeldposition, und die Frage der *Kräfte* ist das entscheidende Wesensmerkmal.

Hierzu gegensätzlich basiert Basketball auf individueller Brillanz sowie Artistik und Athletik. Obwohl Mannschaftssport, stehen hier herausragende *Superstars* im Fokus, deren Mitspieler oftmals als ›supporting cast‹, also Nebendarsteller, bezeichnet werden. Diese theatralen Eigenschaften (Basketball wird auf Parkett gespielt), verbunden mit der

---

3   Christiane Eisenbergs großer Versuch, am Beispiel des Sports Gesellschaftsgeschichte zu schreiben, beginnt mit den Übersetzungsschwierigkeiten, die im späten 19. Jahrhundert entstanden, als das englische Wort in Deutschland populär wurde (wie die Sache selbst auch). Eisenbergs soziologisch-historische Analyse entschließt sich das Wort singularisch zu benutzen, als Sammelwort aller zeitgenössischen Definitions-und Diskussionsbemühungen, und also nicht allein die Geschichte der Sportarten, sondern auch diejenige des ihnen gemeinsamen Habitus (und seiner Ideologien) zu betrachten. (Vgl. Eisenberg: »English Sports« und deutsche Bürger. Eine Gesellschaftsgeschichte 1800–1939)

nun zentralen Frage der *permanenten Bewegung* im Sinne von Geschwin-
digkeit und Beschleunigung, stellen den Basketball somit in klaren
Zusammenhang zur postmodernen Gesellschaft des Spektakels, in der,
wie von Boltanski und Chiapello bereits analysiert und beschrieben,
das klassisch-bürgerliche Arbeitsethos disziplinierter Gleichförmigkeit
zu einem ›subjektiven‹, quasi-künstlerischen Verhältnis zur Arbeit
transformiert wird.[4]

Der Sport unterliegt somit den Codierungen der Gesellschaftsmaschine (in erster und deutlichster Linie dem ökonomischen Konkurrenz-
Prinzip und dem mit ihm verbundenen Axiom der ›Leistung‹[5]), wobei
in seiner Eindeutigkeit ebenso Flucht- wie Integrationslinien besonders
deutlich werden.[6] Statt der anfangs funktionalistischen Körpertechno-
logie des *tayloristischen Sports* (Gewichtheben, Turnen, Leichtathletik)

---

4   Vgl. Luc Boltanski u. Ève Chiapello: Der neue Geist des Kapitalismus, Konstanz
     2003, sowie mit Fokus auf das Konzept der ›Bewegtheit‹ postmoderner Subjek-
     te: Andreas Reckwitz: Die Gleichförmigkeit und die Bewegtheit des Subjekts:
     Moderne Subjektivität im Konflikt von bürgerlicher und avantgardistischer Co-
     dierung. In: Bewegung. Sozial-und kulturwissenschaftliche Konzepte, Hg. von
     Gabriele Klein, Bielefeld 2004.

5   Zur Geschichte der ›Leistung‹ im Sport vgl. u.a. Allen Guttmann: From Ritual to
     Record, New York 1978, Rigauer: Sport und Arbeit. Soziologische Zusammen-
     hänge und ideologische Implikationen, Lothar Hack: Alle hatten doch die glei-
     che Chance. Leistungssport – Leistungsgesellschaft – Gerechtigkeit? In: Sport in
     der Klassengesellschaft, Hg. von Gerhard Vinnai, Frankfurt a.M. 1972.

6   Diese Arbeit folgt somit Gramscis Einschätzung, dass der populäre Sport einer
     der letzten Spielräume ›des Abenteuers‹ darstellen *kann*: In der Auseinander-
     setzung mit italienischen Popularromanen und der Frage, wieso diese so er-
     folgreich seien, wird von Gramsci das Romanlesen mit der Begeisterung für den
     Sport verglichen: »Das Phänomen ist [...] vielgestaltig, nicht einseitig: es hat
     auch einen positiven Aspekt, nämlich den Wunsch, ›sich zu erziehen‹, indem
     man eine Lebensweise kennen lernt, die als der eigenen überlegen angesehen
     wird, den Wunsch, die eigene Persönlichkeit zu steigern, indem man sich ideale
     Vorbilder setzt [...], den Wunsch, mehr Welt und mehr Menschen kennen zu ler-
     nen als es unter bestimmten Lebensbedingungen möglich ist.« (Antonio Gram-
     sci: Gefängnishefte, Hamburg 1996, S. 2058)

sind die gegenwärtigen *postindustriellen* und *neoliberalen* (bzw. *postmodernen*) Sportarten geprägt von einer »Ästhetik des Lifestyle«.[7]

Die *Sportprodukte*[8] haben so eine ideologische Neucodierung[9] im politisch-ökonomischen Zusammenhang neoliberaler Gesellschaften, wie sie sich circa seit den 1970er Jahren herausgebildet haben, erfahren: Von einem, im Wesentlichen im 19. Jhd. entwickelten, disziplinarischen (zivilisierenden) Wettkampf-oder Körperertüchtigungssport, wie ihn Norbert Elias im Zuge seiner figurationssoziologischen Untersuchungen zum Zivilisationsprozess (der als ein sowohl psycho-als auch soziogenetischer Prozess sich verändernder Trieb-und Affektkontrollen beschrieben wird) untersuchte und beschrieben hat,[10] scheint der heutige Sport eine individuale Praxis in den Strukturen einer globalisierten Tourismus-und Freizeit-sowie Mode-, Gesundheits-und Unterhaltungsindustrie zu sein. Im sportlichen Handeln als Sphäre

---

7   Klein: Bewegung denken. Ein soziologischer Entwurf, S. 150.

8   Hierunter versteht Pierre Bourdieu »die vielfältigen Formen von Sportpraxis und Sportkonsum, die zu einen gegebenen historischen Moment verfügbar und sozial anerkannt sind.« (Bourdieu: Historische und soziale Voraussetzungen modernen Sports, S. 91)

9   Vgl. hierzu David L. Andrews: Sport, culture and late capitalism. In: Marxism, Cultural Studies and Sport, Hg. von Ben Carrington u. Ian McDonald, New York 2009: »In the second half of the twentieth century, the global sport landscape [...] became systematically colonized (initially in the United States [...]) by this emergent strain of late capitalism prefigured on the aggressive exploitation of culture as a pivotal source, and process of capital accumulation. As a result, virtually all aspects of the global sport infrastructure [...] are now driven and defined by the interrelates processes of: commercialization (the exploitation of an object or practice of capital gain); corporatization (the rational structuring and managment of sportung enteties according to profit motives); and spectacularization (the producion of entertainment-driven experiences).« (S. 213)

10   Vgl. Norbert Elias: Sport im Zivilisationsprozess. Studien zur Figurationssoziologie, Münster 1983.

des kulturindustriellen Spektakels[11] werden die marktwirtschaftlichen Axiome *Leistung*[12] und *Konkurrenz* eingeübt und aufgeführt.[13]

Diese Entwicklung spiegelt sich auch in den Bewegungskonzeptionen selbst wider: Die ›neuen‹ Sportarten stellen die Körper in ein anderes Verhältnis zur Bewegung; denn dieser ist nicht mehr das produzierende Element, nicht mehr Quelle der Bewegung, vielmehr wird er nun in bereits existierende (natürliche) Bewegungen – Wellen – eingefügt: »Hier wird nicht mehr vom Ursprung ausgegangen, sondern von einer Bahn, auf die man gelangt. Wie kann man sich von der Bewegung einer großen Woge annehmen lassen, von einer aufsteigenden Luftströmung, wie kann man ›dazwischen gelangen‹, statt Ursprung einer Anstrengung zu sein, das ist fundamental.«[14]

Sport ist weder *Arbeit*[15] noch *Spiel*, sondern vielmehr eine (vielschichtige, mehrdimensionale) Synthese aus beiden: »Er bringt die antagonis-

---

11   »Kurzum: Der Sport, einst aus wirklichen Spielen des Volkes hervorgegangen, vom Volk geschaffen, kehrt nun zum Volk zurück in Gestalt des fürs Volk geschaffenen Spektakels.« (Bourdieu: Historische und soziale Voraussetzungen modernen Sports, S. 101)

12   Dass diese Axiome vor nicht allzu langer Zeit noch zumindest zur Debatte standen und deren Durchsetzung gerade auch von Seiten der ›Sportwissenschaft‹ vorangetrieben wurde (»Der zweite Hauptgegner des Sports ist der wissenschaftliche Fimmel« Brecht: Die Todfeinde des Sports [1928], S. 29), zeigt beispielsweise Hans Lenks ›Plädoyer für eine Humanisierung des Leistungsprinzips‹ [Buchrücken]. (Hans Lenk: Sozialphilosophie des Leistungshandelns. Das humanisierte Leistungsprinzip in Produktion und Sport, Stuttgart 1976)

13   In diesem Sinn sehen Horkheimer und Adorno den Sport als »bilderlose[n] Gegensatz zum praktischen Leben« (Max Horkheimer u. Theodor Adorno: Dialektik der Aufklärung. Philosophische Fragmente. In: Gesammelte Schriften 3, Frankfurt a.M. 1984, S. 328)

14   Deleuze: Die Fürsprecher, S. 175.

15   Zur Dependenz des Sports zur Arbeit vgl. Rigauer: Sport und Arbeit. Soziologische Zusammenhänge und ideologische Implikationen: »Arbeitsteilung, Mechanisierung, Automation, Bürokratisierung, kurz: rationale Planung und Technisierung der Produktion von Waren und Dienstleistungen üben einen Druck auf Verhaltensweisen und Entscheidungen auch in jenen Bereichen aus, die nicht unmittelbar mit der industriellen Arbeitswelt zusammenzuhängen scheinen. Mehr und mehr integriert der Sport allgemeine Rationalisierungstenden-

tischen Desiderate von zweckmäßigem Tun und Zeitvergeudung auf die gemeinsame Formel.«[16] Huizinga hat bereits 1938 die Funktion komplexer sozialer Spielformen für die gesellschaftliche Ordnungsbildung beschrieben und angemerkt, dass der Sport »nicht mehr Spiel und doch auch kein Ernst« sei, da er »das Beste seines Spielgehaltes verloren [hat]« und »allzu ernst geworden« sei.[17] Ulrike Prokop ging später einen Schritt weiter und bezeichnet den Sport als »kapitalistisch deformierte Form des Spiels«.[18]

Dieser Umstand verdeutlicht allerdings auch die Widersprüchlichkeit sportlichen Handelns: der zum ›Produkt‹ des Kapitalismus[19] kolo-

---

zen in das eigene Handlungsgefüge. Die fortschreitende Versachlichung der Arbeit hat sportliche Tätigkeitsformen inhaltlich und formal mitbestimmt.« (S. 7)

16   Adorno: Kulturkritik und Gesellschaft I. Prismen. Ohne Leitbild, S. 81 Eine weitere wahlverwandtschaftliche Grunderscheinung – der Kampf – wurde bereits an anderer Stelle diskutiert.

17   Huizinga: Homo ludens. Vom Ursprung der Kultur im Spiel [1938], S. 213.

18   »Die kollektiven mittelalterlichen Spiele, die wenig feste Regeln kannten, waren Amüsement ohne disziplinierenden Effekt. Das frühe Bürgertum verfolgte diese Lebensäußerung. Die spontanen Spiele und lokalen Vergnügungen waren vom bürgerlichen Standpunkt im strengen Sinne sinnlos. In ihnen manifestierte sich vielmehr der Widerstand gegen den Geist der Akkumulation, der Effizienz. Sinnvoll im Sinne des Geistes des Kapitalismus können diese Spiele nur werden, wenn sie vom Geist der Konkurrenz durchdrungen ihren Charakter qualitativ ändern: nämlich selbst zu der Arbeit analogen Organisationsformen führen und als in allen Lebensbereichen herrschend symbolisieren.« (Prokop: Soziologie der olympischen Spiele. Sport und Kapitalismus, S. 19f)

19   »Es ist offensichtlich, dass bei der Festlegung der *Anzahl* der Spieler, der *Maße* des Spielfeldes, des Tores (»Länge 7,32, Höhe 2,44m«) und des Balles (»nicht unter 68 cm oder über 71cm«), der Präzisierung der Spieldauer und der Zeiteinheiten (*Halbzeiten*) sowie eines Spielzeitplanes (*Saison*), der *Punkte*bewertung und des *Torverhältnisses* sowie der *Tabelle* Vorstellungen Pate gestanden haben, die im Wirtschaftsleben üblich waren. All das gab es im volkstümlichen Ballspiel nicht; zuweilen standen sich mehrere hundert Personen auf beiden Seiten gegenüber; das Spielfeld war die ganze Stadt mit den beiden Stadttoren oder Feld, Wald und Wiesen zwischen zwei Dörfern; gespielt wurde bis zum Anbruch der Dunkelheit — hier spiegelt sich die naturorientierte Zeiteinteilung von Agrargesellschaften. [Anm. im Original, PE]« (Rolf Lindner: Von sportsmen und einfachen Leuten. Zur Sozialgeschichte des Fußballsports. In: Der Satz ›Der

nisierte Sport hat, ebenso wie die Fabrik und die Börse, den zentraler Wertbegriff der (geregelten) ›Leistung‹, die als mess- und quantifizierbare, zweckrationale Produktivkraft zum entscheidenden Faktor geworden und Grundlage des quantifizierenden Vergleichs ist. Die Objektivierung erfolgt in Form von Punkten und Tabellen. ›Gemessen‹ wird anhand der Metrik des ›c-g-s-Systems‹ (Centimeter-Gramm-Sekunden), wodurch die jeweilige ›Leistung‹ vergleichbar und rationalisierbar wird. Der ›Medaillenspiegel‹ bei den Olympischen Spielen ist daher das sportliche Äquivalent zum Vergleich des Bruttoinlandsprodukts konkurrierender Volkswirtschaften.[20]

Diesen Aspekt in extremster Form symbolisch verneinend bzw. zurückweisend berichtet die als Erzähler fungierende Figur eines Sportreporters in Siegfried Lenz‹ Sportroman »Brot und Spiele« von einem ›Vorfall‹, bei dem ein Zeitnehmer von einem Speerwurf eines gleichzeitig stattfindenden Speerwurfwettkampfes niedergestreckt wird: »Sie wollten das Bild damals nicht bringen in der Redaktion, auch meine Bildunterschrift überzeugte sie nicht – ich hätte es gewiß gebracht, denn es war schön, es enthielt eine grausame Schönheit: Das Bild zeigte den Augenblick, da der Sport zurückfand zu seinem Ursprung [...].«[21]

Gleichzeitig produziert Sport (wie das Spiel) eine *verständliche Handlung*, in der soziale Effekte und Bedeutungen sowohl auf- als auch ausgeführt werden, womit er selbst zum *Medium* wird: »Im Spiel entwirft sich das Subjekt in seiner Beziehung zu sich selbst und zu seinen Mitspielern. In diesem Entwurf verbinden sich seine motorischen, darstellerischen und imaginativen Fähigkeiten zu einer ins Spiel projizierten Person.«[22]

Ball ist rund‹ hat eine gewisse philosophische Tiefe. Sport, Kultur, Zivilisation, Berlin 1983, S. 25)

20   Vgl. hierzu ausführlich Rigauer: Sport und Arbeit. Soziologische Zusammenhänge und ideologische Implikationen.

21   Siegfried Lenz: Brot und Spiele [1959], Hamburg 2019, S. 30.

22   Gebauer, Alkemeyer u.a.: Treue zum Stil. Die aufgeführte Gesellschaft, S. 13.

Als reine Handlungspraxis erzeugt er momenthafte Welten, deren (Körper-)Sprache nicht von den Bewegungen ablösbar sind, wodurch er nie nur etwas darstellt, sondern zunächst *ist*, dieses Sein allerdings zugleich auch immer eine Inszenierung darstellt, da die Bewegung im Sport gegenwärtig im Sinne einer ›Sichtbarkeit‹ wird.[23] In der sportlichen Bewegung wird eine *bedeutende Gegenwart* erzeugt. Damit ist er produktiv im eigentlichen Sinne, da die Ware als Ereignis zwar mit einem *Wert* besetzt wird, (und als Kind seiner Zeit zwangsläufig Kapital produziert sowie akkumuliert), der Prozess dieser Produktion allerdings noch eine Gesamtheit darstellt, die sich (zunächst) in der Handlung als ›Produkt‹ genügt. Erst in zweiter Instanz findet sodann eine *Verdinglichung* statt: der real-existierende Sport idealisiert daher die kapitalistischen Verhältnisse, in denen er existiert, auf spielerische Art und Weise, macht beispielsweise den Körper zum Produktionsmittel und Produkt, und trotzdem beinhaltet er immer die Möglichkeit einer Verneinung, eines Ausbruchs, was im Verlauf konkret anhand verschiedener Beispiele gezeigt wurde. Sillitoes zu Beginn erwähnter Langstreckenläufer korrumpiert so beispielhaft den (symbolischen) *Wett-Lauf,* den er als entfremdet erkennt, um sodann wieder *frei-laufen* zu können: »Es wird Zeit, dass ich aufhöre; denkt aber nicht, ich renne nicht weiter, denn ich renn doch so oder so.«[24]

---

23   Zu Begriff und Funktion der Inszenierung vgl. Erika Fischer-Lichte: Ästhetik des Performativen, Frankfurt a.M. 2004, S. 318ff.

24   Sillitoe: Die Einsamkeit des Langstreckenläufers [1959], S. 258.

Seine Entwicklung interferiert mit politischen sowie ökonomischen Ereignissen und steht in einem symbiotischen Verhältnis zur Entwicklung der Medien.[25] Der Sport war nie ein unabhängiges Handlungssystem, sondern vielfach in sozialen Entwicklungen vermittelt, die ihren Ursprung in der frühkapitalistisch-bürgerlichen Gesellschaft haben.[26] Industrialisierung und ein elitäres Erziehungssystem waren der Nährboden für die Entstehung des modernen Sports im England des späten 19. Jahrhunderts, dem bereits von Beginn an ein Moment der Kommerzialisierung innewohnte.[27] Die genuin aristokratische Ideologie des modernen Sports beschreibt Bourdieu anhand seiner Entwicklung (vom volkstümlichen Spiel zum Sport) an den ›Eliten‹ der bürgerlichen Gesellschaft Englands vorbehaltenen public schools. Eine grundlegende Dimension des Ethos dieser bürgerlichen Elite ist das

---

25   Eine marxistische Sportgeschichte beginnend im England des achtzehnten Jahrhunderts hat Tony Collins vorgelegt. Er kann zeigen, dass *der* Sport von Beginn an eine kommerzielle Unterhaltungs-und Erholungsindustrie war, in der vor allem durch das Wetten die Zuschauer einerseits *aktiv* eingebunden wurden und dieses andererseits das Geschehen marktförmig machte. (Vgl. Collins: Sport in capitalist society: a short history)

26   Vgl. hierzu insbesondere Norbert Elias, der seine allgemeine Theorie des Zivilisationsprozesses auf die Entwicklung des modernen Sports angewandt hat und anhand seiner Analysen antiker und mittelalterlicher Vorformen demonstriert, dass der Sport in einem interdependenten Verhältnis zum allgemeinen Prozess der Zivilisation steht, also dass das Sportgeschehen kompensatorisch auf die Unterdrückung von körperlichen Exzessen im Alltagsleben bezogen ist und sportlicher Wettbewerb im Lauf des zwanzigsten Jahrhunderts »als symbolische Repräsentation einer gewaltlosen, nicht-militärischen Form des Wettbewerbs zwischen Staaten« zu dienen begann. (Norbert Elias: Einführung. In: Sport und Spannung im Prozeß der Zivilisation, Hg. von Norbert Elias u. Eric Dunning, Frankfurt a.M. 2003, S. 49)

27   Vgl. hierzu Derek Birley: Playing the Game. Sport and British society, 1910–45, Manchester & New York 1995: Birley hebt hierfür vor allem die amerikanische Interpretation des Sports als »vulgar debasement of the gentlemanly Oxbridge approach« hervor. Sportlicher Erfolg führte hier von Beginn an zu professionellen Lohnverhältnissen oder gar Berühmtheit in Hollywood: »The first screen Tarzan was a swimming champion.« (S. 3)

›zweckfreie Handeln‹, das eine selbstgewählte Distanz gegenüber materiellen Interessen ausdrücken soll.[28] In der somit »von aristokratischen Elementen geprägten Theorie des Amateurismus wird der Sport zu einer interessenfreien Praxis analog der künstlerischen Betätigung.«[29] Er ist somit als Freizeit-Konstrukt[30] angelegt, und zwar sowohl als rekreative Instanz der Arbeiterklasse als auch als distinktive der Bourgeoisie.[31]

Die sportlichen Phänomene entstehen und bestehen folglich nur in ihren jeweiligen gesellschaftlichen Klassen-und Subjektstrukturen und machen diese zugleich deutlich. So rückt beispielsweise die Frage von nationaler Identität in den postmodernen Sportarten in den Hintergrund, vor allem da *Projektionsflächen* fehlen; die Sportlerinnen und Sportler organisieren sich hier in globalen Unternehmensstrukturen, ihre mediale Darstellung erfolgt projekthaft statt in kontinuierlichen Vereins-, Verbands-und Ligenbetrieben, ihre Zugehörigkeitsbekenntnisse gelten Lebensstilen.

In ihrem Zentrum steht die Frage nach den (bewegten) Körpern, deren Funktionieren und Funktionen.[32] Und da die nachindustrielle (west-

---

28   Bourdieu: Historische und soziale Voraussetzungen modernen Sports, S. 95f.

29   Ebd., S. 96.

30   »›Freie‹Zeit, keine›Freizeit‹. Letztere gedeiht in der fortgeschrittenen Industriegesellschaft, aber ist in dem Maße unfrei, wie sie durch Geschäft und Politik verwaltet wird.« (Herbert Marcuse: Der eindimensionale Mensch. Studien zur Ideologie der fortgeschrittenen Industriegesellschaft, Neuwied & Berlin 1967, S. 69)

31   Von zentraler Bedeutung ist die Idee des *Fair Play*, die einer ›vulgären‹ Verbissenheit des Siegens um jeden Preis gegenübersteht und in eine Reihe zentraler Momente bürgerlicher Moral des Privatunternehmers und der Privatinitiative integriert ist.

32   »›Gebt mir einen Körper!‹ ist die Formel für den philosophischen Umsturz. Der Körper ist nicht länger ein Hindernis, das das Denken von sich selbst trennt und das es zu überschreiten hat, um zum Denken zu gelangen. Stattdessen versenkt es sich in ihn, ja, er muß sich sogar in ihn versenken, um das Ungedachte, das heißt das Leben zu erreichen. Zwar denkt der Körper nicht, doch unnachgiebig und unbeugsam zwingt er zum Denken und zwingt das zu denken, was sich dem Denken entzieht – das Leben. Man wird nicht länger das Leben in die Kategorien des Lebens verlegen. Die Kategorien des Lebens sind genaugenommen

liche) Gesellschaft sich primär nach dem Prinzip der Ökonomie ordnet, sodass alle gesellschaftlichen Beziehungen dem Gesetz des Tausches mit dem Geld als universalen Repräsentanten unterworfen werden, sind es die Körper, die, um in die Ordnung eingepasst zu werden, objektiviert, metrisiert und fragmentiert werden müssen: »Das Universum des Geldes setzt die Ordnung der *Darstellung* an die Stelle der unmittelbaren Erfahrung oder der Freude an den Dingen: es degradiert das Sein zum Haben und das Haben zum Scheinen.«[33] Der Sport wird hierfür zum zentralen Ordnungsraum, hier wurde (und wird) er diszipliniert[34], habitualisiert[35], kontrolliert[36]; der instrumentelle Gebrauch der Körper wird

---

die Verhaltensweise des Körpers: seine Stellungen. ›Wir wissen nicht einmal, wozu ein Körper in der Lage ist‹ in seinem Schlaf, seiner Trunkenheit, seiner Anspannung und seiner Willenskraft. Denken heißt begreifen, wozu ein nichtdenkender Körper in der Lage ist, nämlich begreifen, was seine Fähigkeit, seine Verhaltensweisen oder Stellungen sind. [...] Der Körper ist niemals einfach in der Gegenwart, er enthält das Vorher und Nachher, die Erschöpfung und die Erwartung. [...] Das alltägliche Verhalten versetzt das Vorher und Nachher, die Zeit, in den Körper, es macht den Ablauf der Zeit am Körper sichtbar. Das Verhalten des Körpers setzt das Denken in einem Bezug zur Zeit als ein Außen, das unendlich ferner ist als die äußere Welt.« (Gilles Deleuze: Das Zeit-Bild. Kino 2, Frankfurt a.M. 1991, S. 244) Für eine erste Übersicht zum ›Körper‹ als Sozial-, Geistes-und Kulturwissenschaftlichen Forschungsgegenstandes vgl. Robert Gugutzer (Hg.): body turn. Perspektiven der Soziologie des Körpers und des Sports, Bielefeld 2006

33   Bernard: Das sportliche Spektakel. Die Zwiespältigkeit des theatralisierten Wettkampfs, S. 49.

34   Elias zeigt dies u.a. am Beispiel des antiken Faustkampfes: Elias: Die Genese des Sports als soziologisches Problem, S. 230–272.

35   Der Bourdieu'sche Habitusbegriff beschreibt ein individuelles Gesamtkonstrukt, das systematisch die soziale Ordnung und die individuellen Handlungen (soziale Fähigkeiten, praktisches Wissen, Dispositionen usw.) interdependent korrespondieren sieht. (Vgl. Pierre Bourdieu: Entwurf einer Theorie der Praxis – auf der ethnologischen Grundlage der kabylischen Gesellschaft, Frankfurt a.M. 1979, S. 200ff)

36   Foucaults zentraler Begriff hierfür ist der der ›Übung‹. Durch sie werden Körper unter Anweisung und Unterweisung formiert und hierdurch dem Individuum ›seine‹ spezifische gesellschaftliche Position zugewiesen: »[...] jene Technik, mit der man dem Körper Aufgaben stellt, die sich durch Wiederholung, Unter-

hier spielerisch eingeübt, aber auch, wie gerade die Sportarten, in denen die Körper in Ströme und Wellen und dergleichen eingeführt werden und der Körper explizit nicht mehr das Instrument zur Initiierung der Bewegung darstellt.[37]

Allerdings kennt der Sport als performative Praxis zunächst nur *eine Gegenwart*, die zudem *sprachlos, weil rein körperlich,* ist; diese gegenwärtige Bewegung ist des Weiteren immer an einen bestimmten *Ort* und eine bestimmte *Zeit* gebunden,[38] deren materielle, soziale und affektive Beschaffenheit nicht nur die Bewegung selbst evoziert, sondern diese auch kontextualisiert und somit zu einer Handlung werden lässt. Dies ist von besonderer Bedeutung, da der moderne Wettkampfsport versucht, diesen Raum zu objektivieren und institutionalisieren, indem nicht nur Sport-Hallen und -Stadien, Spielfeld-begrenzungen sowie Zäune und Eintrittsschranken, sondern auch Lehrpläne, Bewegungsschemata, Ausführungsvorschriften und -Regeln entworfen und durchgesetzt wurden.

Als theatrale Räume bzw. soziale Bühnen rahmen die Sportstätten die Bewegungen und thematisieren die bereits in der Bewegung selbst angelegten Symboliken und Ordnungen (man denke hier bspw. an Golf-plätze und Kegelbahnen). Zugleich ist der Sportler-Körper und seine Bewegungen selbst ein medialer Stoff, der zur Bühne wird und als solche im Zuge einer Deterritorialisierung der vormals exklusiven Sportplätze (›Vereinsgelände‹), die durch öffentliche, sichtbare, performative Sport-räume immer mehr abgelöst werden, an Bedeutung gewinnt.[39] Den urbanen Raum nutzen Jogger und Radfahrer, ebenso wie Inline-Skater und Skateboarder; Jedermann-Marathonläufe finden in den großen

---

schiedlichkeit und Abstufung auszeichnet.« (Foucault: Überwachen und Strafe. Die Geburt des Gefängnisses, S. 207f)

37   Vgl. Deleuze: Die Fürsprecher, S. 175.

38   »Bewegen heißt aber: An diesem bestimmten Orte seyn, und zugleich nicht; dies ist die Kontinuität des Raums und der Zeit, – und diese ist es, welche die Bewegung erst möglich macht.« (Georg Wilhelm Friedrich Hegel: Vorlesungen über die Geschichte der Philosophie, Bd. 17, Stuttgart 1833, S. 337)

39   Zu dieser Entwicklung vgl. Martin Stern: Stil-Kulturen. Performative Konstellationen von Technik, Spiel und Risiko in neuen Sportpraktiken, Bielefeld 2010.

Metropolen der Welt statt, selbst Surfer finden beispielsweise in München mitten in der Stadt eine Gelegenheit an einer stehenden Welle im englischen Garten ihren Sport im urbanen Raum aus- und aufzuführen. Gleiches gilt für den öffentlichen ›Naturraum‹: Kletterer und Wanderer in den Bergen, Paraglider und Fallschirmspringer in der Luft, Kanuten, Kajaker und Surfer in bzw. auf den Gewässern usf.

Im Gegensatz zu einem Schauspieler jedoch besteht keine Spannung zwischen dem leiblichen In-der-Welt-sein und der körperlichen Darstellung einer Figur, vielmehr wird im Sport das leibliche In-der-Welt-sein inszeniert: Sportliches Handeln ist auch symbolisches Handeln und damit »Ausdruckshandeln«.[40] Entscheidend ist allerdings, dass nicht nur die ›Aktiven‹ Zugang zu diesen Räumen haben, sondern jeder und somit ebenso jeder zum potentiellen Zuschauer wird. Durch die Sportlerinnen und Sportler wird der öffentliche Raum in besonderem Maße als ›performativer Raum‹ sichtbar, wobei nun zudem die räumliche Platzierung von Akteur und Zuschauer aufgelöst ist. Ein besonders signifikantes Beispiel sind die verglasten Fitnessstudios: obwohl durch Mitgliedschaft oder Beitragszahlung nach innen reglementiert, stehen die Akteure nach außen für jedermann sichtbar ›im Schaufenster‹.

Die Zuschauerfrage[41] ist im Sport zur zentralen Frage aufgestiegen, was in der stetigen Spektakularisierung aller Lebensbereiche zu Grunde liegt:[42] das Publikum ist konstitutiver Teil des sportlichen Spektakels,[43] Sport findet *vor* und *für* den Zuschauer statt, da es um die Prä-

---

40   Eberhard Hildebrandt: Sport im Kontext von Kultur und Bildung. In: Jugend – Sport – Kultur: Zeichen und Codes jugendlicher Sportszenen, Hg. von Jürgen Schwier, Hamburg 1998, S. 35.

41   »Was aber ist es, das höchst ungleiche Zeugen dazu bringt, sich als Gemeinschaft zu fühlen, zu bangen, zu fiebern, zu triumphieren oder zu leiden?« (Siegfried Lenz: Nachwort. In: Siegen und Verlieren. Sportgeschichten, Hg. von Heinz Perleberg, München 1995, S. 324f)

42   Vgl. hierzu Debord: Die Gesellschaft des Spektakels, S. 13: »Das ganze Leben der Gesellschaften, in welchen die modernen Produktionsbedingungen herrschen, erscheint als eine ungeheure Sammlung von *Spektakeln*.«

43   »Der Sport, einst aus wirklichen Spielen des Volkes hervorgegangen, vom Volk geschaffen, kehrt nun – analog zur *folk music* – zum Volk zurück in Gestalt des

sentation von ›Leistung‹ und ›Fortschritt‹ geht und der Sportplatz zur Projektionsfläche wird. Nur durch den *Betrachter* wird sportliche Praxis so zum rituellen Gesellschaftstheater.[44] Im sportlichen Spektakel vergewissert sich die Gesellschaft sozial wie subjektiv, dass man ›hier‹ Akteur und Zuschauer sein kann,[45] wenngleich eigentlich beim Zuschauer eine entfremdete Verbraucher- bzw. Konsumenten- Haltung strukturell provoziert wird, da die Beobachtung vom Zwang der Reflexion befreit zu sein scheint.[46] Zugleich ist Sport in seiner Funktion als »Theater der Distinktionen«[47] Schauplatz der verschiedenen Verhaltens-, Erscheinungs- und Darstellungsformen jeder Klassenlage, kurz: des Klassenhabitus als Verbindung der materiellen Lebensbedingungen mit den distinktiv organisierten Kulturpraktiken einer Person[48] und daher gerade innerhalb der Mittelschicht von großer Bedeutung für vermeintliche Binnendifferenzierungen und der (massenhaften) Synchronisation subjektiver ›Erfahrungen‹ zugleich.[49]

---

fürs Volk geschaffenen Spektakel.« (Bourdieu: Historische und soziale Voraussetzungen modernen Sports, S. 101)

44   Vgl. Bernard: Das sportliche Spektakel. Die Zwiespältigkeit des theatralisierten Wettkampfs, S. 51ff.

45   »Jeder sportliche Wettkampf bietet sich dem Betrachter als eine *rituelle* und *aktuelle* Praxis dar, die eine bestimmte soziale Gruppe (Spieler – Publikum) vereinigt und die dieser Gruppe Anlass gibt, *sich* zu betrachten, *sich* wiederzuerkennen und *sich* in ihrer Einheit, trotz ihrer Spaltung und Gegensätze, zu feiern, in ihrer Identität jenseits und entgegen ihrer Differenzen.« (ebd.)

46   Der johlende Tribünenbesucher, in den die Kulturindustrie alle zu verwandeln versucht, findet für Horkheimer und Adorno im Sportzuschauer einen ›Paradefall‹. Für eine affirmative (Selbst-)Beschreibung dieses Typus vgl. Gumbrecht: Lob des Sports.

47   Gunter Gebauer: Festordnung und Geschmacksdistinktionen. Die Illusion der Integration im Freizeitsport. In: Sport – Eros – Tod, Frankfurt a.M. 1986, S. 123.

48   Vgl. Pierre Bourdieu: Die feinen Unterschiede. Kritik der gesellschaftlichen Urteilskraft, Frankfurt a.M. 1987, S. 77ff.

49   Vgl. hierzu die empirische Vergleichsanalyse der Faktoren und Grade der Formalisierung und Institutionalisierung dreier sportlicher Praktiken (Handball, Triathlon und Inlinehockey), und hier insbesondere das Kapitel 5 »Das Brodeln im Kleinbürgertum«. (Gebauer, Alkemeyer u.a.: Treue zum Stil. Die aufgeführte Gesellschaft)

Durch die Instanz der Medien erfolgt schließlich die Transformation[50] oder besser: Artikulation, – denn es sind die narrativen
Struktur- und Stilmittel,[51] die die Inszenierungen begreifbar machen
– zum gesellschaftlichen Mythos[52], also zur versinnbildlichenden und
versinnbildlichten symbolischen Wiedergabe kulturell tradierter Hand-
lungsformen, wie es Roland Barthes anhand seiner Beschreibung und
Analyse der Erzählstrukturen der ›Tour de France‹ gezeigt hat:

> »Ich glaube, dass die Tour das beste uns bekannte Beispiel für ei-
> nen totalen, also zweideutigen Mythos ist; die Tour ist sowohl ein
> Ausdrucksmythos als auch ein Projektionsmythos, realistisch und

---

50 Zur Schaffung ›anekdotischer Evidenz‹ durch die Medien vgl. Jeffrey Hill: An-
    ecdotal Evidence. Sport, the Newspaper Press, and History. In: Deconstruct-
    ing Sport History. A Postmodern Analysis, Hg. von Murray G. Phillipps, Albany
    2006.
51 Vgl hierzu Gunter Gebauer u. Gerd Hortleder: Die künstlichen Paradiese des
    Sports. Zur Einführung. In: Sport – Eros – Tod, Frankfurt a.M. 1986, S. 15f: »Im
    Sport ist, da sportliche Ereignisse nicht nach einer eigenen Ästhetik gebildet
    werden, eine reine Kritik der Ästhetik wie in Film oder Literatur nicht möglich.
    Die Sportdarstellung in den Medien verwendet gewisse ›poetische‹ Regeln, ab-
    geleitet aus den literarischen Genres, vor allem aus Epos und Drama.« Im eng-
    lischsprachigen Raum wurden die Sportereignisse dahingegen oftmals in lyri-
    schen Strukturen nacherzählt: »YALE AGAIN/OUTPLAYS HER/ANCIENT FOE//In
    the Hardest and Most Scientific/Football Battle on Record the/Blue Makes Six
    Points,/While Harvard Fails/to Score.« (New York Herald, November 20, 1892,
    S. 16. Zitiert nach Oriard: Reading Football. How the Popular Press Created an
    American Spectacle, S. 103)
52 »Der sportliche Mythos zeigt sich im sportlichen Wettkampf als ein symbo-
    lisches Rollendrama, in dem die Rollen in sichtbarer Dynamik und Dramatik
    holzschnittartig auf einfachste Konfrontation zusammengeschnitzt sind, wo-
    bei die dramatische Präsenz des Geschehens, die historische Unabänderlich-
    keit jeder abgelaufenen Handlung und Entscheidung unter dem Blick einer auf-
    geregten und engagierten Öffentlichkeit mitspielt.« Hans Lenk: Auf der Suche
    nach dem verlorenen olympischen Geist. In: Olympische Spiele – die andere
    Utopie der Moderne. Olympia zwischen Kult und Droge, Hg. von Gunter Gebau-
    er, Frankfurt a.M. 1996, S. 105, zur Besonderheit des sportlichen Mythos vgl. des
    Weiteren: Hans Lenk u. Dietmar Schulte (Hg.): Mythos Sport, München 2012

utopisch zugleich. Die Tour drückt die Franzosen aus und befreit
sie mit Hilfe einer einzigartigen Fabel, in der sich die traditionel-
len Hochstapeleien (Psychologie der Essenzen, Moral des Kampfes,
Magie der Elemente und Kräfte, Hierarchie der Übermenschen und
›Wasserträger‹) mit Formen positiven Interesses, mit dem utopischen
Bild einer Welt vermischen, die hartnäckig versucht, sich vermittels
des vollkommen klaren Schauspiels der Beziehungen zwischen den
Menschen und der Natur zu versöhnen. Was in der Tour verdorben
ist, ist die Basis, die ökonomischen Motive, der letztliche Profit der
Prüfung, der Generator ideologischer Alibis. Dennoch ist die Tour
ein faszinierendes nationales Ereignis in dem Maße, wie das Epos
den empfindlichen Moment der Geschichte ausdrückt, in dem der
Mensch, obwohl ungeschickt, betrogen, umgeben von unreinen
Fabeln, dennoch auf seine Weise für eine vollkommene Übereinstimmung zwischen sich, der Gemeinschaft und dem Universum
sorgt.«[53]

Für Barthes stellt ›die Tour‹ zugleich ideologische Prosa und poetisches
Epos dar, aber erst durch den *Kommentar* erhalten die Sportkörper, erhält die Sportpraxis ›ihre‹ Sprache und damit ihre ästhetische Dimension: »Die Sprache hat hier eine ungeheuer wichtige Funktion; sie gibt
dem Ereignis, das unfaßbar ist, weil es unaufhörlich in eine Zeitfolge
aufgelöst wird, die epische Übersteigerung, die es ermöglicht, dieses zu
verfestigen.«[54] Die Fahrer werden zu ›Charakteren‹ mit *Namen* und *Rollen*, die sich an der täglich unterschiedlichen (epischen) Prüfung (mal ist
es ein Zielsprint auf Kopfsteinpflaster, mal eine sogenannte Bergetap-
pe) orientieren. So werden aus den einen ›Wasserträger‹ und aus den
anderen (prometheische) Helden, allerdings: »sobald die ›Wasserträger‹
die Szene betreten, verkommt das Epos zum Roman.«[55] Selbst die Be-

---

53   Barthes : Die Tour de France als Epos [1957], S. 32f.
54   Ebd., S. 30. Zur Funktion der kommentierenden Sprache im Sport vgl. zudem
      Gunter Gebauer: Oralität und Literatur im Sport – Über Sprachkörper und Kunst.
      In: Sport und Ästhetik, Hg. von Volker Gerhardt u. Bernd Wirkus, Sankt Augus-
      tin 1995.
55   Barthes : Die Tour de France als Epos [1957], S. 26.

wegung erhält eine Bedeutung, indem sie in Bezug zur Gesamtheit des
Rennens gesetzt wird; so wird Sport zum modernen Alltagsmythos[56]:

> »In Wirklichkeit kennt die Dynamik der Tour nur vier Bewegungen:
> Führen, Verfolgen, Ausreißen, Eingehen. *Führen* ist der härteste Akt,
> aber auch der sinnloseste; Führen heißt immer: sich opfern; es ist
> reines Heldentum, das viel eher dazu bestimmt ist, einen Charakter
> zur Schau zu stellen, als ein Resultat zu erringen [...]. *Verfolgen* ist
> hingegen immer ein wenig feige und hat ein wenig den Charakter
> des Verrats, es gehört zu einer Erfolgssucht, die sich um Ehre nicht
> kümmert: mit Exzeß, mit Provokation verfolgen ist ganz offen Teil
> des *Bösen* (Schande über die ›suceur de roue‹). *Ausreißen* ist eine
> poetische Episode mit der Absicht, eine freiwillige Einsamkeit dar-
> zustellen, allerdings wenig wirksam, da man fast immer eingeholt
> wird, aber auch ruhmvoll im Verhältnis zu der Art der sinnlosen Ehre,
> die sie stützt [...]. Das *Eingehen* kündigt das Aufgeben an, es ist immer
> schrecklich, es macht traurig, wie ein Zusammenbruch [...]. Diese vier
> Bewegungen werden natürlich dramatisiert, in dem emphatischen
> Vokabular der *Krise* miteinander verschmolzen.«[57]

Die Besonderheit der *Tour de France*, wie sie Barthes hervorhebt, ist die
Dopplung der ›sportlichen‹ Prüfung: die zwischen den Sportlern und die
zwischen den Sportlern und der Natur.[58] Mythologie und ›Metaphysik‹

---

56   Also im Sinne Barthes zu einer Aussage, die eine ›Botschaft‹ bzw. eine ›Me-
     tasprache‹ ist. Vgl. Roland Barthes: Mythen des Alltags, Frankfurt a.M. 1964,
     S. 85ff.
57   Barthes : Die Tour de France als Epos [1957], S. 30.
58   »[...] der Mensch wird also naturalisiert, die Natur humanisiert. Die Hügel sind
     bösartig, auf nur störrische oder tödliche ›Steigungen‹ reduziert, und die Etap-
     pen, deren jede in der Tour die Einheit eines Romankapitels bildet (es handelt
     sich tatsächlich um einen epischen Zeitverlauf, um eine Addition von absoluten
     Krisen und nicht um das dialektische Fortschreiten eines einzigen Konfliktes
     wie im tragischen Verlauf), diese Etappen sind vor allem körperliche Persön-
     lichkeiten, aufeinanderfolgende Feinde, individualisiert durch die Mischung
     aus Morphologie und Moral, die die epische *Natur* definiert.« (ebd., S. 26f)

machen den Sport somit zur ästhetisch-politischen sowie quasireligiö-
sen Praxis, zu dem (vielleicht signifikantesten) gesellschaftlichen Ritus
der nachindustriellen, postmodernen Gesellschaft.[59]

Die sportlich kodifizierten Bewegungen erhalten somit selbst den
Charakter des (gedoppelten) Mediums, mittels dem das Verhältnis des
Individuums zur Gesellschaft seine Repräsentation findet und für das
Gebauer den Grundterminus der ›Geste‹ vorgeschlagen hat, da sie zugleich performativ, körperlich, formelhaft und darstellend ist, zudem eine Reziprozität hervorruft, da andere Beteiligte (Mit- sowie Gegenspieler, aber auch Zuschauer) in Resonanz zu ihr treten.[60]

>»Jedes dieser Ereignisse hat einen Anfang, in dem man aus der
Alltagswelt heraus und in eine Welt mit besonderen Bedeutungen
eintritt; es durchläuft verschiedenen Phasen, grenzt die erlaubten
oder sogar geforderten Gesten gegen verbotene Bewegungen ab,
erzeugt einen Glauben an seine eigene Wirklichkeit und endet in
einem Resultat, das unwichtig sein mag, aber doch die Alltagswelt,
nachdem man in diese zurückgekommen ist, verklärt. Sport ist ein
von Gesten gebildetes Körperritual, das die Spieler schon dadurch
verändert, dass sie an einer – zumindest im Geschehen selbst – für
wichtig gehaltenen Aufführung teilnehmen.«[61]

---

59   Marieluise Fleißer stellt die Signifikanz des Sports im mentalitätsgeschichtli-
      chen Umbruch des frühen 20. Jahrhunderts in *Eine Zierde für den Verein* sehr ge-
      nau dar: Der Sport löst hier sowohl für den Einzelnen als auch die Gemein-
      schaft den christlichen Glauben als sinnstiftendes Ordnungsprinzip ab. Wie
      Fleig überzeugend nachweisen konnte, wird nun der Sportkörper zu Medium
      und Mittel der ›Erlösung‹. Vgl. Anne Fleig: Leibfromm: Der Sportkörper als Erlö-
      ser in Marieluise Fleißers *Eine Zierde für den Verein*. In: Theatralität und die Krisen
      in der Repräsentation, Hg. von Erika Fischer-Lichte, Stuttgart & Weimar 2001.
60   »In diesem Dialog zwischen den Spielpartnern werden keine gesprochenen
      Botschaften ausgetauscht – der Körper teilt sich unmittelbar mit; seine Bewe-
      gungen führen kulturelle Bedeutungen auf.« (Gunter Gebauer: Welche Wissen-
      schaft für den Sport? In: Sport in der Gesellschaft des Spektakels, Sankt Augus-
      tin 2002, S. 12)
61   Ebd.

Noch passender jedoch erscheint der Begriff einer funktionalen sowie kollektiven *sportlichen Haltung*, da so eine epochale Bedingtheit und gesellschaftliche Beziehung beschrieben wird. Ein Konzept, das über eine reine »Gebrauchsweise«[62] des Körpers hinausgeht, zudem kollektive Körper- und Denkbewegungen in Beziehung setzt und direkt an die Aufführungspraxis angeschlossen ist; der Begriff einer sportlichen Haltung setzt das sportliche Ereignis in ein funktionales Verhältnis zu den gesellschaftlichen Figurationen und lässt so die strukturellen Bedingtheiten zumindest wahrnehmbar werden.

Nur so kann auch die brecht'sche Differenz von ›gutem‹ und ›schlechtem‹ Sport, die bereits eingangs angedeutet wurde, beschrieben werden, denn diese definiert sich nicht über die Exaktheit oder Richtigkeit der Bewegungsausführung, sondern vor allem der Art und Weise, *wie* diese Aus- und Aufführung erfolgt, was die sportlichen ›Gesten‹ *bedeuten* und was aus ihnen folgt:

> »Ich halte sehr viel von Sport, aber wenn ein Mann, lediglich um seiner zumeist durch geistige Faulheit untergrabenen Gesundheit auf die Beine zu helfen, ›Sport‹ treibt, so hat dies ebensowenig mit eigentlichem Sport zu tun, als es mit Kunst zu tun hat, wenn ein junger Mensch, um mit einem Privatschmerz fertig zu werden, ein Gedicht über treulose Mädchen verfasst.«[63]

---

62   Ebd., S. 13.
63   Brecht: Sport und geistiges Schaffen [1926], S. 30.

Ausblick: Ansätze für einen
neuen Sport(begriff)

»Es gibt keinen unpolitischen Sport;
ist er frei, so steht er links, ist er
verblendet, so vermietet er sich an
rechts. Und erst in einem ungeduck-
ten Volk, in einem, wo der tüchtige
Leib weder mißbraucht wird noch
als Ersatz für Männerstolz steht,
wird Jahns Wunsch sinnvoll. Erst
wenn der Schwimmer auch sonst
das Gegebene teilt, hat er sich frei-
geschwommen und liebt das tiefe
Wasser.«[1]

Die Neoliberalisierung der sportlichen Praxis zeichnet sich durch De-
kanonisierung (vs. ›moderne‹ Bürokratisierung), Intensivierung (vs.
›moderne‹ Rationalisierung), Fragmentierung (vs. ›moderne‹ Quanti-
fizierung) und zuvorderst und zuletzt durch Kommodifizierung (vs.
›moderne‹ Spezialisierung) aus.[2]

In der neoliberalen Gesellschaft wird alles in eine ›vermarktbare‹
Ware transformiert. Die (ökonomische) Bedeutung des Sports misst

---

1   Bloch : Übung des Leibs. Tout va bien, S. 524.
2   Guttmann hat für den ›modernen‹ Sport insgesamt sieben Charakteristika defi-
     niert. Zu den genannten kommen zudem noch Säkularisierung, Gleichheit und
     die Obsession für den Rekord hinzu. (Vgl. Guttmann: From Ritual to Record)

sich in erster Instanz an seinem ›Inszenierungswert‹, da sein spezifisches Wesen,[3] wie bereits beschrieben, weder über eine Dinglichkeit noch eine Zweckdienlichkeit verfügt, er als Praxis (zunächst) weder Gebrauchs-noch Tauschwert hat: »Die Anziehungskraft sportlicher Leistung wird in ökonomisches Kapital transformiert; vor allem wird Geld unter dem Aspekt des physischen Agens interpretiert, insofern es in sinnlichen sportlichen Ereignissen eine erregende, gewalttätige und schöne Gestalt erhält.«[4]

Erst durch die Codierungen der Gesellschaftsmaschine (man könnte mit Lyotard auch von ›Erzählungen‹ sprechen) erhält diese Praxis soziales Gewicht. So wird aus einer Schlägerei eine Allegorie auf Rassen-oder Klassenkämpfe oder ein Sportfest entweder Symbol eines neuen Klassenbewusstseins oder ordnungsstiftendes, rituelles Gesellschaftstheater.[5] Die Sportlerinnen und Sportler selbst inszenieren normative Axiome und Prinzipien, machen Sport zur sozialen und ästhetischen (Gesellschafts-)Praxis.

Der moderne Sport ist geprägt durch die Ideen der pädagogischen Doktrin, der Logik des Marktes, einer militärisch-wissenschaftlichen Rationalisierung, die wiederum gepaart ist mit dem Axiom der Hygiene bzw. Gesundheit. Wettkampf, Leistung und Körperformung (bzw. -disziplinierung) sind die zentralen Werte. Der in der postmodernen Gesellschaft alles dominierende Imperativ der Ökonomie beeinflusst ebenso die Welt des Sports; auch hier ist ein Prozess der allgemeinen Kommodifizierung zu beobachten: der Sport wird hier zu einem konsumierbaren Spektakel reduziert und degradiert. Statt aktive, kreative

---

3   Vgl. hierzu Gebauer u. Hortleder: Die künstlichen Paradiese des Sports. Zur Einführung: »[...] er vereinigt die Kälte des Geldverdienens mit den Leidenschaften des Körpers, die Techniken der Bewegung mit den Emotionen des Kampfes, das Artifizielle der Sportarten mit der primitiven Lust des Stärkerseins, die Brutalität des Agens mit physischer Kunstfähigkeit, Anpassung an die Macht mit subversiven Nebenwirkungen, Erotisches mit Todesnähe.« (S. 9)

4   Ebd.

5   Zum zivil-religiösen Wesen des Sports in den USA vgl. weitergehend Michael Novak: The Joy of Sports. Endzones, Bases, Baskets, and the Consecration of the American Spirit, Lanham 1976.

und kollektivstiftende Praxis zu sein (wie beim Brecht'schen Sportfest), beschränkt es sich nun auf den passiven Konsum der *Bilder* des
sportlichen Spektakels.

Die sich in der postfordistischen Industrie im ›rasenden Stillstand‹
befindlichen Körper bedürfen weder einer rekreativen Praxis noch einer Instanz der leiblichen Verfestigung der Prinzipien von Leistung und
Wettbewerb – die Aufführung dieser genügt. Allerdings bedarf es keiner
Imitation einer Praxis mehr, der Konsum und das Aufführen bestimmter
Zeichen – in erster Linie Kleidungsstücke – erfüllt die Funktion der aktiven Praxis vollkommen. Weder das Individuum noch die Gemeinschaft
werden aktiv entworfen, sondern lediglich in einer theatralen Imitation reproduziert. Die materiellen Realitäten werden mittels eines performativen Konsums reterritorialisiert: mittels der Markenprodukte führen die Konsumenten einen bestimmten Lebensstil zur Schau (oder gar
eine Weltanschauung). Dieser *theatrale Konsum* selbst stützt nicht bloß
die Individualität, er bekommt sogar eine soziale Dimension, in dem er
spezifische Milieus in der Aufführungspraxis konstituiert.[6]

Es konnte allerdings gezeigt werden, dass er als kapitalistisches
Gesellschaftsspiel von Beginn an ›bühnenhaft‹ war und sich dieses
Wesen erst in der Entwicklung der kapitalistischen Ordnung hin zu
einer ästhetischen Ökonomie immer deutlicher wurde. Dass der Sport
zum Schauplatz des bürgerlichen Marktes transformiert und als dessen
mythische Inszenierung die dazugehörigen Axiome und Prinzipien
darstellt, erkannte Robert Musil bereits in den 30er Jahren des letzten
Jahrhunderts und eben dieses *Bühnenhafte* des Sports war auch für
Brecht der zentrale Punkt des Interesses: er sah in ihm nicht weniger als
ein ›neues‹ Theater, das sogar eine gewisse Vorbildfunktion für seinen
Entwurf des epischen Theaters hatte. Dass er im Sport nicht nur das
Potential für ein neues Theater, sondern sogar eine gesellschaftliche
Hoffnung, wie im Film *Kuhle Wampe* deutlich wird, mit ihm verband,
verweist auf seine Widersprüchlichkeit, die hier anhand verschiedener
Einzelphänomene exemplifiziert werden sollte.

---

6   Vgl. hierzu Ullrich: Habenwollen. Wie funktioniert die Konsumkultur?

So sollte einerseits eine mögliche ›Entwicklung‹ nachgezeichnet werden und andererseits Brechts Forderung folgend nach den Widersprüchen und Fluchtlinien innerhalb der einzelnen Phänomene gesucht werden, also im Endeffekt der Frage nachgegangen werden, wann die rituellen Spiele des Sports zu Handlungsmustern werden, neue Bewegungen der Körper schaffen und initiieren. Welche Notwendigkeiten stecken hinter diesen ›neuen‹ Bewegungen? Wann wird aus einer sportlichen Praxis eine *Haltung* und diese schließlich zu einer gesellschaftlichen (oder gar, wie am Beispiel Alis nachgezeichnet, politische) Praxis, die sodann auch für die Literatur zum beschreibenswerten Phänomen wird? Darauf folgend sollte die Frage erörtert werden, was in diesem neuen Theater aus- und aufgeführt wird, welche Axiome der Zeit in ihm zur Darstellung kommen und schlussendlich, welche Anomalien in seiner Entwicklung zu finden sind.

In der Rückschau lässt sich sagen, dass die Beziehung zwischen Spiel und Arbeit sich von einer rein antithetischen zu einer dialektischen gewandelt hat: ebenso wie in der Arbeit ist die Stärkung eines kreativen Elements des Sports, bei gleichzeitiger Abkehr vom repetitiven Arbeitsprozess als *freies Spiel* des Körpers zu verstehen, was so wiederum zu einer freiheitsschaffenden Tätigkeit transformiert werden könnte. Der Unterschied zwischen Sport und Arbeit besteht allerdings in der Produktivität: *freie Arbeit* verwirklicht ein Ergebnis, das bereits zu Beginn des Prozesses imaginativ existierte, der *freie Sport macht den Prozess, also die Bewegung selbst* ›*spielerisch‹ zum Produkt und ist somit als Nicht-Leistungssport das Gegenteil von Freizeit als die Dichotomie zur Arbeit.*

Das Beispiel Jordan führte uns diese Freizeitseite vor: er ist als Symbol einer Unterhaltungsindustrie zu lesen, die die notwendige Ablenkung, Erholung und Unterhaltung des Zuschauers vom Stress seines modernen (Arbeits-)Lebens, wie wir ihn zunächst bei Brecht und vor allem Musil literarisch beschrieben gefunden haben, verkörpert und gleichzeitig zu einer ökonomisierten Identitäts-Maschine entwickelt. Der Sport, für den Jordan steht, ermöglicht mittels der medialen Dauerverarbeitung eine Unterbrechung, einen momenthaften ›Urlaub vom Leben‹, der allerdings ›dieses‹ Leben (geschweige denn die reine Sphäre der Arbeit) nicht erträglicher macht, da er als eine entfremdete Form der

Freizeit keinen Ausgleich zur entfremdeten Arbeit darstellen kann. Die Idee der Teilhabe durch Konsum (sowohl der Aufführung als auch der in Folge dieser vermarkteten Dinge), also einen ›wahren‹ Anteil daran zu haben, wurde an diesem Beispiel als kapitalistische Freiheitsillusion besonders deutlich. Das Kapital hat den Sport überall dort kolonisiert, wo er sich davon gelöst hat Selbstzweck zu sein.

Als Utopie der freien (und zugleich gesellschaftskritischen) Praxis, die tatsächlich zum ›wahren‹ Zwecke seiner selbst betrieben wird, tatsächlich Selbstzweck ist, wäre Sport weder Hobby noch Hygiene, keine arbeitsförmige ›spielerische‹ Tätigkeit, aber eben auch *keine* bourgeoise Freizeitaktivität, als die er, wie am Beispiel Coubertins und den Olympischen Spielen der Neuzeit gezeigt wurde, entstanden ist und mittels dieser zur ›religio athletae‹ der Massen entwickelt werden sollte und heute zum (neuen) ›Opium für das Volk‹ geworden ist. Dieser Sport, den es zu entwickeln gilt, wäre somit auch weit mehr als Spiel, da er die imaginäre Ebene insofern übersteigt, als dass er eine Verbindung zur materiellen Wirklichkeit herstellt, die sich allerdings nicht auf die (faschistoide) Formung eines ›natürlichen‹ Körpers, sondern auf die Bewegung des Körpers als räumliche Praxis, als soziales Abenteuer bezieht.

Allerdings genügt es nicht, wenn dieser als ein Freiraum im geschlossenen Ganzen entwickelt und praktiziert wird. Vielmehr bedarf es die Grundlage einer gesellschaftlichen Klassen- und Subjektstruktur, die eine freie Entfaltung ermöglicht. Für eine solche zu kämpfen wäre wahrlich ›guter Sport‹.

Pour dire merci

Mein besonderer Dank gilt meinem Lehrer Clemens Pornschlegel, ohne dessen geduldige und zugleich kritische Betreuung, sein großes Vertrauen und seine fruchtbaren Fragen und Gedanken diese Arbeit wohl nie zu einem Ende gefunden hätte. Stephan Lessenich möchte ich ebenso ganz herzlich für seine zu jederzeit wertschätzende und bestärkende Betreuung danken. Zudem bin ich Eva Ellrich für die unzähligen Korrekturdurchläufe und Jens Kabisch für seine Anregungen und kritischen Durchsichten, ebenso wie Alexander Wimmer für zahlreiche wertvolle Hinweise zu großem Dank verpflichtet.

Schließlich gebührt meinen Eltern für ihre Unterstützung und ihren nie endenden Zuspruch unendlicher Dank.

Und Anna sowieso.

Literatur

Adorno, Theodor: Kulturkritik und Gesellschaft I. Prismen. Ohne Leit-bild. In: Gesammelte Schriften 10.1, Hg. von Rolf Tiedemann. Frank-furt a.M. 2003.

Ali, Muhammad & Richard Durham: Der Größte. Meine Geschichte, München/Zürich 1976.

Alkemeyer, Thomas: Gewalt und Opfer im Ritual der Olympischen Spiele 1936. In: Körper- und Einbildungskraft. Inszenierung des Helden im Sport, Hg. von Gunter Gebauer, Berlin 1988. S. 44–82.

Alkemeyer, Thomas: Die Wiederbegründung der Olympischen Spiele als Fest einer Bürgerreligion. In: Olympische Spiele – die andere Uto-pie der Moderne. Olympia zwischen Kult und Droge, Hg. von Gunter Gebauer, Frankfurt a.M. 1996. S. 65–100.

Alkemeyer, Thomas: Körper, Kult und Politik. Von der ›Muskelreligion‹ Pierre de Coubertins zur Inszenierung von Macht in den Olympi-schen Spielen von 1936, Frankfurt a.M. 1996.

Andrews, David L.: Michael Jordan, Inc. Corporate Sport, Media Culture and Late Modern America. Albany 2001.

Andrews, David L.: Sport, culture and late capitalism. In: Marxism, Cul-tural Studies and Sport, Hg. von Ben Carrington u. Ian McDonald, New York 2009. S. 213–231.

Andrews, David L.: Making Sport Great Again. the *Uber-Sport* Assem-blage, Neoliberalism, and the Trump Conjuncture, Cham 2019.

Armstrong, Edward G.: Michael Jordan and His Uniform Number. In: Michael Jordan, Inc. Corporate Sport, Media Culture and Late Mod-ern America, Hg. von David L. Andrews, Albany 2001. S. 15–36.

Ashby, LeRoy: With amusement for all: a history of American popular culture since 1830, Lexington 2006.

Barthes, Roland: Mythen des Alltags, Frankfurt a.M. 1964.

Barthes, Roland: Elemente der Semiologie, Frankfurt a.M. 1969.

Barthes, Roland : Die Tour de France als Epos [1957]. In: Sport – Eros – Tod, Hg. von Gerd Hortleder u. Gunter Gebauer, Frankfurt a.M. 1986. S. 25–36.

Barthes, Roland: Die Welt, in der man catcht [1957]. In: Sport – Eros – Tod, Hg. von Gunter Gebauer/Gerd Hortleder, Frankfurt a.M. 1986. S. 37–47.

Benedek, David: current state: snowboarding, München 2011.

Benjamin, Walter: Versuche über Brecht, Frankfurt a.M. 1966.

Benjamin, Walter: Das Passagenwerk. In: Gesammelte Schriften V.1,2, Hg. von Rolf Tiedemann. Frankfurt a.M. 1982.

Berg, Günter: Nachwort. In: Bertolt Brecht. Der Kinnhaken und andere Box- und Sportgeschichten, Frankfurt a.M. 1995. S. 131–151.

Bernard, Michel: Das sportliche Spektakel. Die Zwiespältigkeit des theatralisierten Wettkampfs. In: Sport – Eros – Tod, Hg. von Gerd Hortleder/Gunter Gebauer, Frankfurt a.M. 1986. S. 49–59.

Bernett, Hajo: Symbolik und Zeremoniell der XI. Olympischen Spiele 1936. In: Sportwissenschaft, 4 (1986), S. 357–397.

Bernett, Hajo: Carl Diem und sein Werk als Gegenstand der sportgeschichtlichen Forschung. In: Sozial- und Zeitgeschichte des Sports, 1 (1987), S. 7–41.

Bette, Karl-Heinrich: X-treme: Soziologische Betrachtungen zum modernen Abenteuer- und Risikosport. In: Aufs Spiel gesetzte Körper. Aufführung des Sozialen in Sport und populärer Kultur, Hg. von Thomas Alkemeyer, Bernhard Boschert u.a., Konstanz 2003. S. 19–36.

Birley, Derek: Playing the Game. Sport and British society, 1910–45, Manchester & New York 1995.

Bloch, Ernst: Übung des Leibs. Tout va bien. In: Das Prinzip Hoffnung. Werkausgabe, Bd. 5. Frankfurt a.M. 1990.

Bock, Andreas: Being Maradona. In: 11Freunde. Magazin für Fußballkultur. https://11freunde.de/artikel/being-maradona/2954056, (25.12.2020).

Böhme, Gernot: Ästhetischer Kapitalismus, Berlin 2016.

Boltanski, Luc & Ève Chiapello: Der neue Geist des Kapitalismus, Konstanz 2003.

Bourdieu, Pierre: Entwurf einer Theorie der Praxis – auf der ethnologischen Grundlage der kabylischen Gesellschaft, Frankfurt a.M. 1979.

Bourdieu, Pierre: Historische und soziale Voraussetzungen modernen Sports. In: Sport – Eros – Tod, Hg. von Gerd Hortleder/Gunter Gebauer, Frankfurt a.M. 1986. S. 91–112.

Bourdieu, Pierre: Die feinen Unterschiede. Kritik der gesellschaftlichen Urteilskraft, Frankfurt a.M. 1987.

Bourdieu, Pierre: Sozialer Sinn. Kritik der theoretischen Vernunft, Frankfurt a.M. 1987.

Brecht, Bertolt: Aufstieg und Fall der Stadt Mahagonny [1929/30]. In: Gesammelte Werke in 20 Bänden (=Werkausgabe Edition Suhrkamp), Bd. 2: Stücke 2. Frankfurt a.M. 1967.

Brecht, Bertolt: Bei Durchsicht meiner ersten Stücke [1954]. In: Gesammelte Werke in 20 Bänden (=Werkausgabe Edition Suhrkamp), Bd. 17: Schriften zum Theater 3. Frankfurt a.M. 1967.

Brecht, Bertolt: Das Theater als Sport [1920]. In: Gesammelte Werke in 20 Bänden (=Werkausgabe Edition Suhrkamp), Bd. 21: Schriften. Frankfurt a.M. 1967.

Brecht, Bertolt: Das Theater als sportliche Anstalt [1920]. In: Gesammelte Werke in 20 Bänden (=Werkausgabe Edition Suhrkamp), Bd. 15: Schriften zum Theater I. Frankfurt a.M. 1967.

Brecht, Bertolt: Das wirkliche Leben des Jakob Geherda [Fragment 1935/36]. In: Gesammelte Werke in 20 Bänden (=Werkausgabe Edition Suhrkamp), Bd. 7: Stücke 7. Frankfurt a.M. 1967.

Brecht, Bertolt: Der Kinnhaken [1926]. In: Gesammelte Werke in 20 Bänden (=Werkausgabe Edition Suhrkamp), Bd. 11: Prosa I. Frankfurt a.M. 1967.

Brecht, Bertolt: Der Lebenslauf des Boxers Samson-Körner [1926]. In: Gesammelte Werke in 20 Bänden (=Werkausgabe Edition Suhrkamp), Bd. 11: Prosa I. Frankfurt a.M. 1967.

Brecht, Bertolt: Die Todfeinde des Sports [1928]. In: Gesammelte Werke in 20 Bänden (=Werkausgabe Edition Suhrkamp), Bd. 20: Schriften zur Politik und Gesellschaft. Frankfurt a.M. 1967.

Brecht, Bertolt: Dreigroschenroman [1935]. In: Gesammelte Werke in 20 Bänden (=Werkausgabe Edition Suhrkamp), Bd. 13: Prosa 3. Frankfurt a.M. 1967.

Brecht, Bertolt: Für das Programmheft zur Heidelberger Aufführung [1928]. In: Gesammelte Werke in 20 Bänden (=Werkausgabe Edition Suhrkamp), Bd. 17: Schriften zum Theater 3. Frankfurt a.M. 1967.

Brecht, Bertolt: Gedenktafel für zwölf Weltmeister [1927]. In: Gesammelte Werke in 20 Bänden (=Werkausgabe Edition Suhrkamp), Bd. 8: Gedichte 1. Frankfurt a.M. 1967.

Brecht, Bertolt: Gegen das ›Organische‹ des Ruhms für die Organisation. In: Gesammelte Werke in 20 Bänden (=Werkausgabe Edition Suhrkamp), Bd. 18: Schriften zur Literatur und Kunst I. Frankfurt a.M. 1967.

Brecht, Bertolt: Im Dickicht der Städte. Der Kampf zweier Männer in der Riesenstadt Chicago [1924]. In: Gesammelte Werke in 20 Bänden (=Werkausgabe Edition Suhrkamp), Bd. 1: Stücke. Frankfurt a.M. 1967.

Brecht, Bertolt: Kleiner Beitrag zum Thema Realismus. In: Gesammelte Werke in 20 Bänden (=Werkausgabe Edition Suhrkamp), Bd. 18: Schriften zur Literatur und Kunst I. Frankfurt a.M. 1967.

Brecht, Bertolt: Mehr guten Sport [1926]. In: Gesammelte Werke in 20 Bänden (=Werkausgabe Edition Suhrkamp), Bd. 15: Schriften zum Theater I. Frankfurt a.M. 1967.

Brecht, Bertolt: Ovation für Shaw [1926]. In: Gesammelte Werke in 20 Bänden (=Werkausgabe Edition Suhrkamp), Bd. 15: Schriften zum Theater I. Frankfurt a.M. 1967.

Brecht, Bertolt: Sport und geistiges Schaffen [1926]. In: Gesammelte Werke in 20 Bänden (=Werkausgabe Edition Suhrkamp), Bd. 20: Schriften zur Politik und Gesellschaft. Frankfurt a.M. 1967.

Brecht, Bertolt: Sportlied. In: Gesammelte Werke in 20 Bänden (=Werkausgabe Edition Suhrkamp), Bd. 8: Gedichte 1. Frankfurt a.M. 1967.

Brecht, Bertolt: Tonfilm ›Kuhle Wampe oder Wem gehört die Welt?‹. In: Gesammelte Werke in 20 Bänden (=Werkausgabe Edition Suhrkamp), Bd. 18: Schriften zur Literatur und Kunst I. Frankfurt a.M. 1967.

Brecht, Bertolt: Über den Untergang des alten Theaters [1924–1928]. Dekoration. In: Gesammelte Werke in 20 Bänden (=Werkausgabe Edition Suhrkamp), Bd. 15: Zum Theater 1. Frankfurt a.M. 1967.

Brecht, Bertolt: Kuhle Wampe. Protokoll des Films und Materialien, Hg. von Wolfgang Gersch u. Werner Hecht. Frankfurt a.M. 1969.

Brecht, Bertolt: Die Krise des Sports [1928]. In: Gesammelte Werke in 20 Bänden (=Werkausgabe Edition Suhrkamp), Bd. 20: Schriften zur Politik und Gesellschaft. Frankfurt a.M. 1992.

Brecht, Bertolt: Der Kinnhaken und andere Box- und Sportgeschichten, Hg. von Günter Berg. Frankfurt a.M. 1995.

Bublitz, Hannelore: Sehen und Gesehenwerden – Auf dem Laufsteg der Gesellschaft. Sozial- und Selbsttechnologien des Körpers. In: body turn. Perspektiven der Soziologie des Körpers und des Sports, Hg. von Robert Gugutzer, Bielefeld 2006. S. 341–362.

Burkert, Walter: Heros, Tod und Sport. In: Körper- und Einbildungskraft. Inszenierungen des Helden im Sport, Hg. von Gunter Gebauer, Berlin 1988. S. 31–43.

Buss, Wolfgang & Franz Nitsch: Carl Diem (1882–1962) In: Die Gründerjahre des Deutschen Sportbundes. Wege aus der Not zur Einheit, Hg. von DSB, Schorndorf 1990. S. 307–316.

Cleaver, Eldridge: Seele auf Eis, München 1969.

Collins, Tony: Sport in capitalist society: a short history, London & New York 2013.

Cosentino, Renato: Stadtplanung Rio 2016: An der Bevölkerung vorbeigespielt. 2016.

Coubertin, Pierre de: Der olympische Gedanke. Reden und Aufsätze, Hg. von CDI an der Deutschen Sporthochschule Köln. Schorndorf 1966.

Coubertin, Pierre de: Die philosophischen Grundlagen des modernen Olympismus [1935]. In: Der olympische Gedanke. Reden und Aufsätze, Hg. von CDI an der deutschen Sporthochschule Köln. Schorndorf 1966.

Coubertin, Pierre de: Ode an den Sport [1912]. In: Der olympische Gedanke. Reden und Aufsätze, Hg. von CDI an der deutschen Sporthochschule Köln. Schorndorf 1966.

Coubertin, Pierre de: Schlußansprache von Baron de Coubertin für die Olympischen Spiele in Berlin [1936]. In: Der olympische Gedanke. Reden und Aufsätze, Hg. von CDI an der deutschen Sporthochschule Köln. Schorndorf 1966.

Court, Jürgen: Was ist Sport? Sportarten in der Literatur. Schorndorf 2001.

Debord, Guy: Die Gesellschaft des Spektakels, Berlin 1996 [1967].

Deleuze, Gilles: Das Zeit-Bild. Kino 2, Frankfurt a.M. 1991.

Deleuze, Gilles: Die Fürsprecher. In: Unterhandlungen. 1972–1990, Frankfurt a.M. 1993.

Deleuze, Gilles & Félix Guattari: Tausend Plateaus, Berlin 1992.

Denzin, Norman K.: More Rare Air: Michael Jordan on Michael Jordan. In: Sociology of Sport Journal, 13 (1996), H. 4, S. 319–324.

Diem, Carl: Der olympische Gedanke. Reden und Aufsätze, Hg. von Carl-Diem-Institut an der deutschen Sporthochschule Köln. Schorndorf 1967.

We Ride: The Story of Snowboarding Drever, Jon & Orlando von Einsiedel. United Kingdom 2013.

Dümling, Albrecht: Solidaritätslied. In: Brecht-Handbuch. Band 2: Gedichte, Hg. von Jan Knopf, Stuttgart & Weimar 2001.

Early, Gerald: Tales of a wonderboy. In: I'm a little special: A Muhammad Ali Reader. London 1999.

Eder, Michael: »Wir sind keine Subkultur mehr«. 2009, www.faz.n et/aktuell/sport/wintersport/snowboard-wir-sind-keine-subkul tur-mehr-1759346-p3.html?printPagedArticle=true#pageIndex_3 (01.09.2020).

Eder, Michael: »Spaß haben – das ist alles worum es geht«. 2010, www.faz.net/aktuell/sport/olympische-winterspiele/skisport/jake-burton-snowboard-erfinder-spass-haben-das-ist-alles-worum-es-geht-1936594.html (01.09.2020).

Eisenberg, Christiane: »English Sports« und deutsche Bürger. Eine Gesellschaftsgeschichte 1800–1939, Paderborn 1999.

Elias, Norbert: Sport im Zivilisationsprozess. Studien zur Figurationssoziologie, Münster 1983.

Elias, Norbert: Volkstümliche Fußballspiele im mittelalterlichen und
frühneuzeitlichen England. In: Sport im Zivilisationsprozess. Studi-
en zur Figurationssoziologie, Hg. von Wilhelm Hopf, Münster 1983.
S. 85–104.

Elias, Norbert: Die Genese des Sports als soziologisches Problem. In:
Sport und Spannung im Prozeß der Zivilisation, Hg. von Norbert
Elias u. Eric Dunning, Frankfurt a.M. 2003. S. 230–272.

Elias, Norbert: Einführung. In: Sport und Spannung im Prozeß der Zivilisation, Hg. von Norbert Elias u. Eric Dunning, Frankfurt a.M. 2003.
S. 42–120.

Elias, Norbert & Eric Dunning: Blick auf das Leben eines Ritters. In:
Sport im Zivilisationsprozess. Studien zur Figurationssoziologie,
Hg. von Wilhelm Hopf, Münster 1983. S. 47–78.

Elias, Norbert & Eric Dunning: Sport und Gewalt. In: Gesammelte
Schriften, Hg. von Reinhard Blomert, Heike Hammer u.a., Bd. 7:
Sport und Spannung im Prozeß der Zivilisation. Baden-Baden 2003.

Ellrich, Philipp: Snowboarding. Die Geschichte(n) eines neoliberalen
Sports. Zur formal-ästhetischen Lesbarkeit sportlicher Wirklich-
keit. In: Neue Forschung zur Kulturgeschichte des Sports, Hg. von
Andreas Luh u. Norbert Gissel, Hamburg 2018. S. 251–260.

Elsener, Robert: Eine Sportart wird gemacht. Das Engagement im Snowboard als Mittel zur Imagekorrektur. In: Neue Züricher Zeitung, Bd.
24, Zürich 1996.

Extra, Alexander: Sport in der deutschen Kurzprosa des zwanzigsten
Jahrhunderts, Hamburg 2006.

Fischer, Jürgen & Peter-Michael Meiners: Proletarische Körperkultur +
Gesellschaft. Zur Geschichte des Arbeitersports, Gießen 1973.

Fischer, Nanda: Sport als Literatur. Traumhelden, Sportgirls und Geschlechterspiele. Zu Theorie und Praxis einer Inszenierung im 20.
Jahrhundert, Eching 1999.

Fischer-Lichte, Erika: Kurze Geschichte des deutschen Theaters, Tübingen, Basel 1993.

Fischer-Lichte, Erika: Ästhetik des Performativen, Frankfurt a.M. 2004.

Fleig, Anne: Leibfromm: Der Sportkörper als Erlöser in Marieluise Fleißers *Eine Zierde für den Verein*. In: Theatralität und die Krisen in der Repräsentation, Hg. von Erika Fischer-Lichte, Stuttgart & Weimar 2001. S. 447–462.

Fleig, Anne: Körperkultur und Moderne. Robert Musils Ästhetik des Sports, Berlin/New York 2008.

Fleig, Anne: Bruder des Blitzes: Sportgeist und Geschlechterwettkampf bei Marieluise Fleißer und Robert Musil. In: Figurationen der Moderne. Mode, Sport, Pornographie, Hg. von Birgit Nübel/Anne Fleig, München 2011. S. 181–197.

Foucault, Michel: Überwachen und Strafe. Die Geburt des Gefängnisses, Frankfurt a.M. 1977.

Fritsch, Oliver: Gott ist tot. In: Die Zeit. https://www.zeit.de/sport/202 0-11/diego-maradona-fussballspieler-argentinien-weltmeister-her zinfarkt/komplettansicht, (25.11.20).

Gamper, Michael: Körperhelden. Der Sportler als ›großer Mann‹ in der Weimarer Republik. In: Figurationen der Moderne. Mode, Sport, Pornographie, Hg. von Birgit Nübel/Anne Fleig, München 2011. S. 145–165.

Gebauer, Gunter: Geschichten, Rezepte, Mythen. Über das Erzählen von Sportereignissen. In: Der Satz ›der Ball ist rund‹ hat eine gewisse philosophische Tiefe. Sport – Kultur – und Zivilisation, Hg. von Rolf Lindnder, Berlin 1983. S. 128–145.

Gebauer, Gunter: Festordnung und Geschmacksdistinktionen. Die Illusion der Integration im Freizeitsport. In: Sport – Eros – Tod, Frankfurt a.M. 1986. S. 113–143.

Gebauer, Gunter: Oralität und Literatur im Sport – Über Sprachkörper und Kunst. In: Sport und Ästhetik, Hg. von Volker Gerhardt u. Bernd Wirkus, Sankt Augustin 1995. S. 15–29.

Gebauer, Gunter: Olympia als Utopie. In: Olympische Spiele – die andere Utopie der Moderne. Olympia zwischen Kult und Droge, Frankfurt a.M. 1996. S. 9–26.

Gebauer, Gunter: Welche Wissenschaft für den Sport? In: Sport in der Gesellschaft des Spektakels, Sankt Augustin 2002.

Gebauer, Gunter, Thomas Alkemeyer u.a.: Treue zum Stil. Die aufgeführte Gesellschaft, Bielefeld 2004.

Gebauer, Gunter & Gerd Hortleder: Die künstlichen Paradiese des Sports. Zur Einführung. In: Sport – Eros – Tod, Frankfurt a.M. 1986. S. 7–24.

Gebauer, Gunter & Hans Lenk: Der erzählte Sport. Homo ludens – auctor ludens. In: Körper- und Einbildungskraft. Inszenierung des Helden im Sport, Hg. von Gunter Gebauer. Berlin 1988.

Gebauer, Gunter & Christoph Wulf: Die Spiele der Gewalt. Ein Bildessay. In: Körper- und Einbildungskraft: Inszenierung der Helden im Sport Hg. von Gunter Gebauer, Berlin 1988. S. 111–127.

Gebauer, Gunter & Christoph Wulf: Die Berliner Olympiade 1936. Spiele der Gewalt. In: Olympische Spiele – die andere Utopie der Moderne. Olympia zwischen Kult und Droge, Hg. von Gunter Gebauer, Frankfurt a.M. 1993. S. 247–255.

Giese, Fritz: Geist im Sport. Probleme und Forderungen, München 1925.

Goldman, Robert & Stephen Papson: Nike Culture: The Sign of the Swoosh, London 1998.

Gramsci, Antonio: Gefängnishefte, Hg. von Klaus Bochmann u. Wolfgang Fritz Haug. Hamburg 1996.

Green, Harvey: Fit for America. Health, fitness, sport and American society, Baltimore 1986.

Gugutzer, Robert: body turn. Perspektiven der Soziologie des Körpers und des Sports. Bielefeld 2006.

Gumbrecht, Hans Ulrich: 1926. Ein Jahr am Rand der Zeit, Frankfurt a.M. 2003.

Gumbrecht, Hans Ulrich: Lob des Sports, Frankfurt a.M. 2005.

Guttmann, Allen: From Ritual to Record, New York 1978.

Guttmann, Allen: The Olympics: a history of the modern games, Urbana & Chicago 1992.

Guttmann, Allen: Die Olympischen Spiele: ein Kulturimperialismus? In: Olympische Spiele – die andere Utopie der Moderne. Olympia zwischen Kult und Droge, Hg. von Gunter Gebauer, Frankfurt a.M. 1996. S. 139–156.

Hack, Lothar: Alle hatten doch die gleiche Chance. Leistungssport – Leistungsgesellschaft – Gerechtigkeit? In: Sport in der Klassemgesellschaft, Hg. von Gerhard Vinnai, Frankfurt a.M. 1972. S. 105–127.

Halberstam, David: Playing for keeps. Michal Jordan and the world he made, New York 1999.

Hegel, Georg Wilhelm Friedrich: Vorlesungen über die Geschichte der Philosophie, Bd. 17, Stuttgart 1833.

Hehir, Jason: The Last Dance, United States 2020.

Heimstädt, Benedikt & Chris Heubl: pleasure. Snowboard Magazin, Bd. 116. München 2014.

Heimstädt, Benedikt & Chris Heubl: pleasure. Snowboard Magazin, Bd. 119. München 2015.

Hildebrandt, Eberhard: Sport im Kontext von Kultur und Bildung. In: Jugend – Sport – Kultur: Zeichen und Codes jugendlicher Sportszenen, Hg. von Jürgen Schwier, Hamburg 1998. S. 23–41.

Hill, Jeffrey: Anecdotal Evidence. Sport, the Newspaper Press, and History. In: Deconstructing Sport History. A Postmodern Analysis, Hg. von Murray G. Phillipps, Albany 2006. S. 117–130.

Hoffmann, E.T.A.: Juristische Arbeiten, Hg. von F. Schnapp. München 1973.

Hölscher, Uvo: Pindar und die Wahrheit. In: Siegeslieder/Pindar. Übers. von Uvo Hölscher, Hg. von Thomas Poiss, München 2002. S. 104–122.

Horkheimer, Max & Theodor Adorno: Dialektik der Aufklärung. Philosophische Fragmente. In: Gesammelte Schriften 3, Hg. von Rolf Tiedemann. Frankfurt a.M. 1984.

Hortleder, Gerd: Sport in der nachindustriellen Gesellschaft. Eine Einführung in die Sportsoziologie, Frankfurt a.M. 1978.

Huizinga, Johan: Homo ludens. Vom Ursprung der Kultur im Spiel [1938], Reinbek bei Hamburg 1987.

IOC: Olympic Charter, Lausanne 2020.

Jost, Roland: *Panem et circenses?* Bertolt Brecht und der Sport. In: Brecht-Jahrbuch 1979, Hg. von John Fuegi, Reinhold Grimm u. Jost Hermand, Frankfurt a.M. 1979. S. 46–66.

Kasack, Hermann: Sport als Lebensgefühl. In: Die Weltbühne 24, 41 (1928).

Kästner, Erich: Der Hund in der Sonne und andere Prosa, Hg. von Heinrich Gremmels. Frankfurt a.M. 1990.

Kellner, Douglas: The Sports Spectacle, Michael Jordan, and Nike: Unholy Alliance? In: Michael Jordan, Inc. Corporate Sport, Media Culture and Late Modern America, Hg. von David L. Andrews, Albany 2001. S. 37–63.

Klein, Gabriele: Bewegung denken. Ein soziologischer Entwurf. In: Bewegung. Sozial- und Kulturwissenschaftliche Konzepte, Bielefeld 2004. S. 131–154.

Kleinschmidt, Sebastian & Therese Hörnigk: Brecht Dialog 2005 – Brecht und der Sport. Eggersdorf 2006.

Knopf, Jan: Brecht-Handbuch. Lyrik, Prosa, Schriften. Eine Ästhetik der Widersprüche, Stuttgart 1996.

Köster, Philipp: No Sports. Hamburg 2016.

Kreutzer, Leo: »Man muß ins Theater gehen wie zu einem Sportfest.« Bertolt Brechts Vorstellung von einem Theater als »sportliche Anstalt«. In: Sport, Spiel und Leidenschaft. Afrikanische und deutsche Perspektiven, Hg. von Carlotta von Maltzan u. David Simo, München 2012. S. 53–59.

Kutzelmann, Philipp: Harte Männer. Professional Wrestling in der Kultur Nordamerikas, Bielefeld 2014.

Leis, Mario: Sport in der Literatur: Einblicke in das 20. Jahrhundert, Frankfurt a.M. 2000.

Lenk, Hans: Sozialphilosophie des Leistungshandelns. Das humanisierte Leistungsprinzip in Produktion und Sport, Stuttgart 1976.

Lenk, Hans: Auf der Suche nach dem verlorenen olympischen Geist. In: Olympische Spiele – die andere Utopie der Moderne. Olympia zwischen Kult und Droge, Hg. von Gunter Gebauer, Frankfurt a.M. 1996. S. 239–248.

Lenk, Hans & Dietmar Schulte: Mythos Sport. München 2012.

Lenz, Siegfried: Bizeps und Regel. Über ›Der Sport aller Völker und Zeiten‹. In: Beziehungen. Ansichten und Bekenntnisse zur Literatur, Hamburg 1970.

Lenz, Siegfried: Nachwort. In: Siegen und Verlieren. Sportgeschichten, Hg. von Heinz Perleberg, München 1995.

Lenz, Siegfried: Brot und Spiele [1959], Hamburg 2019.

Lenz, Siegfried: Entstehungsgeschichte eines Sportromans [1960]. In: Brot und Spiele, Hamburg 2019.

Lindner, Rolf: Von sportsmen und einfachen Leuten. Zur Sozialgeschichte des Fußballsports. In: Der Satz ›Der Ball ist rund‹ hat eine gewisse philosophische Tiefe. Sport, Kultur, Zivilisation, Berlin 1983. S. 22–36.

Lukács, Georg: Die Verdinglichung und das Bewußtsein des Proletariats [1923], Bielefeld 2015.

Mailer, Norman: Der Kampf, München/Zürich 1976.

Malter, Rudolph: Der ›Olympismus‹ Pierre de Coubertins, Köln 1969.

Marcuse, Herbert: Der eindimensionale Mensch. Studien zur Ideologie der fortgeschrittenen Industriegesellschaft, Neuwied & Berlin 1967.

Markula, Pirkko & Richard Pringle: Foucault, Sport and Exercise. Power, Knowledge and Transforming the Self, London & New York 2006.

Martschukat, Jürgen: Das Zeitalter der Fitness, Frankfurt a.M. 2019.

Mattern, Pierre: Text, Wettkampf, Spiel. Zur historischen Typologie des Verhältnisses Sport – Literatur. In: Literatur als Spiel. Evolutionsbiologische, ästhetische und pädagogische Konzepte, Hg. von Thomas Anz u. Heinrich Kaulen, Berlin 2009. S. 527–542.

May, Stephan: Faust trifft Auge. Mythologie und Ästhetik des amerikanischen Boxfilms, Bielefeld 2004.

McDonald, Mary G.: Michael Jordan's Family Values: Marketing, Meaning, and Post-Reagen America. In: Sociology of Sport Journal, 13 (1996), H. 4, S. 344–365.

Mittenzwei, Werner: Das Leben des Bertolt Brecht oder Der Umgang mit den Welträtseln, Berlin und Weimar 1986.

Müller, Hanns-Marcus: »Bizepsaristokraten«. Sport als Thema der essayistischen Literatur zwischen 1880 und 1930, Bielefeld 2004.

Müller, Hans: Papst Pius und der Sport, Düsseldorf 1955.

Musil, Robert: Als Papa Tennis lernte [April 1931]. In: Gesammelte Werke in neun Bänden, Hg. von Adolf Frisé, Bd. 7: Kleine Prosa, Aphorismen, Autobiographisches. Reinbeck bei Hamburg 1978.

Musil, Robert: Der Mann ohne Eigenschaften. In: Gesammelte Werke in neun Bänden, Hg. von Adolf Frisé, Bd. 1: Der Mann ohne Eigenschaften. Reinbeck bei Hamburg 1978.

Musil, Robert: Der mathematische Mensch [1913]. In: Gesammelte Werke in neun Bänden, Hg. von Adolf Frisé, Bd. 8: Essays und Reden. Reinbeck bei Hamburg 1978.

Musil, Robert: Durch die Brille des Sports [1925/26 oder später]. In: Gesammelte Werke in neun Bänden, Hg. von Adolf Frisé, Bd. 7: Kleine Prosa, Aphorismen, Autobiographisches. Reinbeck bei Hamburg 1978.

Musil, Robert: Kunst und Moral des Crawlens [Juni 1932]. In: Gesammelte Werke in neun Bänden, Hg. von Adolf Frisé, Bd. 7: Kleine Prosa, Aphorismen, Autobiographisches. Reinbeck bei Hamburg 1978.

Novak, Michael: The Joy of Sports. Endzones, Bases, Baskets, and the Consecration of the American Spirit, Lanham 1976.

o.A.: ›Diego ist nicht tot, Diego lebt im Volk‹: Maradona in Argentinien nach Tumulten beigesetzt, Hg. von RedaktionsNetzwerk Deutschland. https://www.sportbuzzer.de/artikel/diego-maradona-argentinien-beigesetzt-trauer-buenos-aires-reaktionen/, (27.11.2020).

o.A.: Current Biography Yearbook 1984, Hg. von H.W. Wilson Company. New York 1984.

o.A.: Ski-Lehrplan Style. Sprünge und Tricks mit Board und Ski, Hg. von Deutscher Verband für das Skilehrerwesen e.V. u. Interski Deutschland. München 2001.

o.A.: Editorial. In: 11Freunde. Magazin für Fußballkultur, Bd. 230, Berlin 2021.

Oriard, Michael: Reading Football. How the Popular Press Created an American Spectacle, Chapel Hill & London 1993.

Ott, Michael: ›Unsere Hoffnung gründet sich auf das Sportpublikum‹. Über Sport, Theatralität und Literatur. In: Theatralität und die Krisen der Repräsentation, Hg. von Erika Fischer-Lichte, Stuttgart & Weimar 2001.

Ott, Michael: ›Unsere Hoffnung gründet sich auf das Sportpublikum‹. Über Sport, Theatralität und Literatur. In: Theatralität und die Krisen der Repräsentation, Hg. von Erika Fischer-Lichte, Stuttgart & Weimar 2001. S. 463–483.

Paterno, Wolfgang: Faust und Geist. Literatur und Boxen zwischen den Weltkriegen, Wien, Köln, Weimar 2018.

Plessner, Helmuth: Die Funktion des Sports in der industriellen Gesellschaft. In: Gesammelte Schriften, Bd. X. Frankfurt a.M. 1985.

Pornschlegel, Clemens: Wie kommt die Nation in den Fußball? Bemerkungen zur identifikatorishen Funktion des Fußballs. In: Warum Fußball? Kulturwissenschaftliche Beschreibungen eines Sports, Hg. von Matías Martínez, Bielefeld 2002. S. 103–112.

Prokop, Ulrike: Soziologie der olympischen Spiele. Sport und Kapitalismus, München 1971.

Reckwitz, Andreas: Die Gleichförmigkeit und die Bewegtheit des Subjekts: Moderne Subjektivität im Konflikt von bürgerlicher und avantgardistischer Codierung. In: Bewegung. Sozial- und kulturwissenschaftliche Konzepte, Hg. von Gabriele Klein, Bielefeld 2004. S. 155–184.

Reckwitz, Andreas: Die Gesellschaft der Singularitäten. Zum Strukturwandel der Moderne, Berlin 2017.

Reemtsma, Jan Philipp: Mehr als ein Champion. Über den Stil des Boxers Muhammad Ali, Hamburg 2013.

Remnick, David: King of the World. Der Aufstieg des Cassius Clay oder die Geburt des Muhammad Ali, München/Berlin 2016.

Richartz, Alfred: Turner, Auf zum Streite! Die Bedeutung von Gruppenphantasien für die frühe Turnbewegung. In: Körper- und Einbildungskraft. Inszenierungen des Helden im Sport Hg. von Gunter Gebauer, Berlin 1988. S. 83–115.

Rigauer, Bero: Sport und Arbeit. Soziologische Zusammenhänge und ideologische Implikationen, Frankfurt a.M. 1969.

Rothe, Wolfgang: Sport und Literatur in den zwanziger Jahren. Eine ideologiekritische Anmerkung. In: Stadion: internationale Zeitschrift für Geschichte des Sports, 7 (1981), S. 131–151.

Schmidt, Jochen: Ohne Eigenschaften. Eine Erläuterung zu Musils Grundbegriff, Tübingen 1975.

Seel, Martin: Die Zelebration des Unvermögens. Zur Ästhetik des Sports. In: Sport und Ästhetik, Hg. von Volker Gerhardt u. Bernd Wirkus, Sankt Augustin 1995. S. 91–100.

Sicks, Kai Marcel: Olympia. In: Filmgenres. Sportfilm, Hg. von Kai Marcel Sicks & Markus Stauff, Stuttgart 2010. S. 81–88.

Sicks, Kai-Marcel: Sollen Dichter boxen? Brechts Ästhetik und der Sport. In: Hofmannsthal Jahrbuch. Zur Europäischen Moderne 12/2004, Hg. von Gerhard Neumann, Ursula Renner u.a., Freiburg 2004.

Sillitoe, Alan: Die Einsamkeit des Langstreckenläufers [1959]. In: Siegen und Verlieren. Sportgeschichten, Hg. von Heinz Perleberg, München 1995.

Simmel, Georg: Die Mode [1905]. In: ders.: Philosophische Kultur. Über das Abenteuer, die Geschlechter und die Krise der Moderne. Gesammelte Essays. Mit einem Vorw. v. Jürgen Habermas. Berlin 1998.

Simon, Ralf: Der Sport-Diskurs als Thema und als symbolische Form der Literatur am Beispiel von Ödön von Horváth und Bertolt Brecht. In: Figurationen der Moderne. Mode, Sport, Pornographie, Hg. von Birgit Nübel u. Anne Fleig, München 2011. S. 127–144.

Stern, Martin: Stil-Kulturen. Performative Konstellationen von Technik, Spiel und Risiko in neuen Sportpraktiken, Bielefeld 2010.

Teichler, Hans Joachim & Gerhard Hauk: Illustrierte Geschichte des Arbeitersports. Bonn 1987.

Thomsen, Ian: The soul of basketball. The epic showdorn between LeBron, Kobe, Doc and Dirk that saved the NBA, Boston 2018.

Torres, José: Muhammad Ali, München 1976.

Tworek, Elisabeth & Michael Ott: SportsGeist. Dichter in Bewegung. Zürich & Hamburg 2006.

Ullrich, Wolfgang: Habenwollen. Wie funktioniert die Konsumkultur?, Frankfurt a.M. 2014.

Veblen, Thorstein: Theorie der feinen Leute. Eine ökonomische Untersuchung der Institutionen [1899], Frankfurt a.M. 2007.

Virilio, Paul: Die Eroberung des Körpers. Vom Übermenschen zum überreizten Menschen, München & Wien 1994.

Wagner, Helmut: Sport und Arbeitersport, Köln 1973.

Windhorst, Brian: LeBron, Inc. The Making of a Billion-Dollar Athlet, New York & Boston 2019.

Witt, Günter: Das merkwürdige Verhältnis des Bertolt Brecht zum Sport. In: Der junge Brecht. Aspekte seines Denkens und Schaffens, Hg. von Helmut Gier u. Jürgen Hillesheim, Würzburg 1996. S. 200–225.

Witte, Karsten: Brecht und der Film. In: Text + Kritik. Sonderbände Bertolt Brecht I, Hg. von Heinz Ludwig Arnold, München 1972.

[transcript]

WISSEN. GEMEINSAM. PUBLIZIEREN.

transcript pflegt ein mehrsprachiges transdisziplinäres Programm mit Schwerpunkt in den Kultur- und Sozialwissenschaften. Aktuelle Beträge zu Forschungsdebatten werden durch einen Fokus auf Gegenwartsdiagnosen und Zukunftsthemen sowie durch innovative Bildungsmedien ergänzt. Wir ermöglichen eine Veröffentlichung in diesem Programm in modernen digitalen und offenen Publikationsformaten, die passgenau auf die individuellen Bedürfnisse unserer Publikationspartner*innen zugeschnitten werden können.

UNSERE LEISTUNGEN IN KÜRZE

- partnerschaftliche Publikationsmodelle
- Open Access-Publishing
- innovative digitale Formate: HTML, Living Handbooks etc.
- nachhaltiges digitales Publizieren durch XML
- digitale Bildungsmedien
- vielfältige Verknüpfung von Publikationen mit Social Media

Besuchen Sie uns im Internet: www.transcript-verlag.de

Unsere aktuelle Vorschau finden Sie unter: www.transcript-verlag.de/vorschau-download